최면치료, 이렇게 한다

이정식 저

학지사

프롤로그

최면의 역사를 보면 마치 놀이동산의 롤러코스터처럼 최면치료가 성행했던 시기가 있었고, 침체되었던 시기가 있었습니다. 최면에 대한 호불호는 동시대에 같은 지역에서 일어날 수 있고, 한 개인에게도 세월의 흐름에 따라 일어날 수 있습니다. 사실 많은 사람이 최면에 대해 호기심과 흥미를 느끼기도 하지만 한편으로는 최면에 대한 편견 때문에 부정적인 견해를 가지고 있기도 합니다.

저도 마찬가지로 중학교 시절에 메디컬 드라마에서 최면치료를 통해 환자의 기억상실증이 바로 해결되는 것을 보고 큰 호기심을 느꼈습니다. 그래서 최면에 대해 제대로 알고 싶다는 생각을 하게 되었습니다. 아마 그 당시의 생각이 자기 암시가 되어 나중에 최면 워크숍에 참석하여 최면공부를 시작하게 했을 것으로 생각합니다. 반면에, 텔레비전의 오락 프로그램에 나왔던 최면술사들이 최면경험을 자원한 사람들을 우스꽝스럽게 만드는 장면들 때문에 저 또한 최면에 대해 부정적인 느낌이 들기도 했습니다.

하지만 정신의학 교과서에 정식치료법으로 최면치료가 소개되고 있고, 국내외의 많은 석학이 최면치료를 임상에 적용할 뿐만 아니라 최면에 대한 과학적인 연구를 하고 있다는 것을 알게 되면서 최면의 객관적인 가치를 알게 되었습니다.

누구나 처음부터 전문가일 수 없듯이, 저도 정신건강의학과 전문의가 된 후 최면 워크숍에 처음 참여할 때는 초보자였습니다. 제가 처음 최면 교과서를 읽었을 때에는 아마 최면에 대한 부정적인 견해가 작용했었나 봅니다. 그 당시에는 책의 내용을 있는 그대로 받아들이기에는 그 내용들이 너무 황당하게 느껴졌습니다. 여러 황당한 기법 중의 하나가 불안이나 공포를 조절하기 위한 감정 다이얼affect dial 기법이었습니다. 그 기법은 "라디오의 음향을 조절하는 다이얼을 오른쪽으로 돌리면 소리가 커지고 왼쪽으로 돌리면 소리가 작아지는 것처럼, 감정 다이얼을 오른쪽으로 돌리면 감정이 증가하고 왼쪽으로 돌리면 감정이 감소한다."라는 내용의 암시를 하는 것입니다. 저는 이런 암시가 과연 최면상태에서 책의 내용대로 제대로 작동할까 하는 의구심이 들었습니다. 그 당시에는 책의 내용이 재미있어서 읽기는 하였지만, 암시의 실현가능성에 대해서는 반신반의하는 상태였습니다.

그러던 어느 날, 대학교에 강의를 나갔다가 한 대학생이 최면을 경험하고 싶다며 저를 찾아왔습니다. 당시 초심자였던 저로서는 큰 용기를 내어서 그간 외우고 있던 최면유도 암시문을 사용하여 최면을 유도하기 시작하였습니다. 그런데 이게 웬일입니까? 학생은 서서히 긴장이 이완되면서 깊은 최면상태에 들어가고 있는 것이었습니다. 그래서 저는 신이 나서 그동안 책에서 읽었던 다양한 기법을 학생에게 적용해 보았습니다. 그랬더니 정말 책에 적혀 있는 것처럼 그 모든 것이 암시한 대로 이루어졌습니다. 한번은 한 학생이 자동차 사고가 나서 그 안에 갇혀 꼼짝 못 하고 있는 장면을 최면상태에서 경험하는 상황이었습니다. 자신을 구조해 달라고 애원하면서 실제처럼 두려워하였는데, 그 표정이 전율을 느낄 정도로 생생하였습니다. 최면상태에 있는 학생이 너무 괴로워하고 힘들어 보여 의사로서 뭔가 조치를 취해야겠다는 생각이 들었습니다. 그러던 중에 반신반의하던 감정 다이얼 기법을 생각해 냈습니다. 저는 학생에게 다이얼을 상상하도록 하고는 그 다이얼을 왼쪽으로 돌리면 공포감과 두려운 감정이 줄어들 것이라고 암시했습니다. 그랬더니 학생이 다이얼을 돌리는 행동을 하더니 실제로 괴로워하던 표정이 편안해지면서 고통이 줄어들었습니다. 학생의 최면경험을 통해 제가 했던 암시가 그대로 실현되는 것을 경험하였습니다. 운이 좋게 최면감수성이 아주 높은 학생을 만났던 것입니다. 그 경험을 통해 최면이라는 것이 환자들에게 아주 유용하게 사용될 수 있다는 사실을 깨닫게 되었습니다.

이런 긍정적인 경험은 제가 보다 더 최면에 관해 적극적인 관심을 가지고 본격적으로 공부를 하게 만들었습니다. 그래서 저는 최면을 다양한 환자에게 적극적으로 적용하여 치료하면서 임상 경험을 넓힐 수 있었습니다. 이러한 임상 경험들을 대한최면의학회와 미국임상최면학회 등에 발표를 하면서 다른 치료자들과 의견을 나누고 조언을 듣기도 하였습니다. 또한 미국임상최면학회에서 요구하는 체계적인 교육과정을 이수한 후 최면치료자를 육성할 수 있는 자격증approved consultant in clinical hypnosis을 취득하여 후학들을 가르치는 일도 하게 되었습니다. 그리고 임상을 통한 주관적인 경험을 객관화하기 위해 최면과 관련한 논문들과 종설들도 작성하여 국내외에 발표하기도 하였습니다. 지적 호기심으로 시작한 최면이 실제 환자의 치료에 이용될 뿐만 아니라 이제는 연구의 주제가 된 것입니다.

이런 과정을 겪으며 알게 된 최면의 유용성에 대한 생각과 느낌을 이제 책을 통해 일반인과 사람을 치료하는 전문가들에게 감히 전달하고자 합니다. 이 책은 정신건강의학과 의사들을 대상으로 최면 워크숍을 진행하면서 강의했던 내용을 좀 더 이해하기 쉽게 수정한 것입니다. 이 책을 통해 보다 많은 사람이 최면에 관심을 가지고 불필요한 편견과 오해를 해소하여 최면이 가지고 있는 객관적인 가치를 있는 그대로 받아들이게 되기를 바랍니다. 그리고 실제 임상에서 최면치료가 어떻게 진행되는지를 살펴보아 여러분 자신에게 최면치료가 도움이 될 수 있는지를 알게 되기를 바랍니다.

이제 이 책의 구성에 대해 간략하게 말씀드리겠습니다.

Chapter 1은 최면치료를 이해하기 위해 기본적으로 알아야 할 개괄적인 내용들을 서술하고 최면치료의 진행 과정에 대해 설명하였습니다. Chapter 2는 여러 가지 이론에 따른 최면치료 방식들에 대해 설명하였습니다. Chapter 3은 실제로 각각의 정신건강의학과 질환에 따라 최면치료를 어떻게 시행하는지 적고, 구체적인 사례를 들어 설명하였습니다. Chapter 4는 부록으로, 최면치료의 전체 과정을 이해할 수 있도록 제가 2010년에 대한최면의학회 추계학술대회에서 구연 발표했던 사례를 제시하였습니다.

책을 써 놓고 보니 앞서 이 길을 간 많은 사람의 지혜가 제게 큰 도움이 되었다는 것을 절감하게 됩니다. 특히 최면의 길을 나설 때 문을 열어 주시고 워크숍과 책 변영돈, 1991 을 통해 많은 영향을 주신 변영돈 대한최면의학회 회장님께 감사드립니다. 그리고 국내외의 워크숍을 통해 최면의 길을 풍성하게 해 준 데이비드 스피겔 David Spiegel 과 이미 고인이 되어 직접 만난 적은 없지만 미국임상최면학회를 설립하여 후학들이 이 길을 가게 해 준 밀턴 에릭슨 Milton Erickson 께 마음으로라도 감사를 드리고 싶습니다. 또한 최면 워크숍에 참석하여 많은 소통을 통해 다양한 도움을 주신 동료 정신건강의학과 의사 분들께 감사를 드립니다. 그 누구보다 감사를 드려야 할 분들은 저와 함께 최면치료를 했던 환자분들입니다. 그분들이 있어 제가 좀 더 많은 경험을 얻어 성장하고 발전할 수 있었습니다. 그분들이 아니었으면 이 책이 나올 수 없었기에 다시 한 번 감사를 드립니다. 비밀보장을 위하여 사례에서는 나이, 직업, 상황 등을 가능한 한 바꾸어 환자의 신원을 특정할 수 없도록 하였습니다. 이 책이 출간될 수 있도록 기꺼이 출판을 허락해 주신 학지사와 정승철

이사님, 그리고 편집과 교정을 맡아 수고해 주신 유은정 씨께도 고맙다는 말을 하고 싶습니다. 그리고 제가 이 길을 갈 때 응원과 지원을 아끼지 않았던 아내와 아들에게도 고맙고 사랑한다고 말하고 싶습니다. 마지막으로, 이 글을 읽는 독자분들께 감사를 드리면서 실질적인 도움이 될 수 있기를 기원합니다.

2018년 겨울

용인에서 이정식

차 례

CHAPTER 2. 다양한 최면치료 방식

CHAPTER 3. 최면치료 사례

CHAPTER

1.

최면치료에 대한 이해

최면이란

저는 가끔 친구와 함께 영화관에 가서 영화를 봅니다. 그 영화가 너무 재미있어 영화 내용에 푹 빠져 같이 온 친구가 옆에 있는지도 모르고 시간이 어떻게 지나갔는지 몰랐던 적이 있습니다. 그리고 때로는 추리소설을 읽다 보면 배가 고픈 줄도 모르고 몰두하게 되는데, 밥 먹으라는 어머니의 이야기도 듣지 못하고 있다가 어머니로부터 큰소리로 꾸중을 듣고서야 옆에 어머니가 온 줄 안 적이 있었습니다. 이런 비슷한 경험은 아마 많은 사람이 했을 것입니다. 영화에 몰입하고 독서삼매경에 빠지는 것은 일상생활에서 경험할 수 있는 자연스러운 일종의 최면현상입니다. 이렇게 한곳에만 주의가 집중되어 평상시와는 달리 주변에 대한 인식이 떨어지고, 영화나 책같이 집중을 하고 있는 것에만 인식이 증가된 상태를 최면상태라고 할 수 있습니다. 최면상태에 유도된 환자는 전화벨 소리 같은 주위의 소음에도 아랑곳하지 않고 최면상태를 그대로 유지하는 경우가 많이 있습니다. 이는 주변에 대한 인식이 줄어든 것입니다.

아토피 피부염을 가진 환자 분이 있었습니다. 그는 최면치료를 위한 사전 면담 내내 가려움 때문에 몸을 계속 긁고 있었습니다. 하지만 최면상태에 들어가고 난 후에는 몸을 긁는 행동이 완전히 사라졌습니다. 그는 최면상태에서 자신의 내적 경험에 집중하면서 자신의 몸의 가려움에 대한 인식마저도 하지 않게 된 것입니다. 이렇게 외부 환경에 대한 인식이 줄어들고 자신의 마음과 신체, 즉 내적 경험에 대한 인식이 증진되어 있는 변화된 의식상태 altered state of consciousness를 최면상태라고 합니다.

이런 최면상태에서는 여러 가지 변화가 일어납니다.

첫째, 몸과 마음이 이완됩니다. 스트레스를 받게 되면 불필요한 긴장을 경험하게 되는데, 최면상태에 유도되면 자연스럽게 이완이 될 수 있습니다. 그래서 근육 수축에 따른 긴장성 두통인 경우에는 최면유도를 통해 이완되면 통증이 줄어들 수 있습니다.

둘째, 지각의 변화를 경험할 수 있습니다. 최면상태에서는 실제로 없는 것을 보고 들을 수 있어 환청이나 환시 현상이 일어날 수 있고, 통증 같은 감각이 무디어지는 경험을 할 수 있습니다. 그래서 통증을 완화하기 위해 최면치료를 사용하기도 합니다.

한 텔레비전 프로그램에서 목사님이 설교하는 장면이 방송되었습니다. 신도들은 빠르게 찬송가를 따라 부르고 박수를 치면서 평상시와 달리 후끈 달아올라 있었습니다. 그런 상태에서 목사님은 천상에서 내려온 새를 보라고 말했습니다. 텔레비전 화면도 목사님이 가리키는 곳을 따라갔습니다. 그런데 텔레비전 화면에는 새가 보이지 않았습니다. 하지만 신도들은 마치 천상의 새를 본 것처럼 감격스러워하고 있었습니다. 신도들이 일부러 그렇게 하는 것으로는 보이지 않았습니다. 만약 그 신도들에게 자신이 본 새의 모양을 그려 보라고 하면 어떤 그림을 그릴까요? 어떤 사람은 비둘기를 그릴 것이고, 어떤 사람은 독수리를 그릴 것입니다. 또 어떤 사람은 황금색으로 새를 그릴 것이고, 어떤 사람은 흰색으로 그릴 것입니다. 신도들 각자의 마음속에 있는 천상의 새가 환시로 경험되어서 그림으로 표현되는 것입니다. 아마도 목사님은 이런 최면현상을 잘 알고 있었을 것입니다.

셋째, 시간인식에 대한 변화가 생깁니다. 정기적으로 오는 버스가 약속 시간에 늦어 내 마음이 급하면 천천히 오는 것으로 느껴지고, 여유가 있을 때에는 빨리 오는 것으로 느껴지는 경험을 했을 것입니다. 이렇게 시간에 대한 인식이 상황에 따라 다르게 느껴질 수 있습니다. 마찬가지로 재미있는 영화를 볼 때 시간 가는 줄 몰랐던 것처럼 최면상태에서는 시간의 흐름이 평상시와는 다르게 느껴질 수 있습니다.

넷째, 최면상태에서는 해리현상이 일어날 수 있습니다. 단조로운 고속도로를 운전하다 보면 여러 가지 생각과 잡념이 떠오르고 어느덧 목적지에 도착한 자신을 발견하게 됩니다. 그러면서 자신이 어떻게 운전을 하고 왔는지 기억하지 못하는 경우가 있습니다. 이렇게 운전하는 자신과 생각하는 자신이 분리되는 해리현상이 최면상태에서 나타날 수 있습니다.

다섯째, 수동성에 대한 착각이 일어납니다. 최면상태에서 팔이 가벼워져서 공중으로 올라갈 것이라고 암시를 하면 실제로 팔이 올라가는 것을 경험할 수 있습니다. 그런데 팔이 움직이는 것은 골격근, 즉 의지에 따라 움직이는 수의근이 수축해야 가능한 일입니다. 말하자면 자신이 스스로 팔을 움직인 것입니다. 하지만 최면상태에서 경험하기로는 팔이 저절로 올라가는 것처럼 느끼기 때문에 수동성에 대한 착각이 일어나는 것입니다.

또한 최면상태에서는 논리적이고 언어적인 이차사고뿐만 아니라 환상적이고 비언어적인 일차사고가 증가합니다. 그래서 최면상태에서는 마치 그림이나 영화를 보는 것처럼 영상화가 잘 일어나게 됩니다.

마지막으로, 최면상태에서는 논리의 변화가 나타납니다. 평상시에는 받아들이기 힘든 불합리하고 부조리한 이야기도 있는 그대로 받아들이게 되는 현상이 나타납니다. 일반적으로 다른 사람의 이야기에 대해 현실적인지 비판하는 태도가 보류되고, 있는 그대로 받아들이려는 수용성이 증가됩니다. 그래서 최면상태에서는 치료자의 암시가 평상시보다 더 잘 받아들여집니다.

최면은 의식이 변화된 상태이지 그 자체가 치료가 아닙니다. 하지만 최면상태에서의 의식의 변화, 지각의 변화 같은 심리적 · 생리적 변화를 치료에 이용할 수가 있습니다. 그래서 최면치료는 최면상태에서 인지치료나 행동치료, 그리고 정신분석 등의 치료기법들을 적용하는 치료를 말합니다.

최면치료를 시행하기 위해서는 먼저 사람의 마음을 잘 이해할 수 있어야 하고, 여러 가지 치료기법에 정통해야 하기 때문에 충분한 교육과정이 필요합니다. 미국임상최면학회의 회원이 되기 위해서는 석사급 이상의 학력을 요구할 정도로 자격요건이 엄격합니다. 사람의 마음을 잘 이해하지 못하는 경우에 자신은 그 사람을 위해서 한 이야기이지만 본의 아니게 상처를 줄 수가 있습니다. '선무당이 사람 잡는다'라는 속담이 있습니다. 무비판적으로 있는 그대로 암시를 받아들이는 최면상태에서 사람의 마음을 잘 모르고 섣불리 그릇된 암시를 하는 것은 경계해야 할 일입니다.

저는 사람의 마음과 마음의 병을 전문적으로 공부한 사람에게 최면치료를 받는 것이 최면대상자에게 이롭다고 생각합니다. 사람의 마음에 대한 전문적인 지식이 있어야 다양한 환자의 각각의 마음을 잘 이해할 수 있기 때문입니다. 그리고 간혹 최면감수성이 너무 낮아 최면치료로 도움을 주기 어려운 사람들에게는 약물치료나 정신치료, 그리고 인지행동치료 같은 다른 대안적 치료방법을 제시하는 것이 필요합니다. 그래서 최면치료를 받기 전에 반드시 치료자의 자격요건을 확인하는 것이 바람직하겠습니다.

최면상태에서의 변화

최면상태에서는 여러 가지 심리적 · 생리적 변화가 나타납니다. 최면에 유도된 사람은 환청이나 환시 같은 지각의 변화나 몸과 마음의 이완상태 등을 경험하면서 주관적으로 최면상태임을 느낄 수 있습니다. 그런데 어떤 사람은 최면상태에 들어가고도 "나는 최면에 걸리지 않았어요. 나는 당신이 하는 말을 다 듣고 기억하고 있어요."라며 최면상태를 부인할 수 있습니다. 이는 무대최면 stage hypnosis 에서 보이는 것처럼, 굉장히 놀랍고 분명한 암시와 반응이 최면상태에서 일어나야 한다고 생각하여 그 사람이 가지고 있는 최면상태에 대한 개념과 실제 자신의 경험이 다르기 때문일 것입니다. 그렇다면 어떻게 최면상태에 들어갔는지를 알 수 있을까요?

우선 치료자의 경험에 비추어 최면상태에서 나타나는 최면대상자의 여러 가지 변화를 보고 최면에 유도되었다는 것을 알 수 있습니다.

전반적으로 각성상태와는 차이가 있는 또 다른 상태임을 느낌으로 알 수 있습니다. 먼저 최면대상자의 팔이나 다리가 축 늘어져서 근육이 이완된 양상을 보입니다 이완, relaxation . 그리고 나른할 때처럼 말도 느려지고 목소리도 낮아지는 등의 양상을 보입니다 나른함, drowsiness . 또한 최면대상자가 내면의 무엇엔가 집중하는 모습을 보입니다 몰입, absorption . 각성상태에서와는 달리 최면상태에서는 영상을 떠올릴 때 세세한 것까지 떠올리고 생생하게 경험합니다. 예를 들면, 과거의 사건을 떠올릴 때 그때 당시에 자신이 입고 있던 옷이나 신발의 모양과 색깔까지도 자세하게 기억합니다 생생한 심상, vivid imagery.

그리고 최면상태에서의 암시에 대해서 현실 판단이 유보되어 지시하는 암시에 따지지 않고 그대로 받아들입니다. 그래서 주어진 암시에 열심히 따르려고 하는 모습을 볼 수 있습니다 강박감, compelling feeling. 예를 들면, 최면대상자에게 바다의 정취를 즐기라고 하면서 발밑의 모래를 느껴 보라고 하면 발로 모래를 비비는 것 같은 행동을 합니다. 즉, 주어진 암시에 반응하여 따르려는 행동을 하면서 최면역할을 잘 수행하는 것을 볼 수 있습니다.

간혹 무의식의 단편을 드러내는 것을 통해서도 최면에 유도되었다는 것을 알 수 있습니다. 그래서 평상시에는 전혀 생각하지도 않았던 말과 행동을 하기도 합니다. 마루에서 자위행위를 했던 분이 있었습니다. 최면상태에서 자위행위 장면을 설명하면서 자신을 구박하는 새어머니에게 자신의 벗은 몸을 보여 주고 싶었다고 말했습니다. 그러면서 이제 더 이상 구박 받는 어린아이가 아니라 자위행위를 할 수 있을 정도로 성장한 어른이라는 사실을 알려 주고 싶었다고 하였습니다. 자위행위는 남들 몰래 하는 것이 일반적이어서 사실인지 의문이 들었습니다. 그래서 각성상태에서 그분에게 자위행위를 마루에서 한 적이 있느냐고 물어보니 그런 일이 있었지만, 몸을 보여 주겠다는 생각은 한 번도 한 적이 없다고 말했습니다. 그러면서도 최면상태에서의 경험에서는 그렇게 말하고 싶었고, 그래서 그대로 말했다고 이야기했습니다. 말하자면 사람들에게 들킬 수도 있는 장소인 마루에서 굳이 자위행위를 하는 것에 대한 무의식적 의미가 최면상태에서 자연스럽게 드러났던 것입니다.

또한 환자가 치료자를 과거 자신에게 중요한 인물을 대하는 것처럼 행동하는 것을 전이라고 하는데, 최면상태에서 환자가 치료자를 마치 아버지를 대하듯이 의존하여 울며 매달리는 전이감정transference feeling을 보이기도 합니다.

최면상태에서 보이는 양상을 보고 최면의 깊이를 평가할 수 있습니다. 최면의 깊이가 깊어질수록 평상시의 각성상태와는 다른 여러 가지 변화가 나타나기 때문입니다.

얕은 최면상태에서는 입이 벌어지거나 턱이 약간 떨리는 모습을 보이기도 합니다. 그리고 생각하고 말하고 행동하고 움직이는 것에 대해 권태를 느끼고 잘 하려 들지 않습니다. 그래서 전반적으로 약간 동떨어져 있는 모습partial feeling of detachment을 보입니다. 또한 객관적으로는 깊고 느린 호흡, 느린 맥박을 볼 수 있습니다. 그리고 치료자의 암시에 따라 어떤 상태를 계속 지속하는 현상, 즉 경직상태catalepsy를 보일 수 있습니다. 예를 들면, 눈꺼풀이 무거워져서 감기게 될 것이라는 암시에 눈이 감긴 상태를 지속하고eye catalepsy, 팔을 올린 상태를 그대로 유지할 것이라는 암시에 팔을 올린 채 그 상태를 지속합니다limb catalepsy.

최면상태가 좀 더 깊어져서 중간 정도의 최면상태가 되면 여러 양상을 보일 수 있습니다. 우선 환자가 최면에 유도되었다는 주관적인 느낌을 가지게 됩니다. 그래서 어떤 최면대상자는 의식이 사라지는 느낌을 받았다고 치료자에게 보고하기도 합니다. 또 최면상태에서 일어난 일들에 대해 기억상실을 말하기도 합니다. 최면 과정 중에 기억이 잘 나지 않는 부분이 있다고 부분적인 기억상실partial amnesia을 이야기하기도 하고, 최면유도 과정 중의 어느 부분을 완전히 기억하지 못한다global amnesia고 말하기도 합니다. 그리고 중간 정도의 최면상태가 되면 감각의 변화도 느끼게 됩니다. 최면암시에 따라 맛이나 냄새, 그리고 촉감이 변화되는 것을 느끼는 미각, 후각, 촉각의 착각이 생길 수 있습니다. 또한 객관적으로는 사지나 몸의 완전한 경직을 보입니다.

최면감수성이 높은 경우에는 깊은 최면상태가 일어날 수 있습니다. 깊은 최면상태에서는 다음과 같은 변화들을 볼 수 있습니다. 최면대상자는 주관적으로 몸이 가벼워져서 붕 뜨는 느낌이 들기도 하고, 멀리 떨어져 있는 느낌이 들기도 한다고 보고합니다. 최면에 유도된 사람의 눈의 동공이 마치 무엇을 보고 있는 것처럼 이리저리 움직이는 것uncontrolled movements of eyeballs을 객관적으로 볼 수 있습니다. 또한 완전한 기억상실total amnesia이 가능합니다. 그러므로 최면상태에서 어떤 과정으로 치료가 진행 되었는지 전혀 기억하지 못합니다. 반면에, 최면상태에서는 각성상태의 의식에서 완전히 잃어버렸던 과거의 중요한 기억을 회상할 수 있게 되기 때문에 환자의 무의식에로의 접근이 용이해집니다. 때로는 완전한 마취를 경험하여 통증을 전혀 못 느끼게 되어 이런 상태에서 분만을 하거나 수술을 받는 경우도 있습니다. 그리고 깊은 최면상태에서는 스스로 맥박, 혈압, 소화기능 등 몸의 자율기능의 조절이 가능해집니다.

최면상태에서도 눈을 뜰 수 있는데, 눈을 뜬 상태에서도 최면상태를 그대로 잘 유지할 수 있습니다. 예를 들면, "이제 팔이 저절로 올라가는 것을 경험하게 될 텐데 눈을 살짝 뜨면 팔이 조금씩 위로 올라가는 것을 볼 수 있을 것입니다."라고 암시하면 눈을 뜨고 암시에 반응하여 팔이 올라가는 것을 직접 볼 수 있게 됩니다. 최면반응이 진행되는 것을 자신의 눈으로 직접 목격하게 되면 최면에 유도된 것을 스스로 확인할 수 있고, 앞으로의 다른 최면암시에도 지금처럼 저절로 반응이 일어날 것이라는 긍정적 기대감을 가질 수 있게 되며, 치료 목표가 잘 이루어질 것으로 믿을 수 있습니다.

또한 연령퇴행을 시키는 암시에도 쉽게 반응하게 됩니다. 최면대상자가 연령퇴행이 된 그 연령 수준에서 말과 행동을 하게 되고, 그 당시의 느낌을 생생하게 느낄 수 있습니다. 깊은 최면상태에서는 영상화가 너무 생생해서 장면이 총천연색으로 영상화될 수 있습니다. 따라서 각성상태가 된 후 이미지가 총천연색인지 흑백인지 물어보면 최면의 깊이를 가늠할 수 있습니다. 또한 꿈을 유도dream induction하는 것도 가능합니다.

깊은 최면상태에서는 환시, 환청 등을 후최면암시posthypnotic suggestion에도 경험하게 됩니다. 예를 들면, "이 의자에서 일어나게 되면 뒤를 보라는 소리가 들릴 것입니다."라는 최면상태에서 시행한 암시에 반응하여 각성상태가 된 후에 의자에서 일어나서 '뒤를 돌아보라'는 환청을 듣고 실제로 뒤를 돌아보기도 합니다. 게다가 복잡한 후최면암시에도 반응할 수 있습니다. 예를 들면, "최면에서 깨어난 후 창문을 열고 밖을 쳐다보다가 지나가는 사람에게 손을 흔들고는 다시 원래의 자리에 앉을 것입니다."라는 여러 개의 후최면암시에도 반응하게 됩니다.

깊은 최면상태가 되면 최면대상자에게 이렇게 다양한 현상이 생기게 되어 치료자가 여러 최면치료기법을 사용할 수 있기 때문에 잘 이용하면 문제 해결에 많은 도움을 줄 수 있습니다. 하지만 치료를 위해 반드시 깊은 최면상태가 되어야만 하는 것은 아닙니다. 치료자가 최면대상자가 최면경험을 할 수 있는 영역을 잘 파악하여 치료 목적에 맞게 치료전략을 세우는 것이 문제 해결을 위해서 오히려 더 중요합니다.

한 예로, 귀두의 감각을 느끼지 못해 성적 극치감을 못 느끼는 분이 있었습니다. 최면상태에서 감각의 변화만 느끼는 얕은 정도의 최면상태를 보였지만, 손등의 감각이 없어졌다가 다시 통증을 느끼게 되는 암시에 반응하는 것을 그가 직접 경험하게 하였습니다. 그 후 그는 손의 통증 감각이 사라졌다 다시 나타나는 변화를 통해 자신의 감각에 대한 자기 통제력을 깨닫게 되었고, 마침내 귀두의 감각이 되살아나게 되었습니다. 즉, 얕은 최면상태만으로도 충분히 성공적으로 치료할 수 있었습니다. 최면대상자가 가진 최면경험에 대한 내적 자원을 잘 활용할 수 있는 전략적 접근이 있으면 얕은 정도의 최면 상태에서도 성공적으로 최면치료를 적용할 수 있습니다.

최면이 실패하는 경우

최면치료를 하다 보면 최면에 유도되지 않거나, 최면에 유도된 후 암시에 반응하지 않거나, 반응을 해도 왜곡해서 반응하는 경우가 있습니다. 물론 최면대상자의 최면감수성이 낮아서 최면유도가 되지 않고 실패할 수도 있지만 다른 요인들에 의해 실패할 수도 있습니다. 이렇게 최면 유도나 암시에 실패한 경우에는 여러 가지를 고려해 보아야 합니다.

☑ 우선 치료자 요인을 고려해야 합니다

치료자가 최면유도 기법을 충분히 숙지하고 있는가? 여러 가지 최면유도 기법을 충분히 사용했는가? 최면유도에 충분한 시간적 여유를 가지지 않고 너무 빨리 최면을 유도한 것은 아닌가? 최면유도 초기에 자연스럽게 마음에 떠오르는 불쾌한 경험을 하여 최면대상자가 최면에 유도되는 것을 두려워하는 것은 아닌가? 등을 알아보아야 합니다. 치료자는 최면유도에 대한 충분한 능력을 갖추어야 하고 여유를 가지고 최면유도를 해야 합니다. 또한 어떤 최면대상자는 이미지를 잘 떠올리고, 어떤 최면대상자는 영상화가 힘들 수 있습니다. 따라서 최면대상자가 영상화 기법을 통한 최면유도방법에 잘 반응하지 않는다면 자석법 같은 다른 여러 가지 유도법을 충분히 시행해 보는 것이 필요합니다. 그리고 최면유도 과정에 불편한 경험이 있으면 치료자에게 이야기하도록 최면대상자에게 미리 알려 주어야 합니다. 그래서 불편한 경험을 제거하거나 불편한 경험이 무의식적 요소들의 발현일 수 있다는 것을 교육해 최면대상자가 당황하지 않도록 해야 합니다.

☑ 다음으로 최면대상자 요인을 고려해야 합니다

최면에 완벽하게 유도되어야 한다는 의식적인 노력이 수행불안performance anxiety을 야기하여 오히려 최면유도를 방해하는 것은 아닌지를 확인할 필요가 있습니다. 이런 경우 최면유도 전에 모든 암시에 다 반응할 필요가 없고, 자연스럽게 느껴지는 대로 하기만 하면 된다고 안심시켜 주는 것이 필요합니다. 그리고 의식적으로는 최면치료를 위해 왔으나 치료자에 대한 경쟁심 같은 의식적 · 무의식적 요소가 최면유도를 방해하는 것은 아닌지도 알아보아야 합니다. 예를 들면, 어떤 환자는 '어디 내가 최면에 걸리나 두고 보자'라는 식으로 무의식적으로 의사와 경쟁을 하는 경우도 있습니다. 이런 치료대상자는 팔이 붙는다고 암시하였는데 반대로 팔이 더 멀어지는 경우를 보일 수 있습니다. 이는 최면에 유도된 것이지만 왜곡된 형태로 반응하는 것입니다. 만약 최면에 유도되지 않았다면 팔이 멀어질 이유도 없습니다. 팔이 붙을 것이라는 암시에 반응하되 자신의 경쟁심이 무의식적으로 최면암시를 왜곡해서 반대의 반응을 하게 하는 것입니다. 이런 경우에는 오히려 치료대상자의 반응에 맞추어서 암시를 수정하는 것도 좋은 방법입니다. 그러면 결과적으로 암시에 반응하는 것이 되고, 그다음 암시에도 반응할 수 있는 토대를 만들 수 있습니다. 이렇게 최면암시를 왜곡하는 현상은 치료대상자가 무의식적으로 치료에 저항하는 경우에도 나타날 수 있습니다. 예를 들면, 연극이나 텔레비전을 보게 될 것이라는 암시를 했을 때 막이 올라가지 않아 보이지 않는다든가 텔레비전이 고장이 났다고 반응하는 경우가 있습니다. 만약 최면에 유도되지 않았다면 연극무대나 텔레비전 자체가 보이지 않을 텐데 단지 막이 올라가지 않는다든가 텔레비전이 고장 났다는 것은 자신의 무의식을 드러내기 주저하는 저항일 수 있습니다. 그러므로 치료자가 먼저 자아강화기법을 사용하여 환자가 무의식의 내용을 견딜 수 있도록 한다든지, 아니면 치료자가 마음의 여유를 가지고 다음에 치료를 시도할 수도 있겠습니다.

또한 최면대상자가 치료자에 대해 신뢰가 없거나 최면에 대한 편견이나 두려움을 가지고 있는 경우에도 최면유도에 어려움을 겪을 수 있습니다. 이런 경우에는 치료자가 최면대상자에게 절대 해로운 암시는 하지 않고 최면대상자를 돕기 위한 목적으로만 최면을 시행할 것이라고 설명하여 치료동맹을 강화하고 편견과 두려움에 대한 교육을 하는 것이 필요합니다.

그리고 최면대상자가 최면현상에 대해 잘못 알고 있어서 자신도 모르는 사이에 얕은 최면에 유도된 것은 아닌지 확인하는 것이 필요합니다. 최면대상자가 최면상태에 대해 마치 무대최면처럼 극적인 것으로 이해하거나 완전한 기억상실이 있어야 하는 것으로 잘못 알고 있을 수 있습니다. 이런 경우 최면상태에서 나타나는 객관적인 최면반응을 설명하고, 이완이나 상상 같은 주관적으로 느낄 수 있는 최면경험에 관해 설명합니다.

☑ 마지막으로 환경적 요인을 고려해야 합니다

환경적 요인이 최면유도를 방해할 수도 있으므로 이러한 요인들도 확인해야 합니다. 때로는 시계의 추에서 나는 소리가 최면을 방해한다고 이야기하는 경우도 있습니다. 이럴 때에는 오히려 시계추의 소리에 주의를 집중하도록 하면서 최면을 유도할 수 있습니다. 마찬가지로 심장의 박동소리에 예민한 최면대상자의 경우에는 심장박동에 주의를 집중하도록 하면서 최면을 유도합니다.

최면유도에 실패하더라도 반드시 최면감수성의 부족 때문만이 아닐 수 있으므로 앞에서 기술한 여러 가지 사항을 고려하면서 대처하는 것이 바람직합니다. 먼저 무엇이 최면 유도나 반응을 방해하는지 최면대상자에게 직접 물어봅니다. 그리고 최면치료를 받으러 온 목적에 관해 이야기하면서 최면치료에 대한 환자의 기대와 의욕을 증진합니다. 또한 최면반응에 대한 치료대상자와 치료자의 기대와 목표를 분명히 설정하고 상의하는 것이 중요합니다. 그리고 여러 가지 최면유도 기법을 사용해 보면서 그 사람에게 맞는 최면유도 방법을 찾는 것이 필요합니다. 이전에 최면유도를 성공한 경험이 있다면 이전의 성공적인 최면경험을 회상시킬 수도 있습니다. 최면의 실패가 저항 때문이라면 치료자가 각성상태에서 무의식적 저항에 대해 치료대상자와 논의할 수도 있습니다. 무의식의 경쟁심이 문제라면 자기 최면을 통해 스스로 최면유도를 하도록 할 수도 있습니다. 또한 '다른 최면대상자는 혹은 내 친구는 이런 식으로 최면이 유도되고 반응하더라' 하는 식my friend John technique으로 간접적으로 암시할 수도 있습니다. 옆에 있는 다른 사람을 최면유도하면서 함께 환자를 최면에 들어가도록 하는 방법도 있습니다.

사실 임상에서 최면에 유도되지 않으면 오히려 최면대상자가 민망해 하는 경우가 많습니다. 그래도 치료자가 섭섭해 하거나 좌절하는 모습을 보이는 것은 바람직하지 않습니다. 최면유도가 되지 않더라도 다른 치료법을 사용할 수 있다는 것을 설명하면서 최면대상자의 실망감을 줄이는 것이 중요합니다.

최면의 발자취

우리가 어렸을 적에 배가 아프면 어머니가 "내 손은 약손이다. 이제 금방 나을 거야."라는 말을 하며 따뜻한 손으로 배를 주물러 주시던 기억이 있을 것입니다. 어머니가 이렇게 말을 해 주면 신기하게도 배가 편안해지면서 통증이 없어지게 되는 경험을 하게 됩니다. 물론 충수돌기염 같은 큰 병이 아니고 일시적인 장운동의 문제로 배가 아픈 경우이겠습니다. 아이에게는 어머니가 어떤 신보다도 절대적인 존재입니다. 어머니를 신뢰하는 아이는 나을 것이라는 어머니의 말, 즉 암시를 듣고 나면 불안이 사라지고 긴장이 완화되면서 위장의 운동이 규칙적이 되고 정상화됩니다. 결국 실제로 아이의 배가 낫게 되는 것입니다. 또 아이가 넘어져 무릎에 상처가 났을 때 어머니가 상처 난 부위에 '호호' 하며 입김을 부시면서 이제 아프지 않고 괜찮아질 것이라고 이야기하면 아이는 금방 고통을 잊고 뛰어놀게 되는 것을 보았을 것입니다. 즉, 어머니의 말에 통증이 사라지는 최면현상을 자신도 모르게 경험하는 것입니다.

이렇게 알게 모르게 생활 속에 스며 있는 최면현상은 우리의 역사가 시작되면서부터 존재해 왔고, 계속해서 이용되어 왔습니다. 사실 고대 부족사회의 제사장에서부터 중세의 성직자, 그리고 현대의 의사에 이르기까지 병을 고치는 역할을 했던 사람들은 자신도 모르게 최면현상을 질병의 치료에 이용해 왔던 것입니다.

고대 그리스와 이집트에는 최면사원sleep temple이라는 것이 있었다는 기록이 있습니다. 여행이 쉽지 않았던 당시의 사람들은 병을 고치려는 기대를 가지고 천신만고 끝에 사원에 도착했을 것으로 생각할 수 있습니다. 아마 여행이 가능했던 것으로 보아 그 병은 급성이거나 중한 질환은 아니었던 것으로 추측됩니다. 사원에 도착한 사람들은 몸과 마음을 정화하기 위해 먼저 목욕재계를 하게 됩니다. 몸과 마음을 정갈하게 한 후 비로소 사원에 들어간 사람들은 단조로운 노래와 드럼의 반주에 맞추어 춤을 추면서 최면상태로 유도됩니다. 최면상태에 들어간 다음 사원의 제사장으로부터 병과 고통이 치유될 것이라는 암시를 듣게 됩니다. 모두는 아니지만 실제로 많은 사람이 이러한 과정을 통해 도움을 받았습니다. 도움을 받은 사람들은 고향으로 돌아가서 자신의 경험을 이야기하게 되고, 이야기를 들은 또 다른 사람들이 병을 고치려는 생각으로 사원을 향해 여행을 떠나게 되었을 것입니다. 이것은 최면현상을 질병치료에 이용한 초기의 형태라고 볼 수 있겠습니다. 현대와 같은 약과 장비가 없었기 때문에 이와 유사한 형태로 과거 수천 년에 걸쳐 최면현상을 질병의 치료에 이용해 왔습니다.

1700년대 후반에 최면현상을 본격적으로 개념화하고 근대적으로 사용한 사람은 비엔나의 의사인 메스머Franz Anton Mesmer입니다. 그는 동물자기설animal magnetism이라는 새로운 개념을 도입했습니다. 그는 보이지 않는 자기력을 가진 액체magnetic fluid가 우주에 충만해 있다고 생각했습니다. 이런 액체가 중력, 자기력, 전기력 등의 원인이 되며, 인간의 신체에 영향을 미치게 된다고 보았습니다. 그는 이 액체의 불균형이 일어나면 신경성 질환이 생긴다고 했습니다. 그래서 자기력을 통해 액체의 균형을 회복하는 것이 질병을 치유하는 방법이라고 주장했습니다. 그는 처음에는 우주의 자기력이 환자에게 전달되어 질병이 치유된다고 믿었습니다. 그러다가 나중에는 하나님이 자신에게만 신비한 자기력을 주어서 자신만이 환자들을 치유할 수 있다고 생각했습니다.

그는 비엔나에서 환자를 치료하다가 나중에 파리로 옮겨서 환자를 보았는데, 많은 환자가 치료를 받고 나아서 아주 유명해졌습니다. 그는 화려한 예복을 입고는 자기봉을 가지고 사람들 사이를 다니면서 자신이 가진 자기력을 환자들에게 직접 전달해 주거나 커다란 떡갈나무통에 물을 채워 놓고는 자기봉을 통해 자신의 자기력을 물에 전달하여 이 물을 통해 많은 환자에게 자기력을 동시에 전달하는 방식으로 환자를 치료하였습니다.

메스머에게 수많은 환자가 몰려들었고, 이렇게 되니 동료 의사들이 메스머의 치료방식에 의문을 제기하였습니다. 그래서 메스머는 자신의 치료방법을 프랑스의 학술원과 다른 의사들에게 인정받아야만 했습니다. 마침내 1784년에 자기력을 연구하기 위해 프랑스 학술원에 위원회가 만들어졌습니다. 당시 미국에서 프랑스 대사로 와 있던 유명한 프랭클린Benjamin Franklin이 그 위원회의 위원 중 한 사람이었고, 단두대를 만든 기요틴Joseph-Ignace Guillotine 박사도 그 위원회의 위원이었습니다. 위원회는 메스머의 제자에게 정원에 자기력을 전달하도록 시켰고, 그곳에서 대상자에게 자기력을 전달 받도록 했습니다. 그리고 어떤 대상자에게는 자기력이 전달되지 않은 가짜 나무에 가도록 했고, 다른 대상자에게는 자기력이 전달되지 않은 물을 제시하였고, 또 다른 대상자에게는 닫힌 문 뒤에서 자기력을 전달한다는 잘못된 정보를 주었습니다. 자기력을 받은 대상자들은 물론이고, 자기력을 받지 않았음에도 불구하고 자기력을 받았다는 그릇된 암시를 받은 대상자들이 치유되었습니다. 결국 위원회는 환자들이 치유되었다는 사실을 인정하였으나 치료의 효과가 자기력 때문이 아니라 환자 자신의 치료될 것이라는 상상력imagination과 믿음belief 때문이라고 하였습니다. 이를 현재의 관점에서 보면, 환자에게 좋아질 것이라고 암시를 하면 환자의 마음속에 치료가 되어 좋아지는 상상력이 발휘되어 치료에 대한 믿음이 생기게 되는 것으로 볼 수 있습니다. 이런 긍정적 기대가 중요한 치료요인이 될 수 있었던 것입니다. 말하자면 의사가 위약placebo을 주면서 효과가 있을 것이라고 암시를 하면 환자의 마음속에 좋아질 것이라는 상상력과 믿음을 통해 긍정적 기대가 생겨 실제로 치료에 효과가 있는 것과 마찬가지라고 할 수 있습니다. 즉, 최면현상은 사용한 방법에 대한 믿음 때문에 발생하는 것이지 방법 그 자체 때문은 아니라는 것입니다. 위원회는 치료효과가 상상력 때문이라고 말하면서 결국 메스머의 방법, 즉 자기력은 사실이 아니라고 판단하였습니다.

메스머는 안타깝게도 이러한 현상이 암시 때문이라는 사실을 알지 못하고, 자신이 얼마나 중요한 발견을 했는지를 깨닫지 못한 채 자신의 삶을 마감하였습니다. 오히려 그의 제자인 퓌세귀르Marquis de Puysegur가 환자에게서 일어나는 현상들이 암시에 영향을 받는다는 사실을 알게 되었습니다. 또한 브레이드James Braid는 1840년경에 자기력에 대한 실험을 하면서 최면상태가 효과적인 치료를 할 수 있게 하는 중요한 요인이라고 결론을 냈습니다. 그리고 그는 메스머의 자기력이라는 용어를 버렸습니다. 대신에 집중해서 쳐다볼 때 생기는 긴장이 눈에서 뇌로 신경의 억제가 일어나게 하여 잠을 자는 상태와 비슷한 상황이 된다고 이야기했습니다. 그는 이러한 최면상태를 설명하기 위하여 신경최면neurohypnosis이라는 단어를 만들었는데, 후에 이를 간소화한 최면hypnosis이라는 단어를 만들어서 '근대최면의 아버지'로 불리게 되었습니다. 또한 그는 단일개념monoideism이라는 개념을 만들었습니다. 이것은 나중에 관념운동반응ideomotor response으로 발전하였는데, 이는 그 사람의 마음에 남겨진 생생한 생각이나 영상이 나중에 상응하는 행동으로 나타난다는 것입니다. 그는 최면상태를 이용하여 통증을 제거하고, 신경통, 마비, 그리고 뇌전증과 류머티즘 등을 치료하였습니다.

브레이드의 생각은 유명한 프랑스 신경학자인 샤르코 Jean Martin Charcot 에 영향을 미쳤습니다. 그는 최면상태나 히스테리아 hysteria 모두 신경이 허약하기 때문에 생기는 것이라고 말했습니다. 그래서 히스테리아 환자만이 최면에 유도된다고 주장했습니다. 그는 심리적 충격이 신경이 약한 사람에게 최면상태를 유발하고, 이 상태에서 말과 행동을 기억하지 못하는 해리현상도 일어날 수 있다고 하였습니다. 그는 실제로 히스테리아 환자에게 최면상태를 유발하여 후최면암시를 통해 다리 마비 증상을 보이던 환자가 일어나게 하고, 암시를 기억하지 못하는 것을 실연해 보이기도 했습니다.

또한 1845년경에 에스데일 James Esdaile 이라는 영국의 외과 의사는 자기력, 즉 최면상태를 이용하여 약 3,000명 이상의 환자를 수술하였습니다. 당시에는 마취제가 개발되어 있지 않아 큰 수술 시 사망률이 50% 이상이 되던 시대였는데, 최면상태에서 수술하여 사망률을 현저히 낮추었고 이는 당시로서는 아주 획기적인 일이었습니다. 하지만 이후 마취제가 나오면서 수술에서 최면상태를 이용할 필요성은 줄어들게 되었습니다.

1860년경에 프랑스의 젊은 의사인 리보 Ambroise-Auguste Liébeault 는 브레이드의 논문과 환자 치료 사례를 읽고 감명을 받아 자신도 환자 치료에 최면을 이용하면서 암시의 중요성을 알게 되었습니다. 또 한 사람의 저명한 프랑스의 내과 의사인 베르넹 Hippolyte-Marie Bernheim 은 자신이 치료했던 환자가 젊은 리보에게 치료를 받고 좋아지는 것을 보고 리보가 사용하는 최면에 대해 함께 연구하게 되었습니다. 베르넹은 샤르코의 주장을 반박하고는 최면현상이 심리적이나 신체적으로 허약해서 생기는 것이 아니라 암시에 의해 발생한다고 주장하였습니다. 결국 두 사람은 의기투합해서 프랑스의 낭시 Nancy 에 유명한 최면

클리닉을 세우게 되었습니다.

이 클리닉에 수많은 의사가 최면치료를 배우기 위해 찾아왔는데, 그들 중에는 정신분석을 창시한 프로이트Zigmund Freud도 있었습니다. 프로이트는 앞에서 언급한 베르넹과 샤르코, 그리고 브로이어Josef Breuer로부터 영향을 받았습니다. 특히, 샤르코의 히스테리아 환자가 최면상태에서 일어났던 일을 기억하지 못하는 최면시연을 보고 사람이 의식하지 못하는 마음의 부위가 존재한다는 것을 알게 되었습니다. 그 후 프로이트는 수년간 최면을 시술했고, 최면의 연구를 통하여 무의식의 존재를 알게 되었습니다. 하지만 프로이트는 어떤 경우에는 최면유도가 되지 않고, 당시로서는 최면상태에서의 무의식적 현상을 유용하게 이용하는 방법을 몰랐기 때문에 새로운 방법을 찾게 되었는데, 마침내 자유연상, 꿈분석, 정신분석 등의 방법을 주창하게 되었습니다. 프로이트는 어쩔 수 없이 최면의 영향을 받았는데, 환자를 의자에 눕히고 이완시키는 등의 정신분석 기법이 최면의 기법과 유사한 점입니다. 하지만 프로이트가 최면을 사용하지 않게 되면서, 그리고 정신분석이 정신건강의학계의 큰 흐름이 되면서 최면은 1958년에 미국 의학회에서 정식으로 가치 있는 치료수단이라는 것이 인정될 때까지 학문적으로 빛을 발할 기회를 유보해야만 했습니다.

제2차 세계대전 동안에 최면이 그 진가를 발휘하면서 다시 의학계의 관심을 받을 수 있게 되었습니다. 전쟁 신경증war neurosis을 겪는 병사들이 최면치료를 받고 난 후 바로 회복이 되어 다시 전장으로 나갈 수 있게 되면서 최면치료의 신속성과 효율성이 입증되었기 때문입니다. 제2차 세계대전 이후에 스피겔 부자Herbert Spiegel & David Spiegel와 에릭슨Milton Erickson 등의 석학들이 의학적인 관점에서 지속적으로 최면에 관한 연구와 치료를 하여 현대적 개념의 최면이 성립하게 되었습니다.

우리나라에서는 1984년에 김병석이 서울대학교 정신과에서 전공의를 대상으로 최면의학에 대한 강의를 시행한 이래 1987년에 대한신경정신의학회의 정식 분과학회로 대한최면치료학회를 설립하였고, 지금은 대한최면의학회로 개명되었습니다. 현재 많은 의사가 최면치료에 관심을 가지고 있는데, 특히 젊은 의사들이 최면의학에 관심을 가지고 환자의 치료에 이용하고 있어 앞으로 이 분야에서 많은 발전이 있을 것으로 생각합니다.

최면의 신경생리학적 배경

최면을 유도하게 되면 몸과 마음이 이완되면서 편안해지는 것을 느낄 수 있습니다. 이러한 작용이 일어나는 것은 자율신경계에서 교감신경의 활동이 줄어들기 때문입니다. 그래서 혈압이나 맥박, 호흡 등이 감소하고 체온이 상승하기도 합니다. 이렇듯 최면상태에서는 심리적인 변화뿐만 아니라 의식의 변화와 생리적인 변화가 생기는데, 이러한 변화를 가능하게 하는 최면현상의 신경생리학적인 배경에 대해 관심을 가지게 됩니다.

프랑스의 신경학자인 샤르코가 19세기 말에 최면상태는 신경이 허약하기 때문에 생긴다고 하면서 최면의 생물학적 기전에 대해 나름대로 설명하고자 하였습니다. 그는 심리적 충격이 신경이 약한 사람에게 최면상태를 유발하고, 이 상태에서 말과 행동을 기억하지 못하는 해리현상도 일어날 수 있다고 하였습니다. 그 이후 많은 사람이 최면현상의 신경생리학적인 배경에 대해 관심을 가지게 되었습니다.

최면현상을 생리적으로 대뇌피질의 억제 cortical inhibition 라고 설명한 하이덴하인 Rudolf Heidenhain 으로부터 수학한 파블로프 Ivan Petrovich Pavlov 는 고전적 조건형성이론을 적용하여 최면을 복잡한 조건반사라고 이야기하였습니다. 그는 최면유도 시 말이 자극되어 피최면자의 대뇌피질을 억제하여 약간의 신경통로

만을 남겨 두게 된다고 하였습니다. 그래서 최면을 하는 사람만이 최면상태에서 피최면자와 외부세계를 연결하는 유일한 통로가 되고, 최면에 유도된 사람은 최면유도자의 암시에 무비판적으로 반응하게 된다고 보았습니다.

과학의 발달로 뇌의 기능을 측정할 수 있는 도구들이 개발되면서 최면현상의 생물학적 기전이 조금씩 드러나게 되었습니다.

먼저 뇌파 연구Sabourin et al., 1990에서는 최면감수성이 높은 군이 낮은 군에 비해 특히 전두엽에서 세타θ파가 증가되어 있다고 했습니다.

그리고 사건관련전위 연구Spiegel et al., 1985에서는 최면감수성이 높은 경우에 최면상태에서 인지적 과업을 수행하도록 암시하였을 때 그것이 내적인 자극이 되어 전위 폭이 변화되는 것을 확인할 수 있었습니다. 하지만 최면감수성이 낮은 경우에는 전위 폭의 변화를 보이지 않았습니다.

또한 양성자 단층촬영PET을 통해 최면상태에서 암시에 따라 활성화되는 뇌의 구조를 알아보기 위해 실험Rainville et al., 1997을 한 결과, 최면상태에서 불편한 자극을 느끼지 못할 것이라고 암시하였을 때 고통스러운 자극을 담당하는 체성감각피질somatosensory cortex에서는 의미 있는 차이를 발견하지 못했는데, 주관적으로 고통을 느끼는 전대상피질anterior cingulate cortex에서는 덜 활성화되는 것을 확인하였습니다. 이를 통해 최면상태에서도 감각이 뇌에 입력은 되지만 그 주관적 해석이 달라지는 것을 알 수 있었습니다. 이러한 연구는 뇌영상을 통해 최면상태에서의 암시를 신경해부학적으로 분석할 수 있게 해 주었습니다.

2012년에 스피겔Fumiko et al., 2012은 『종합정신의학보Archives of General Psychiatry』라는 학술지에 최면감수성과 관련된 신경기능상의 특성neural trait을 주장하였습니다. 그는 뇌에 크게 3개의 신경망이 있다고 보았습니다. 즉, 여가상태와 관련된 신경망여가상태 신경망, default mode network, 무엇을 결정할 때처럼 실행하고 조절하는 것과 관련된 신경망실행-조절 신경망, executive-control network, 그리고 정보를 통합할 때처럼 특별한 과업을 수행하는 것과 관련된 신경망특별과업 신경망, salience network 등입니다. 그는 최면상태를 특별히 주의가 집중된 상태에서 수행조절을 하는 것이라고 보았습니다. 그래서 각각 12명의 최면감수성이 높고 낮은 대상자에게 휴식상태에서 기능적 자기공명영상f-MRI을 시행하였습니다. 양쪽 모두에게서 여가상태와 관련된 신경망은 활성화되었습니다. 그리고 높은 감수성을 가진 군에서는 실행-조절 신경망과 특별과업 신경망이 보다 활성화되었습니다. 특히, 실행-조절 신경망의 배외측 전전두피질dorsolateral prefrontal cortex과 특별과업 신경망의 배측 전대상피질dorsal anterior cingulate cortex이 함께 활성화되어 이러한 신경망들이 기능적인 연관성이 있는 것으로 볼 수 있었습니다. 반면에, 최면감수성이 낮은 군에서는 이러한 기능적인 연관성이 낮았습니다. 그래서 그는 최면감수성과 관련하여 뇌의 신경기능 상에 특성이 있다고 주장하였습니다. 물론 향후 최면상태에서도 이러한 기능적인 연관성이 있는지를 확인하는 작업이 필요하겠습니다.

이런 연구들을 보면 뇌의 여러 영역에서의 물질적인 변화가 일어나서 최면반응이 일어난다고 생각할 수 있겠습니다. 말하자면 최면상태에서 신경세포에서의 신경전달물질이 변화하여 시냅스에서 신경전도가 제한되거나 뇌의 신경세포가 억제되는 등의 변화가 일어난다고 볼 수 있습니다.

우리의 마음의 작용이 아직 명확하게 밝혀져 있지 않기 때문에 최면에 대한 신경생리학적인 배경도 아직은 일관된 정설이 없는 것이 사실이나 지금까지의 연구들을 정리해 보면 개략적인 윤곽을 알 수 있습니다. 하지만 아직도 최면현상에 대한 신경생리학적 이해는 걸음마 단계이고, 또한 심리적 · 사회적 요인과 복잡하게 상호작용하고 있어 앞으로 더 많은 연구가 필요할 것으로 생각합니다. 우울증에 대해 항우울제를 통한 약물치료를 하든지 정신치료를 하든지 결국 신경전달물질의 변화에 의해 증상이 완화되는 것으로 생각해 볼 수 있습니다. 마찬가지로 최면치료 역시 공통적인 마지막 치료단계인 신경전달물질의 변화를 통해 증상의 개선을 가져오는 것으로 보입니다. 즉, 신경생리학적인 변화가 최면현상의 결과일 것으로 생각합니다. 이러한 최면의 신경생리학적인 이해는 최면현상을 과거 신비의 영역에서 과학의 영역으로 옮겨 오게 할 것입니다.

최면의 심리학적 이해

우리가 단조로운 고속도로를 운전하다 보면 잡념이 떠오르게 됩니다. 그러면 자연스럽게 그 잡념을 따라서 생각을 이어 가게 됩니다. 그러다 목적지에 도착하고 나면 내가 어떻게 운전을 하고 왔는지 기억이 나지 않을 때가 가끔 있습니다. 아마도 운전을 해 본 사람이면 다들 한 번씩 이러한 경험을 했을 것입니다. 이렇게 운전하는 자신과 생각하는 자신이 분리되는 현상을 해리현상이라고 합니다. 최면상태에서도 자신이 경험한 일들을 기억하지 못하는 해리현상이 빈번하게 일어납니다. 그래서 해리현상을 가지고 최면현상을 이해하려는 노력들이 지속되고 있습니다.

해리현상이 본격적으로 연구되기 시작한 것은 약 200년 전으로 거슬러 올라갑니다. 1770년대 후반에 메스머는 자신을 약을 처방하는 사람이 아닌, 직접 자신의 자기력을 환자에게 전달하는 하나의 치료체로 보고 동물자기설이라는 이론을 주창하였습니다. 1784년에 그의 제자 중 한 사람인 프랑스의 귀족 퓌세귀르는 자기력을 적용하여 한 시골 농부를 치료하는 과정에서 특이한 경험을 하게 되었습니다. 그는 피암시성이 높아서 치료자의 단어 몇 마디에 마치 그가 사냥을 하고 있거나 무도장에 가 있는 것처럼 느꼈습니다. 그리고 평상시에 느리고 무지했던 이 사람이 기민하고 사려 깊은 사람으로 성격이 변했던 것입니다. 하지만 이러한 상태에서 깨어났을 때 그는 그에게 일어났던 것을 기억하지 못했습니다. 퓌세귀르는 이 경험을 자기력 수면magnetic sleep이라고 했는데, 후에 이러한 상태를 최면상태라고 부르게 되었습니다. 여기서 중요한 것은 성격이 바뀐 것과 기억을 못한다는 점이고, 이는 해리현상과 관련이 있습니다.

그 이후로 많은 연구자가 이 현상에 관심을 가지게 되면서 두 개의 의식상태double consciousness가 있다고 생각하게 되었습니다. 즉, 하나는 평상시의 의식상태이고 또 하나는 평상시에는 숨겨져 있다가 최면상태에서 비로소 드러나는 의식상태입니다. 나중에는 자연적으로 발생하는 두 개의 의식상태를 발견하게 되었습니다. 1790년대에는 처음으로 진정한 이중인격dual personality 혹은 다중인격multiple personality이 보고되었습니다.

자네Pierre Janet, 1887는 현재 우리가 사용하는 개념의 '해리dissociation'라는 용어를 처음으로 사용하였습니다. 그는 히스테리아를 연구하는 과정에서 여러 개의 자아 혹은 성격이 한 사람에 존재한다고 생각했습니다. 그는 이런 부분들이 각각의 기억체계를 가지고 있어서 각기 따로 행동하여 서로 분리되어 있다고 파악했습니다. 환자는 히스테리아 상태가 되면서 여러 개의 서로 다른 자아 중심ego center들을 형성하게 됩니다. 이것들이 특별한 경험을 다루기 위해서 정상 의식과 분리됩니다. 그리고 어떤 사건은 하나의 자아 중심에, 또 다른 사건은 또 다른 자아 중심에게 할당됩니다. 이러한 자아 중심들이 점점 복잡해지게 되면 성격들personalities로 변하게 된다고 설명하였습니다. 그는 해리현상이 단지 마음의 통합력이 약해지는 경우에만 생기는 것이기 때문에 해리를 병적인 것으로 보았습니다.

샤르코는 심리적 충격이 신경이 약한 사람에게 최면상태를 유발하고, 이 상태에서는 말과 행동을 기억하지 못하는 해리현상도 일어날 수 있다고 하였습니다. 그는 실제로 히스테리아 환자에게 최면상태를 유발하여 후최면암시를 통해 다리 마비가 있던 환자를 일어나게 하고, 암시를 기억하지 못하는 것을 시연해 보이기도 했습니다. 말하자면 히스테리아 환자의 최면상태에서 의식의 분리 splitting가 일어나는데, 이를 해리라고 하였습니다. 그래서 최면의 깊이가 해리의 정도에 따른다고 생각했습니다. 하지만 일반인도 최면상태에서 암시 suggestion에 의해 해리가 일어날 수 있고 해리현상이 일상에서도 자연스럽게 나타날 수 있다는 것을 알게 되었습니다. 즉, 최면 상태와 해리가 동일한 것이 아닐 수도 있다는 것입니다. 또 해리는 관련된 사고의 인출 recall이 되지 않는 기억상실을 동반해야 합니다. 하지만 해리에서 보이는 기억상실이 최면상태에서는 없을 수도 있습니다. 기억상실이 있어도 자발적으로 일어나는 경우는 흔하지 않은데, 암시에 의해 기억상실이 생길 수도 있고, 암시에 의해 기억을 되살릴 수도 있습니다.

이러한 사실들을 설명하기 위해 여러 이론이 대두되었으나 신해리 이론이 이를 잘 설명하고 있어 소개하고자 합니다. 힐가드 Hilgard, 1974는 신해리 이론 neodissociation theory을 주장했습니다. 이 이론은 정상적인 해리현상을 설명하려고 했습니다. 이 개념은 의식이 단일하지 않다는 전제를 기초로 인지심리학에서 발전한 모델입니다. 인지구조는 높은 위계와 낮은 위계의 인지구조로 이루어져 있습니다. 종속적인 하위인지구조 subsystem는 행동을 계획하고 지시하는 계획 planning 기능과 어떤 것을 의식에 떠올리게도 하고 그러지 못하게도 하는 감시 monitoring 기능을 가진 높은 위계의 인지구조 system에 의해 조절됩니다. 상위인지구조인 중앙조절장치 central control structure는 기억장벽 amnestic barrier에 의해 의식되는 부분과 의식하지 못하는 부분 두 개로 나누어집니다. 하위인지구조는 운동, 지각, 그리고 기억 등의 구조로 이루어져 있습니다. 일상에서 이러한 구조는 잘 통합되어 있는데, 해리상태에서는 계획기능과 감시기능이 변할 수 있습니다. 최면과 같은 특수한 상태에서는 상위인지구조에서 실행 자아의 조절 능력이 여러 하위인지구조로부터 분리되고 기억장벽 때문에 입력되는 정보가 의식으로부터 해리됩니다. 그래서 최면상태에서는 마치 자신이 조절 능력을 잃은 것처럼 느끼게 됩니다. 예를 들면, 팔이 굽어지지 않는다는 최면암시를 받았을 때 실행 자아에서는 팔을 구부릴 것인지 말 것인지를 결정하게 됩니다. 비록 둘 다 의도적인 것이지만 최면경험을 하는 자신은 기억장벽에 의해 자신의 팔을 구부리지 않으려는 의도를 의식하지 못하게 됩니다. 그런데 팔을 구부리지 않으려는 의도가 운동 하위인지구조에 영향을 주어 팔을 구부리지 않게 되면 최면대상자가 경험하기로는 팔을 구부리려고 해도 구부려지지 않는다고 느끼게 됩니다. 마찬가지로 자아의 해리된 부분 dissociated part 으로만 기억되어 있는 정보가 입력되면 기억장벽 때문에 의식에서는 기억을 할 수 없고, 통증의 경우에도 의식에서는 통증을 느끼지 못하게 됩니다. 이런 경험은 자아가 편하게 받아들일 수도 있고 그렇지 않을 수도 있습니다. 즉, 자아 동질적 ego-syntonic 일 수도 있고 자아 이질적 ego-dystonic 일 수도 있습니다.

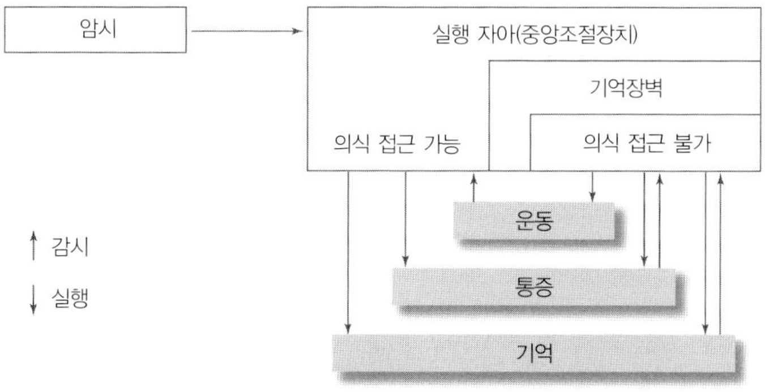

[그림 1-1] 신해리 이론(neodissociation theory; Kirsch & Lynn, 1998)

이러한 해리는 정서나 감각 경험의 강도를 조절할 수 있어 한편에서 괴로운 기억을 쉽게 떠올릴 수 있고, 다른 한편에서는 고통을 최소화할 수 있습니다. 그래서 최면치료에서 이러한 해리 경험을 유용하게 활용할 수 있습니다. 최면치료 상황에서 치료자는 최면대상자에게 최면경험을 하도록 하면서 최면대상자의 경험을 치료자에게 보고하도록 합니다. 말하자면 최면을 경험하는 자아와 자신의 행동을 지켜보고 치료자에게 이야기하는 관찰하는 자아로 해리를 시킬 수 있습니다. 그리고 최면치료 과정에서 자신의 마음속에 존재하면서 자신의 행동을 관찰하는 현명한 숨겨진 관찰자 hidden observer 를 불러내어 의견을 듣는 방식으로 해리 현상을 이용할 수 있습니다. 또한 최면상태에서 해리 현상을 통해 최면대상자가 가진 문제에 책임이 있는 전체 자아의 한 부분인 특별한 자아상태 ego state 를 불러냅니다. 자아상태에게 책임이 있으니 문제를 해결할 대안을 제시하도록 함으로써 치료과정을 수행할 수 있습니다.

아직 이러한 설명들이 이론에 그치고 있는 것이 사실이지만 지속적인 노력을 통해 최면현상을 보다 잘 이해할 수 있게 되기를 희망합니다.

최면치료의 필요성

약물치료나 인지행동치료, 그리고 정신분석 등 다른 여러 치료방법이 있는데 굳이 최면치료가 필요한 이유는 무엇일까요?

사실 최면치료는 일반인의 진료태도와 잘 부합합니다. 환자들은 증상이 생기게 된 정신역동을 알기 원하기보다는 불편한 증상이 해소되기를 바랍니다. 그래서 증상을 해소하는 데 중점을 둔 단기 최면치료가 환자들에게 잘 맞습니다. 환자들은 치료자에게 의존하고 기대는 경향이 있습니다. 최면치료는 이런 의존욕구를 충족하는 방법이 될 수 있습니다. 또한 환자들은 수동적이어서 치료자가 뭔가 해 주기를 바랍니다. 이때 치료자가 적극적으로 구체적인 전략을 세우는 최면치료가 도움이 될 수 있습니다. 마지막으로, 환자들은 처방하고 지시해 주기를 바랍니다. 치료자가 암시를 통해 간접적으로 지시하는 최면치료가 일반인의 진료태도에 부합합니다. 그렇기 때문에 최면치료가 많은 도움을 줄 수 있습니다.

그리고 최면치료가 아주 효과적인 질환들이 있습니다. 다양한 질환이 있겠지만 그중에서도 해리성 기억장애의 경우 효과적으로 기억을 되살릴 수 있습니다. 심리적 충격을 받은 후에 이 고통스러운 사건을 회피하고자 하는 마음에서 기억을 상실할 수 있습니다. 이런 경우 최면상태에서 잃어버렸던 기억을 쉽게 떠올릴 수 있습니다. 또한 전환 장애 환자에게서 나타나는 손이 마비된다든지, 목소리가 나오지 않는다든지 하는 증상을 극적으로 해소할 수 있습니다.

또한 다른 치료방법을 최면상태에서 시행하면 효과적일 수 있습니다. 행동치료기법 중 많이 사용하는 체계적 탈감작법systemic desensitization이라는 방법이 있습니다. 예를 들면, 고소공포증 환자를 치료하는 경우입니다. 1층에서부터 10층까지 위계를 정하게 됩니다. 그리고 1층에서의 공포를 극복하고 난 후 2층을 극복하고, 이런 식으로 10층을 극복하여 마침내 고소공포증을 치료하는 것입니다. 그런데 이런 식으로 치료를 하려고 하면 진료실 밖으로 나가야 하기 때문에 시간과 사람의 노력이 많이 필요합니다. 그래서 우리가 잘 알고 있는 방법이지만 임상에서 이런 기법을 적용하기가 힘든 실정입니다. 그런데 이 기법을 최면치료에서는 진료실에서 쉽게 할 수 있습니다. 최면상태에서 1층에서 공포를 극복하는 장면을 떠올리고 2층을 극복하고, 이런 식으로 고소공포증을 치료할 수 있습니다. 물론 마지막으로는 실제로 높은 곳에서도 공포를 느끼지 않는지 확인해야 합니다. 그리고 정신분석에서 꿈분석 기법이 있습니다. 그런데 실제로 임상에서 보면 꿈을 꾸지 않기도 하고, 꿈의 내용을 기억하지 못하기도 하여 이런 기법을 사용하는 데 제한이 있습니다. 하지만 최면치료에서는 꿈분석 기법을 쉽게 사용할 수 있습니다. 최면상태에서는 꿈을 꾸게도 할 수 있고, 꿈의 내용을 그 자리에서 보고하게도 할 수 있고, 꿈의 의미가 쉽게 드러나기도 합니다. 즉, 최면상태에서는 여러 치료기법을 효과적으로 사용할 수 있기 때문에 보다 효율적으로 치료할 수 있습니다.

그 외에도 최면은 정신감정이나 범죄수사에도 도움을 줄 수 있습니다.

강도를 저지른 어떤 사람이 자신의 범행을 전혀 기억하지 못한다고 하여 정신감정을 받으러 왔습니다. 동의를 구한 후 최면상태에서 범행을 준비하는 단계부터 기억을 떠올리도록 하였습니다. 그는 최면상태에서 범행도구를 준비하고 도주로를 확인하고 범행을 하는 상황 등의 장면을 모두 떠올렸습니다. 치료자는 이렇게 떠올린 장면들이 각성상태에서도 기억할 수 있을 것이라고 암시를 하였습니다. 결국 각성상태에서 범인은 자신의 범행을 시인하였습니다.

한 여자분이 강간을 당해 용의자의 얼굴을 확인하기 위해 내원하였습니다. 그때 일을 떠올리려고 하면 너무 무섭고 힘들어서 용의자의 인상착의를 제대로 알 수가 없다고 했습니다. 그 여자분은 그때의 상황을 다시 기억할 수 있기를 원했습니다. 그래서 마치 녹화된 비디오 테이프를 보듯이 그때 일어났던 상황을 화면을 통해 볼 수 있을 것이라고 암시를 하였습니다. 그 여자분은 다행히 최면감수성이 높아 영상화를 잘할 수 있어서 그때 장면을 화면을 통해 다시 볼 수 있었습니다. 최면상태에서는 해리되고 이완되기 때문에 그 여자분은 공포감 없이 강간의 피해를 당하는 상황을 비교적 담담하게 회상할 수 있었습니다. 각성상태 후 피해자는 짐작 가는 사람이 있다고 하였고, 이를 토대로 경찰과 상의해서 범인을 꼭 잡겠다는 의지를 밝혔습니다.

최면의 치료적 요인

최면치료가 유용한 치료도구임에는 분명하지만 어떻게 치료효과를 나타내는지 그 과정에 대한 설명은 아직 명확하지 않습니다. 치료효과가 나타나는 기전을 나름대로 설명하겠습니다.

임상 경험을 통해 보면 다른 사람의 소개를 통해 온 경우나 혹은 인터넷 블로그www.최면.kr를 통해 스스로 찾아온 경우가 제가 외래 진료실에서 최면치료가 도움이 될 수 있을 것 같아 최면치료를 권유한 경우보다 치료효과가 더 좋은 것을 알 수 있었습니다. 이는 긍정적 반응에 대한 기대 효과expectation effect가 최면경험을 할 수 있게 하고 바람직한 치료결과를 가져오게 하는 것으로 생각됩니다. 즉, 최면을 통해 치료를 받고 좋아지겠다는 기대가 있어 치료자를 찾아오게 되면 최면암시에 대한 경험도 보다 잘 이루어지게 됩니다. 이런 긍정적인 최면경험은 치료에 대한 기대도 높여서 치료에 협조적이 되게 하고, 결국 치료효과도 보다 커지게 되는 것으로 이해할 수 있습니다.

우리가 일상생활을 하다 보면 여러 가지 광고에 노출됩니다. 광고를 보면서 제품 선전이라고 치부하고 무시하면서 지내다가도 막상 물건을 사러 가게 되면 자신도 모르게 광고에서 본 제품을 선택하게 되는 경우가 있습니다. 사실 반복되는 광고 문구가 하나의 암시인 것입니다. 암시를 통해 그 사람의 구매 행동에 영향을 미치게 된 것입니다. 또한 학창 시절에 선생님의 훈화에 영향을 받아 가치관이 변하여 자신의 행동과 태도가 바뀌고 삶이 바뀌었다고 이야기하는 분들도 본 적이 많을 것입니다. 즉, 선생님의 훈화가 암시가 되어 그 사람의 행동과 태도에 영향을 미친 것입니다. 그리고 어른들이 "말이 씨가 된다."라고 하시면서 말을 조심하고 삼가라고 교육을 하신 적이 있을 것입니다. 이 또한 부정적인 말이 암시가 되어 실제로 그 사람에게 부정적인 영향을 미치기 때문으로 생각합니다. 마찬가지로 최면상태에서의 치료적 암시가 지속적이고 반복적으로 시행되면 자신도 모르게 저절로 그 사람의 행동과 태도에 영향을 미치게 됩니다. 특히, 최면상태에서는 각성상태와 달리 자아수용성 ego receptivity 이 증가된 상태입니다. 그래서 암시의 내용에 대한 비판이 유보되고 현실검증이 저하되어 피암시성이 높아지게 됩니다. 예를 들면, 각성상태에서 "인간의 행복은 정신적인 만족이다."라는 이야기를 하면 "물질적인 것도 필요하다."라는 등의 비판이 나올 수 있지만 최면상태에서는 그 이야기를 있는 그대로 무비판적으로 받아들이게 됩니다. 즉, 최면상태에서의 암시가 새로운 가치관이나 관점을 가지게 할 수 있습니다. 또한, 최면은 집중된 상태이기 때문에 환자와 치료자와의 의사소통 communication 을 극대화하여 치료자의 암시가 환자에게 최대의 영향을 미칠 수 있습니다. 이런 암시효과 suggestion effect 가 최면치료를 보다 효과적으로 만들어 줄 수 있겠습니다.

최면상태에서 나타나는 여러 가지 현상이 치료효과를 증진시킬 수 있습니다.

최면상태에서는 생생한 영상을 느끼도록 할 수 있기 때문에 치료에 의미 있는 사건들을 재경험할 수 있습니다. 또한 최면상태에서는 해리가 야기되기 때문에 충격적인 기억을 감정과 분리해서 좀 더 쉽게 회상시킬 수 있습니다. 그래서 이러한 기억들을 통해 보다 쉽게 정신역동적인 무의식의 탐구를 할 수 있게 해 줍니다.

최면상태에서 신체지각의 변화를 느낄 수 있는데, 이러한 변화를 치료에 이용할 수 있습니다. 한 예로, 최면상태에서의 팔상승arm levitation 암시에 따라 팔이 가벼워진다는 생각을 하면 실제로 팔이 가벼워지면서 공중으로 올라가게 됩니다. 또 다른 예로, 최면상태에서 평화로운 장면을 상상하게 하면 불안이 줄어드는 느낌이 들 수 있습니다. 말하자면 생각이 행동의 변화로 나타나는 이런 긍정적인 경험을 하게 되면 무의식에서는 생각 혹은 마음가짐이 증상의 개선을 가져올 수 있다는 긍정적인 기대가 생길 수 있습니다.

사실 최면유도를 위해서는 환자의 동기와 협조가 중요합니다. 그래서 최면치료에서는 치료자와 환자 사이에 강한 치료적 동맹therapeutic alliance이 생기므로 이러한 긍정적인 치료적 관계, 즉 라포rapport가 치료의 효과를 증진시키게 됩니다.

이러한 여러 가지 요인이 복합적으로 작용하여 최면치료가 환자들에게 유용하게 사용될 수 있을 것으로 생각합니다.

최면치료 진행 과정

일반적으로 환자가 다른 의사의 소개를 받거나 제 인터넷 블로그www.최면.kr를 보고 제게 연락을 취하면 약속 시간을 정하여 제 방으로 오게 됩니다. 처음 방문한 경우에는 낯선 환경에 적응하는 데 약간의 시간이 필요하므로 가벼운 인사말을 하면서 환자가 숨도 돌리고 여유를 가지도록 합니다.

그다음에는 환자가 내원하게 된 문제가 무엇인지 알아보고, 그 사람의 환경이나 살아온 과정에 대해서 살펴보면서 다른 치료와 마찬가지로 병력청취medical history hearing를 하게 됩니다. 그래서 환자의 문제가 최면을 통해 도움을 받을 수 있는 것인지를 확인하게 됩니다. 문제를 해결하기 위한 여러 가지 방법 중에 최면치료가 있음을 제시하고, 환자가 이를 선택함으로써 최면치료가 시작됩니다.

최면치료가 성공적으로 수행되기 위해서는 환경적인 요인, 최면감수성이나 기대 같은 환자의 요인, 그리고 치료자의 요인 등 여러 가지 중요한 요소가 필요합니다.

환경적인 요인으로는, 먼저 주의를 산만하게 하는 소음이나 과도한 조명 같은 요인들을 제거하는 것이 중요합니다. 그리고 편안한 의자에 앉거나 소파에 눕도록 하여 가능하면 편안하게 이완될 수 있도록 합니다. 의사와 환자가 서로 얼굴을 직접 대면하기보다는 90도 각도로 앉도록 하는 것이 바람직합니다. 최면의자에 앉는 자세도 중요한데, 무릎을 펴도록 하고 등받이에 등도 기대도록 하면서 자신이 취할 수 있는 가장 편안한 자세를 취하도록 합니다. 복장도 너무 두꺼운 외투는 벗도록 하고, 허리띠도 느슨하게 풀고, 필요하면 신발을 벗도록 하여 가능한 한 편하게 치료에 참여할 수 있게 합니다.

환자의 요인으로는, 이미 언급했듯이 최면감수성이 중요하고 환자가 가지고 있는 최면치료에 대한 기대 또한 중요합니다. 최면치료에 대한 긍정적인 기대를 가지기 위해서는 객관적인 연구 또는 치료 사례를 제시하거나 최면치료에 대해서 가지고 있는 잘못된 편견이나 오해를 바로잡도록 하거나, 최면에 대해 가지고 있는 불안이나 공포를 해소해야만 합니다. 일반적으로, "최면에 대해 들어본 적이 있습니까?" "최면에 대해 어떻게 생각하십니까?" 등을 물어봅니다. 그리고 이전의 최면경험에 대해 물어보면 최면에 대한 오해가 있는지, 또 최면에 대한 공포나 불안이 무엇인지 알 수 있습니다. 이러한 문제들을 해소하기 위한 자세한 방법은 다음 장에서 설명하도록 하겠습니다. 사실 어떤 사람은 잠 못 들까 봐 걱정해서 불면증이 생기고 나쁜 일이 생길까 봐 미리 두려워하는 경향이 있는데, 이런 잘못된 생각에 따라 부정적인 결과가 나타나게 됩니다. 그래서 최면에 대한 부정적인 생각을 없애는 것은 긍정적인 치료 결과를 증진시킬 수 있겠습니다.

이러한 과정을 통해 치료자와 환자 사이에 신뢰의 관계가 형성되는데, 이것이 가장 중요한 치료자의 요인입니다. 그 외에도 치료자의 요인으로 치료자의 최면유도 능력이 있을 수 있겠습니다.

치료자와 관계 형성을 한 후 환자가 최면치료를 선택하게 되면, 표준화된 최면감수성 척도를 사용하거나 설문지 혹은 직접 최면경험을 통해 최면감수성이 어느 정도인지 평가할 수 있습니다. 최면치료가 도움이 될 정도로 환자에게 최면감수성이 있으면 최면치료를 시행하게 됩니다. 최면의 과정은 일반적으로 최면유도induction를 하고 최면상태를 더 깊게 하는 심도증진deepening과정 후에 자아강화기법ego strengthening technique, 정신분석 기법, 그리고 인지행동치료 등의 치료적인 기법들을 사용하고, 그다음 각성waking상태 유도를 통해 최면을 종결하게 됩니다. 그런 다음 최면 후 각성상태에서 최면상태에서 드러난 내용들을 가지고 환자와 상담을 할 수 있습니다.

최면치료는 최면감수성과 증상에 따라 여러 가지 방식으로 진행될 수 있는데, 문제가 단순하고 최면감수성이 높은 경우에는 단 한 차례의 치료를 통해서도 극적인 호전을 경험할 수 있습니다. 물론 경우에 따라 다를 수 있겠지만 일반적으로는 일주일에 한두 번, 보통 1시간 전후로 만나게 됩니다. 치료의 시작과 마지막에는 치료자가 각성상태에서 환자와 함께 상담하고, 중간에 최면치료를 하는 방식으로 진행하게 됩니다. 치료기간은 정신분석치료, 인지행동치료 등의 다른 치료에 비해 비교적 짧습니다.

최면에 대한 오해나 불안 해소

저는 중학교 때 텔레비전 드라마를 통해 최면을 처음 접하였습니다. 정신건강의학과 의사가 최면치료를 통해 환자를 극적으로 낫게 하는 내용이었습니다. 그 때 어린 저로서는 최면치료가 마치 만병통치의 수단처럼 느껴졌습니다. 그런데 한 오락 프로그램에서 무대최면을 통해 최면술사가 최면경험을 하고 싶은 사람을 무대에 불러올려서는 우스꽝스러운 행동을 하도록 하면서 웃음을 유도하는 것을 보고 최면이 사람을 이용하는 것처럼 느껴지기도 했습니다. 그래서 최면경험을 하는 것은 저의 의사에 관계없이 치부를 드러낼 수도 있겠다는 불안감이 들기도 했습니다. 아마도 저뿐만 아니라 많은 사람이 그렇게 생각할 수 있을 것입니다. 물론 극적인 치료를 할 수도 있지만, 항상 그런 것은 아니기 때문에 드라마에서 과장한 부분이 분명히 있다고 생각합니다. 무대최면도 사람들에게 즐거움을 주기 위한 동기가 분명한 자원자들이 최면술사와 사전에 약속한 것은 아니겠지만 자연스럽게 자신에게 맡겨진 역할을 한 것입니다. 이렇게 보다 객관적이고 정확하게 최면에 대해 이해하게 된 것은 나름대로 국내외 학회도 참석하고 최면에 관한 교과서도 읽고 최면 관련 학술지를 읽으면서 공부를 했기 때문입니다. 사실 잘못된 편견이나 오해는 유용한 최면치료를 방해하는 요인이 될 수 있습니다. 또한 최면에 대한 불필요한 불안이나 공포는 최면을 회피하게 합니다. 그래서 일반인들이 가진 최면에 대한 잘못된 믿음myths들을 명백하게 바로잡는 것은 최면치료를 위해 중요하기 때문에 여기서 일반적인 편견이나 오해를 열거하면서 설명하려고 합니다.

☑ 최면치료를 하면 환자는 치료자에게 의존하게 된다

최면은 하나의 치료적 도구이며, 그 자체로는 의존을 유발하지 않습니다. 오히려 최면치료의 목표는 환자로 하여금 정신적으로 독립할 수 있도록 하는 것입니다. 물론 정신분석이나 인지행동치료 등과 마찬가지로 최면치료를 위해 내원한 환자는 치료자에게 도움을 받기 위해 온 것입니다. 당연히 어느 정도는 치료자에게 위로를 받고 의존하려는 욕구를 가지고 있습니다. 하지만 최면치료는 그 자신이 가지고 있는 자아의 힘을 강화하여 스스로 자신의 문제를 해결할 수 있도록 하는 것을 중요하게 생각합니다. 치료과정에서 환자 자신이 문제를 해결할 수 있는 방법을 찾아내도록 하고, 자기 최면을 연습하도록 합니다. 환자에게 물고기를 주는 것이 아니라 환자 스스로 물고기를 잡는 방법을 찾아내도록 돕는 것입니다. 그래서 치료자가 없더라도 환자 스스로 자기 최면을 통해 자신의 문제를 해결해 나갈 수 있도록 하는 것입니다. 자아가 강화되면 이전에 가지고 있던 문제뿐만 아니라 앞으로 닥칠 새로운 문제에 대해서도 대처할 수 있게 됩니다. 이렇게 되면 환자는 자신의 삶을 독립적으로 살아갈 수 있게 됩니다.

☑ 최면은 어떤 힘이나 에너지가 환자에게 전달되는 것이다

치료자가 환자에게 '기'라든가 하는 어떤 에너지나 어떤 신비한 힘을 주어서 최면현상이 일어나는 것이 아니고 환자가 가진 최면감수성이 발현되어 최면상태에 들어가게 되는 것입니다. 이런 편견은 메스머가 자기력을 주장하면서 비롯된 것으로 생각합니다. 즉, 그는 환자에게 자기력을 전달하여 환자에게 이런 힘의 경험을 하게 한다는 잘못된 생각에서 생겨난 것입니다. 지금도 최면을 '유도 induction'한다는 용어를 사용하고 있고, 이런 용어로 인해 마치 치료자가 최면상태를 유발하는 것처럼 느껴져서 오해가 지속되는 것으로 생각합니다. 하지만 실제로 치료자는 환자가 원할 때 환자 자신이 가진 최면감수성을 통해 최면경험을 할 수 있는 기회를 제공할 뿐입니다. 이는 임상에서 중요한 의미를 가지는데, 최면상태를 유발하는 데 성공하고 실패하는 것은 치료자의 능력 때문이 아니라 각자가 가진 최면감수성 때문이라는 것입니다. 마치 심리검사를 할 때 그 결과가 심리검사자의 능력 때문이 아닌 것과 마찬가지입니다. 하지만 어떻게 검사하고, 검사자료들을 어떻게 분석하고 이용하는가는 검사자의 능력을 반영한다는 것은 분명합니다.

☑ 아프고 약한 사람이 최면감수성이 높다

최면에 유도될 수 있으려면 최소한 주의집중을 할 수 있어야 합니다. 따라서 정신병리가 너무 심한 경우에는 최면에 잘 유도되지 않으며, 오히려 성격이 무난한 정상인에게서 더 잘 유도됩니다. 이러한 편견은 샤르코가 히스테리아 환자에게 최면을 사용하면서 최면에 유도되는 것이 신경학적인 결함 때문이라고 잘못 주장한 것에서 유래된 것으로 생각합니다. 반면에, 베르넹은 최면에 걸리는 능력은 정신병리 때문이 아니며 어떠한 생리학적 근거도 없다고 주장하였습니다. 물론 정상인 중에서도 최면에 유도가 되지 않는 사람이 있기는 하지만 일반적으로 최면 능력을 가지고 있다는 것은 그만큼 정신상태가 양호하다는 것을 의미하며, 오히려 심각한 정신병리를 가진 경우에는 최면유도가 어렵습니다.

☑ 여자가 남자보다 최면감수성이 더 높다

아마도 이러한 오해는 여자가 남자에 비해 보다 수동적이고 의존적이며 덜 공격적이라는 성역할에 대한 잘못된 생각에서 비롯된 것으로 보입니다. 서양의 연구들 Lee & Olness, 1996; Gokli et al., 1994 에서는 남자와 여자 사이에 최면감수성의 차이는 존재하지 않았습니다. 하지만 간혹 일본 홍영의, 1995 이나 한국 배선영, 1998 의 연구에서는 여자가 남자보다 최면감수성이 미미하게 높다는 보고도 있었습니다. 앞으로 최면감수성의 남녀 차를 알아보기 위한 보다 체계적인 연구가 필요할 것으로 생각합니다.

☑ 치료자가 최면을 사용할 때에만 최면이 유도된다

이미 언급했듯이, 영화나 놀이에 몰입하는 것처럼 일상생활에서도 자연스럽게 최면을 경험할 수 있으며, 약간의 훈련을 거치면 자기 스스로도 최면을 유도할 수 있습니다. 아마도 최면상태는 정상적으로 깨어 있는 각성상태와 연속 선상에 있는 것으로 생각됩니다. 그래서 최면감수성이 높은 히스테리아의 경우에는 최면상태와 각성상태를 자발적으로 드나들 수 있는 것으로 생각됩니다. 특히, 스트레스 상황 하에서 히스테리성 감각마비나 해리현상 등 자연스럽게 최면상태가 나타날 수 있습니다. 그렇기 때문에 반드시 치료자가 최면을 유도할 때에만 최면현상이 일어나는 것은 아닙니다.

☑ 최면상태에 들어가기 위해서는 환자가 이완되어야만 한다

최면상태는 주의가 집중된 상태라고 이야기할 수 있습니다. 독서삼매경이나 영화에 몰입된 상태가 주의가 집중된 상태이고, 그것이 일종의 최면상태입니다. 이런 상태에서 반드시 이완이 필수적인 것은 아니라는 것을 잘 알 수 있습니다. 하지만 이완은 그 자체가 편안함과 푸근함을 주기 때문에 최면치료 과정에서 자주 사용하는 것이 사실입니다. 이런 긍정적인 경험 때문에 대부분의 환자는 이완을 치료 과정에서 기대하고 원하게 됩니다. 이완경험은 환자가 치료에 협조하는 것을 용이하게 하고, 환자의 무의식에 다가가는 것을 쉽게 합니다. 최면에서의 이완상태는 각성상태와 구별을 확연하게 할 수 있어서 환자가 최면상태를 경험했다는 것을 보다 쉽게 인식할 수 있게 해 줍니다. 임상에서 환자들이 의외로 이완된 경험을 잘 못하는 경우들이 많이 있습니다. 불안이나 스트레스 때문에 자신도 모르게 긴장한 환자들이 최면상태에서 이완경험을 하게 되면 자신의 긴장상태를 쉽게 알 수 있게 됩니다. 환자가 스스로 자기 최면을 통해 이완하게 되면 자신이 긴장상태에 어떻게 대처할지를 알게 됩니다.

☑ 최면은 잠을 자는 것과 같다

최면상태가 옆에서 보기에는 마치 잠을 자고 있는 것처럼 보일 수 있지만 잠을 자는 상태가 아닙니다. 사실 최면상태에서는 평상시보다 명료하고 각성된 의식상태가 됩니다. 주변에 대한 의식이 감소되는 것이 최면상태와 수면상태의 공통점일 수는 있습니다. 하지만 최면상태에서는 초점 의식이 강화되어 몰입상태가 되는 데 반해, 수면상태에서는 초점 의식도 소실됩니다. 이는 뇌파를 찍어 보면 분명하게 드러나는데, 최면상태에서는 수면상태에서 보이는 느린 뇌파slow wave가 나타나지 않고 오히려 명상할 때 보이는 비교적 빠른 뇌파인 알파α파가 많이 보입니다. 이런 객관적인 증거를 통해 볼 때 최면이 잠이 아니라는 것은 분명합니다. 이는 브레이드가 수면을 의미하는 그리스 말인 'hypnos'에서 유래된 'hypnosis'라는 단어를 최면을 의미하는 용어로 사용하면서 혼동이 일어난 것으로 생각합니다.

☑ 최면은 위험하다

최면 그 자체는 전혀 위험하지 않습니다. 그러나 사람의 마음을 잘 모르는 사람이 아무런 암시나 하는 경우에는 때로 엉뚱한 결과가 올 수 있습니다. 예를 들면, 우울증 환자가 최면치료에 대해 비현실적인 기대를 가지고 최면유도 자체로 바로 치료가 되리라 생각을 하는데 치료자가 단순히 우울증이 좋아질 것이라고 암시를 하는 경우입니다. 환자가 최면경험 후에도 여전히 우울을 느끼게 되면 기대가 좌절되는 경험을 하면서 더욱 우울해지고, 때로는 희망이 부서지면서 자살을 감행하는 심각한 결과를 야기할 수도 있습니다. 그래서 환자가 가지고 있는 비현실적인 기대를 규명하고 제거해야만 합니다. 그러므로 사람의 마음과 신체를 잘 알고 일정한 자격을 갖춘 전문가에게 최면치료를 받는 것이 바람직합니다.

☑ 최면유도 자체가 치료적이다

최면유도만으로는 병을 낫게 할 수가 없고 최면상태에서 여러 정신건강의학적 치료 기법을 사용하여 병을 낫게 하는 것입니다. 말하자면, 최면 그 자체는 전략적 치료를 위해서 치료 기법들을 받아들일 수 있는 수용적 상태를 만드는 것입니다. 훌륭한 치료적 전략이 사용되면 치료는 촉진될 것이고, 그렇지 못하면 치료는 되지 않고 오히려 증상이 지속되고 악화될 수도 있습니다. 예를 들면, 신경성 식욕부진증을 앓고 있는 환자가 체중조절을 위해 찾아왔을 때 비록 최면 그 자체는 위험하지 않지만 식사를 덜 하도록 하는 잘못된 암시를 하는 경우입니다. 이런 암시는 환자가 가진 식사에 대한 잘못된 개념을 강화할 수 있어 증상을 악화시킬 수 있습니다. 그러므로 최면치료를 시행하기 위해서는 전문적인 치료방법을 잘 알고 있어야 합니다.

☑ 최면치료로 증상을 제거하면 또 다른 증상을 일으킨다

증상의 원인인 무의식적 갈등이 해결되지 않으면 한 증상이 해결되어도 다른 증상이 나타난다는 정신분석 이론인 증상대체symptom substitution에서 비롯된 잘못된 생각입니다. 실제로 행동 수정이라든가 생되먹임biofeedback, 바이오피드백 같은 성공적인 증상지향성 치료가 존재하기 때문에 이 정신분석 이론에 회의를 가지게 됩니다. 그리고 증상을 지속시키는 요인에는 무의식적 갈등뿐만이 아니라 사회적 어려움이나 이차적 이득, 습관화 같은 다른 요인들도 고려해야 합니다. 실제로 최면을 통해 증상을 없애는 것은 결국 자기 스스로의 힘이기 때문에 증상을 조절할 힘이 있다는 자기 효능감은 자아의 기능을 강화시켜 최면을 통해 증상이 해소되어도 다른 증상이 나타나지는 않습니다. 오히려 파급효과ripple effect를 통해 삶의 한 측면에서 장애가 되었던 문제가 극복되면 다른 영역의 문제에도 영향을 미쳐 잘 해결해 나가는 것을 볼 수 있습니다.

☑ 치료자는 독특하고 기묘하며 카리스마를 가져야 한다

최면치료를 한다는 사람들이 현란한 도포를 입는다든가, 수염을 기른다든가 하는 방식으로 뭔가 남들과 다른 모습을 하는 경우가 있습니다. 이는 치료자가 어떤 에너지나 힘을 환자에게 전달한다는 잘못된 개념의 영향을 받은 것으로 생각합니다. 그래서 치료자는 다른 사람과는 달라야 하고, 특별한 행색을 하고 있어야 하는 것으로 생각하고 그렇게 보이려고 잘못 노력한 결과로 보입니다. 최면의 역사에서 보면 이전에는 메스머 같은 치료자가 화려한 예복을 입고 카리스마를 가지고 치료를 한 경우도 있지만, 반드시 카리스마를 가지고 있을 필요는 없습니다. 일반적으로, 진료 상황에 적합한 정장이나 가운 등의 복장이면 무난합니다. 오히려 요즘에는 일방적이고 지시적인 카리스마보다는 환자를 치료에 참여시키기 위해 허용적인 태도를 더 중요하게 생각합니다.

☑ 최면은 단지 피상적인 심리적 현상이다

최면을 심리적 현상으로 설명할 것인지 생물학적으로 설명할 것인지에 대한 논의는 지속되고 있습니다. 배르넹은 최면을 단지 심리적인 것이라고 주장했고 샤르코는 심리적인 것이 부가된 신경학적 현상이라고 주장하였습니다. 최면현상이 암시에 의해 생긴다고 주장하고 인지심리학으로 설명하려는 시도도 있습니다. 하지만 최면을 단순하게 마음에서 비롯되는 심리적 현상으로만 보기에는 무리가 있습니다. 여러 생물학적 요인들도 관여하고 있다는 증거들이 있기 때문입니다. 최면상태에서 뇌파의 변화가 일어납니다. 그리고 최면감수성은 태어나면서부터 가지는 특성이라는 관점도 있고, 최면감수성은 눈을 감을 때 눈동자를 계속 위로 올리고 있는 능력eye roll sign 같은 신경생리학적인 현상과 관련이 있습니다. 게다가 일란성 쌍생아의 최면감수성 일치율이 이란성 쌍생아의 최면감수성 일치율보다 높습니다. 이러한 결과들을 볼 때, 단순히 심리적인 것만은 아니고 생물학적인 요인과도 관련이 있는 것으로 보입니다.

처음 최면을 경험하게 되는 사람들 중에는 최면에 대한 두려움을 가지는 분도 많이 있습니다. 이러한 두려움은 최면상태로 들어가게 되는 것을 무의식적으로 방해하게 되어 최면감수성을 가지고 있음에도 불구하고 적절한 최면경험을 할 수 없게 합니다. 사람에 따라서 여러 가지 두려움이 있겠지만 여기서는 일반적으로 보이는 흔한 두려움에 대해 알아보기로 합니다.

☑ 최면이 신체적 · 정신적 건강을 해칠 수 있다

최면이 건강을 해치지 않을까 하는 두려움을 가지는 사람들이 있습니다. 사실 이 문제는 최면치료를 하는 데 걸림돌이 되기도 합니다.

최면 그 자체는 건강에 해가 없습니다. 오히려 최면을 유도하면 신체적으로 호흡이 느려지거나 맥박이 감소합니다. 또한 근육이 이완되면서 편안함을 느끼게 됩니다. 이렇게 되면 자신도 모르게 가지고 있던 스트레스로 인한 긴장이 줄어들게 됩니다. 감정적으로 안정이 되고 신체적으로도 나른해져서 고혈압을 가지고 있는 경우라면 혈압이 안정될 수 있습니다. 이러한 현상들은 건강에 도움이 됩니다. 게다가 최면경험을 통해 자신의 스트레스나 불편을 조절할 수 있다는 것을 알게 되면 자신의 신체나 정신적 안정에 대한 조절 능력을 가지게 됩니다. 이런 긍정적인 경험은 자연스럽게 자기 효능감self-efficacy을 가지게 합니다.

그런데 최면에 대해 잘 모르거나 사람의 마음에 대해 잘 모르는 경우에는 정신적 · 신체적 건강을 해칠 수가 있습니다. 유산을 해서 죄책감을 느끼는 여자분에게 최면치료를 한 경우입니다. 그 여자분에게 최면상태에서 유산 전의 상황으로 돌아가도록 하였습니다. 여전히 자궁 안에 아이가 살아 있다고 암시를 하고, 그 아이에게 이름을 지어 주도록 하였습니다. 그러고는 그 아이의 이름을 부르면서 자신이 유산을 할 수밖에 없는 상황을 이야기하도록 하였습니다. 그리고 다시 현재의 상황으로 돌아오도록 하였습니다. 그런데 기대와는 달리 여자분은 더욱 죄책감을 많이 느끼게 되었습니다. 최면치료를 했던 사람으로서는 그렇게 치료를 하면 죄책감이 줄어들 것으로 생각했을 것입니다. 하지만 환자는 자신이 이름도 있는 인격체를 유산시켰다는 생각에 더 큰 죄책감을 느끼게 되었던 것입니다. 또한 최면상태에서 비만 환자에게 음식을 오물로 느끼도록 암시를 하는 경우입니다. 환자는 오물을 먹었다고 생각하니 당연히 구역질이 나고 구토를 하게 될 것입니다. 이런 인위적인 구토는 역류성 식도염 같은 상처를 줄 수 있습니다. 또한 이런 경우는 신체적 건강을 해치는 것뿐만 아니라 사실 음식을 먹는 것은 하나의 즐거움인데, 암시를 통해 그 사람의 즐거움도 빼앗아 간 것으로 볼 수 있습니다. 이러한 상황들을 통해 최면이 건강에 해를 끼칠 수 있다고 생각하고 사람들이 최면을 두려워하게 되는 것입니다. 하지만 사람의 마음을 잘 알고 최면치료에 대한 교육을 제대로 받은 치료자인 경우에는 최면치료를 통해 건강을 해치는 일은 없을 것입니다.

☑ 최면에서 깨어나지 못할 수도 있다

'최면상태에 유도된 후 영영 각성상태로 돌아오지 못하면 어떻게 하나?'라는 두려움을 갖는 경우도 흔합니다. 최면에 유도되면 자신의 의지와 상관없이 치료자의 의지에 따라 최면상태에서 벗어나게 되는 것으로 잘못 생각하거나 혹시 치료자에 대한 신뢰가 부족해서 치료자가 실수나 고의로 최면상태에서 벗어나도록 암시를 하지 않을지도 모른다는 잘못된 생각에서 이런 걱정을 하는 것으로 생각합니다. 하지만 자기 최면에서 볼 수 있는 것처럼, 최면상태에서 자기 스스로 암시를 함으로써 각성상태로 돌아올 수 있습니다. 그리고 이제까지 수많은 최면유도가 이루어졌지만 한 사람도 최면상태에서 각성상태로 돌아오지 못했다는 보고는 없기 때문에 안심해도 좋습니다.

☑ 최면은 조절 능력을 상실시킨다

우리가 스키를 타러 갔을 때, 자신의 능력에 비해 경사가 가파른 슬로프에서는 몸을 가누지 못해 다칠 수 있다는 두려움을 느끼게 됩니다. 마찬가지로 최면상태에 들어가게 되면 자기 스스로 자신을 조절하지 못하게 될까 봐 두려움을 경험하게 됩니다. 특히, 강박적인 성격을 가진 경우에 통제와 조절은 그 사람에게 중요한 문제입니다. 강박증 환자의 경우 치료자가 권능과 힘을 가지고 자신을 지배하지 않을까 걱정을 하는 경우를 종종 보게 됩니다. 하지만 최면치료는 그 사람이 가지고 있는 최면감수성을 활용하는 것이고, 환자의 동의 하에 이루어지는 것이며, 본인이 원하지 않는 경우에는 최면상태에 들어갈 수 없고, 환자의 협조를 통해 치료가 진행된다는 것을 알려 줌으로써 최면상태로 들어가는 것이 치료자의 능력보다 환자의 능력이라는 것을 강조하는 것이 두려움을 없앨 수 있습니다.

☑ 치료과정에서 자신이 너무 많이 드러날 수 있다

최면상태에서 자신의 의지와 상관없이 자신의 치부가 드러나게 될까 봐 불필요한 걱정을 하면서 최면에 대해 두려움을 가지는 경우도 많이 볼 수 있습니다. 실제로 제가 정신건강의학과 전공의를 대상으로 최면교육을 할 때 한 의사에게 최면상태를 직접 경험하도록 한 적이 있습니다. 최면상태에서 자신의 인생에서 중요한 사건을 떠올려 보도록 한 후 그것을 제게 이야기하도록 하였습니다. 하지만 그 전공의는 사건이 선명하게 떠오르기는 하지만 그것을 이야기하지 않기를 원했습니다. 그래서 나중에 본인이 원할 때 이야기하도록 하고 각성상태로 돌아오게 한 적이 있습니다. 이렇게 본인이 원하는 정도만 이야기할 수 있는 능력을 최면상태에서도 여전히 가지고 있을 수 있습니다. 하지만 최면상태에서 치료자에게 가능한 한 많은 정보를 주는 것은 효율적인 최면치료를 위해 필요합니다. 일반적인 치료자와 환자의 관계에서처럼 솔직하게 자신의 감정과 생각을 최면상태에서 드러내 주는 것이 환자 자신의 치료를 위해 바람직할 것으로 생각합니다.

☑ 치료자에게 이용당할 수 있다

텔레비전이나 각종 쇼 등의 무대최면에서 최면술사가 관객들을 위해 최면상태에 있는 사람에게 우스꽝스러운 행동이나 말을 하도록 암시를 하는 것을 본 사람들이 이런 걱정을 할 수 있겠습니다. 이는 무대최면 때문에 생겨난 일종의 부작용입니다. 치료자는 환자를 위해서만 최면을 사용할 수 있는 자질을 가져야 합니다. 이미 언급했듯이, 미국임상최면학회에서는 최면치료자가 갖추어야 할 최소한의 교육배경과 훈련기간을 명시하고 있습니다. 이런 엄격한 자격요건은 치료자에 대한 신뢰를 가지게 하여 두려움 없이 최면치료에 임할 수 있게 합니다.

☑ 치료과정에서 내가 원하지 않는 일이 일어날 수도 있다

최면상태에서 여러 가지 암시를 할 수 있지만 환자가 반드시 모든 암시를 실제로 수행하는 것은 아닙니다. 일반적으로 그 사람의 가치관과 도덕 기준에 맞는 암시를 했을 때, 암시를 받아들이고 수용하여 암시를 실행하게 되는 것입니다. 치료자는 환자가 치료를 통해 원하는 것이 무엇인지를 평가하고, 그 사람의 종교나 교육환경 등을 평가하여 최면상태에서 치료 목표를 달성하기 위해 그 사람에게 적절한 암시를 하도록 해야 합니다. 최면유도 직후에 미리 환자가 원하는 경우에만 암시를 수행하게 될 것이라고 이야기할 수도 있습니다. 환자 자신도 자신이 원하지 않는 암시를 수행하지 않을 능력을 최면상태에서도 여전히 가질 수 있는 경우가 많습니다. 그렇기 때문에 자신의 뜻과 다른 일은 일어나지 않기에 불필요한 걱정은 하지 않아도 됩니다.

그 외에도 많겠지만 앞에서 언급한 이런 종류의 두려움과 공포에 대해 치료가 시작되기 전에 미리 치료자와 환자가 많은 이야기를 나눔으로써 불필요한 불안을 제거하여 편안한 최면유도를 수행할 수 있습니다. 저의 경우에는 최면에 대해 걱정이 있거나 최면이 두렵지 않은지 환자에게 먼저 물어보면서 이러한 주제에 대한 대화를 유도합니다. 상세한 대화를 통해 환자가 치료자에 대한 신뢰를 가지게 하고, 향후 치료에 적극적으로 참여하게 함으로써 치료의 효율성을 높일 수 있습니다.

최면감수성

최면상태에서 어떤 사람은 분명하게 지각의 변화를 경험하고 행동암시에 반응하는 반면에, 또 어떤 사람은 거의 암시에 반응이 없는 것을 보게 됩니다. 말하자면 모든 사람이 최면에 유도되지 않는다는 것입니다. 그렇다면 도대체 어떤 사람이 최면에 잘 유도될까요? 일반적으로는 다른 사람을 믿고 신뢰하는 좋은 성격을 가진 사람이 최면에 더 잘 유도되는 경향이 있습니다 good guy theory. 따라서 세상을 살면서 이면을 생각하고 회의해야 하는 상황을 더 많이 겪은 나이 많은 어른의 경우보다는 청소년들이 훨씬 깊은 최면에 유도됩니다. 그런데 이런 기준은 애매모호해서 좀 더 객관적인 기준이 필요하게 되었습니다. 그래서 최면감수성이라는 개념이 생기게 되었습니다.

최면감수성이란 최면유도를 통해 최면상태에 들어갈 수 있는 능력을 말합니다. 미국의 정신의학 교과서의 최면치료 부분을 쓴 스피겔이라는 학자가 있습니다. 그는 최면감수성의 중요한 요인들로 몰두할 수 있는 능력 absorption 과 해리되는 능력 dissociation 그리고 암시에 반응하는 능력 suggestibility 을 꼽았습니다. 최면감수성에 대한 견해는 학자마다 달라서 어떤 사람은 최면감수성을 선천적으로 타고나는 것으로 보고 있고, 또 다른 학자들은 최면감수성도 훈련을 통해 증가될 수 있다고 보고 있습니다.

최면을 그 사람이 가지고 있는 선천적인 특성으로 보는 관점trait view은 조금 전에 언급했던 스피겔이나 프랑켈Frederick H. Frankel 같은 학자가 가지고 있던 관점입니다. 그래서 최면감수성을 측정하기 위하여 최면유도등급Hypnotic Induction Profile: HIP이나 스탠포드 최면감수성 척도Stanford Hypnotic Susceptibility Scale: SHSS 같은 표준화된 최면감수성 척도standardized hypnotizability scale를 만들었고, 이러한 검사를 통해 최면감수성이 있는지를 알아보게 됩니다. 결국 최면감수성이 선천적이라는 관점에서 보면 당연히 최면감수성이 높을수록 최면치료에 잘 반응하고 효과가 좋을 것입니다.

이와는 반대로, 최면감수성도 훈련을 통해 증진시킬 수 있다는 관점social learning view을 가진 학자들로는 스파노스Nicholas Spanos와 바버Theodore X. Barber 등이 있습니다. 그들은 인지행동훈련을 통해 최면감수성은 변화가 가능하다고 주장하였습니다. 즉, 환자의 기대, 치료자가 암시문을 제시할 때의 억양과 정확성, 치료자와 환자와의 관계 같은 상황적인 요인들이 최면감수성에 영향을 줄 수 있다는 것입니다. 최면감수성이 낮은 사람의 경우에는 소음과 빛 등 외부 환경의 자극을 제한함으로써 최면감수성을 증가시키려는 실험적인 연구들이 시행되고 있습니다. 또한 어떤 사람들은 가상현실을 이용하여 최면감수성을 증가시키려는 연구를 계획하고 있습니다.

그런데 실제 임상에서 연구용으로 제작된 표준화된 척도, 즉 HIP나 SHSS 등을 이용하여 정확하게 최면감수성을 검사하려고 하면 시간이 많이 필요합니다. 그리고 각각의 암시에 최면현상이 일어나는지를 평가해야 하므로 필연적으로 암시의 실패가 수반되어 환자가 좌절을 경험할 수 있고 바람직한 치료자–환자 관계를 방해할 수 있습니다. 그렇기 때문에 굳이 표준화된 최면감수성 척도를 사용하기보다는 질문지를 스스로 작성하여 최면감수성을 측정하는 자가 설문지나 스피겔이 최면감수성을 측정할 수 있는 생물학적 표지자 biological marker 로 주장하는 안구회전 신호검사 eye-roll sign test 정도로 대치하게 됩니다.

저의 경우에는 표준화된 최면감수성 척도는 연구목적으로만 사용하고, 임상에서 실제로 최면치료를 할 때 필요한 기법들을 사용할 수 있는지를 확인하기 위해 환자가 직접 여러 가지 암시에 최면경험을 할 수 있는지 확인하면서 최면감수성을 평가합니다.

최근에는 몰입할 수 있는 능력을 가졌거나 새로운 경험에 개방적인 성향을 가진 사람, 그리고 쉽게 환상에 몰두하는 능력을 가진 사람들이 최면감수성이 높다는 보고들이 계속 나오고 있는 실정입니다 이정식, 조성민, 2003.

그렇다면 실제로 자신의 최면감수성이 어느 정도인지 궁금할 것이므로 자신의 최면감수성을 측정하는 방법들을 이야기하겠습니다.

스스로 질문지에 답하여 최면감수성을 측정하는 방법으로는 자연최면경험 설문지가 있습니다. 자연최면경험 설문지는 정상 미국인의 70% 이상에서 긍정적인 반응을 보인다고 보고한 10개 항목으로 구성된 자연최면경험에 대한 질문들을 이정태 등 1995 이 번역하였는데, 각 자연최면경험이 3회 이상 있었던 경우에는 항목당 2점, 한두 번 있었던 경우에는 항목당 1점, 전혀 경험되지 않은 항목에 대하여는 0점으로, 1개 항목당 0~2점까지 배당하여 총점이 최저 0점에서 최고 20점까지 나오게 만들어진 설문지입니다. 점수가 높을수록 최면감수성이 높은 것으로 평가합니다 〈표 1-1〉 참조.

〈표 1-1〉 자연최면경험 설문지

자연최면경험 설문지

■ 지시

다음의 질문은 자연최면의 경험을 묻는 것들입니다. 이러한 종류의 자연최면은 자연히 일어나는 것이므로 정답이 있을 수 없습니다. 그러므로 자신의 경험에 대하여 솔직하고 성실하게 답하여 주시기 바랍니다. 일단 답한 것을 교정하지 마십시오. 경험이 여러 번 있었던 경우에는 그 번호에 ○표를 하시고, 한두 번 정도 경험하였을 경우에는 그 번호에 △표를, 경험이 전혀 없었으면 ×표를 하십시오.

■ 질문

1. 사람이 가득 차 있는 방에서 몸은 그대로 있는데 정신만 그 방에서 빠져나온 적이 있다.
2. 내가 어떤 행동을 하고 있는지, 아니면 해야 한다고 생각하고 있는지 모를 때가 있다.
3. 나에게 중요하지 않은 이야기는 내 마음으로부터 그 소리를 차단하거나, 멀리 있는 것으로 생각하거나, 전혀 그 내용을 알아듣지 못하거나, 전혀 듣지 않았던 적이 있다.
4. 어떤 사람이 내게 얘기를 하고 있고 나는 고개를 끄덕이고 있는데, 실제로는 그가 무슨 말을 하는지 알지 못할 정도로 다른 생각에 빠져 있었던 경험이 있다.
5. 아무 생각 없이 허공을 바라보는 바람에 시간이 지난 것도 모른 적이 있다.
6. 마치 과거를 다시 살고 있기라도 하는 것처럼 과거의 기억을 너무도 생생하고 또렷하게 기억한 경험이 있다.
7. 극도로 집중한다든지 하여 나 자신의 마음과 주위 환경을 차단할 수 있었다.
8. 소설을 읽거나 영화나 연극을 보다가 자신과 현재의 환경을 잊고 극중인물이 되었던 적이 있다. 너무도 생생하고 마치 실제적으로 느껴졌다.
9. 피곤하거나 탈진되지 않았는데도 강의시간이나 연주회장 등에서 정신없는 상태로 빠져든 적이 있다.
10. 생각 속에 빠져드는 바람에 지금 무슨 일을 하고 있는지 잊어버리고, 몇 분 후에 보니 모르는 상태에서 일이 마무리되어 있는 것을 발견한 적이 있다.

스피겔 부자의 안구회전 신호검사Spiegel & Spiegel, 1978: 54-55를 통해 자신의 최면감수성이 어느 정도인지 확인하는 방법도 있습니다. 치료자와 대상자가 서로 마주 보며 앉습니다. 치료자는 대상자에게 고개를 그대로 둔 채 단지 눈동자만 움직여서 천장을 바라보도록 시킵니다. 그리고 눈동자를 그대로 둔 상태에서 눈꺼풀을 천천히 아래로 내려 눈을 감도록 합니다. 이 순간에 눈동자의 모습으로 흰자위가 보이는 정도에 따라 점수를 매기고[그림 1-2] 참조 사시의 정도에 따라 점수를 매깁니다[그림 1-3] 참조. 만약 동공이 다 보이고 흰자위가 보이지 않으면 0점, 흰자위가 1/4만 보이면 1점, 1/2만 보이면 2점, 3/4 정도 보이면 3점, 그리고 흰자위만 보이고 동공이 보이지 않는다면 4점을 주게 됩니다[그림 1-2] 참조. 또한 사시의 경우에는 그 정도가 약하면 1점이 되고, 중간 정도는 2점, 그 정도가 심하면 3점이 됩니다[그림 1-3] 참조. 그 두 점수의 합이 안구회전 검사 점수가 되는데, 최대 점수는 4점까지로 합니다. 이 점수는 시간의 흐름에도 변화하지 않는 최면감수성의 생물학적 표지자로 점수가 높을수록 최면감수성이 높은 것입니다.

하지만 이런 방법들은 간접적으로 최면감수성을 확인하는 것이고, 실제로 최면경험을 하는 것이 최면감수성이 어느 정도인지 알 수 있는 가장 정확한 방법입니다.

안구-회전 신호(회전)	점수
• 동공이 다 보이고 흰자위가 보이지 않는 경우 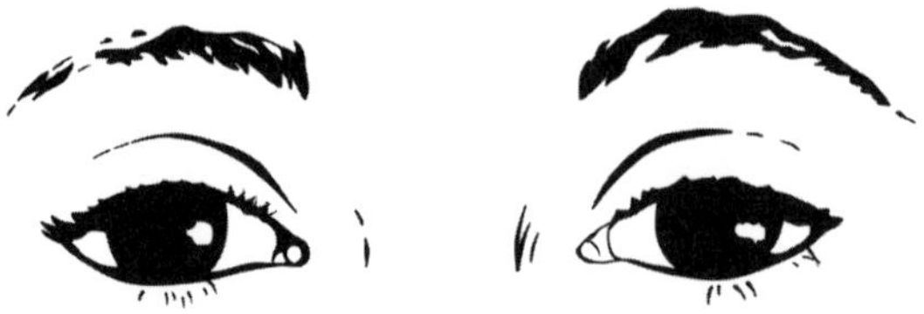	0
• 흰자위가 1/4만 보이는 경우 	1
• 흰자위가 1/2만 보이는 경우 	2
• 흰자위가 3/4 정도 보이는 경우 	3
• 흰자위만 보이고 동공이 보이지 않는 경우 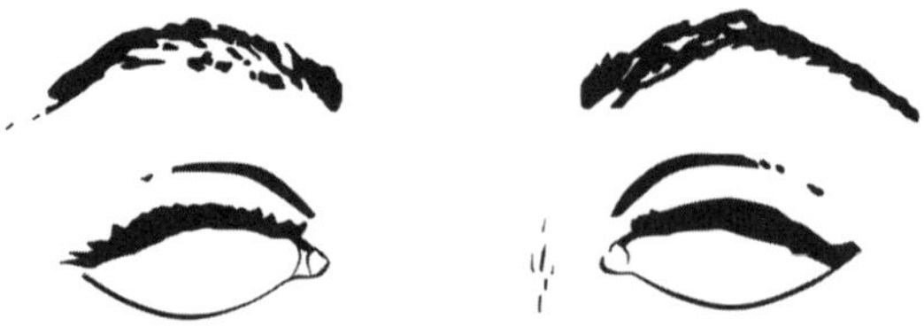	4

[그림 1-2] **최면감수성에 대한 안구-회전 신호**
(Spiegel & Spiegel, 1978: 54)

안구-회전 신호(사시)	점수
• 사시가 약한 경우 	1
• 사시가 중간 정도인 경우 	2
• 사시가 심한 경우 	3

[그림 1-3] 사시(Spiegel & Spiegel, 1978: 55)

최면치료 한 회기의 과정

실제로 진행되는 최면치료 한 회기session의 과정을 좀 더 자세히 알아보기로 하겠습니다. 최면치료 한 회기의 과정은 크게 네 단계로 나눠 볼 수 있습니다. 한 회기의 전체 치료 과정을 통해 각 단계의 대표적인 기법들을 이야기하겠습니다.

☑ 첫 번째 단계는 유도입니다

최면유도induction를 하기 위한 여러 가지 유도 기법induction methods이 있습니다. 그중에는 시선고정법eye fixation, 점진적 근육이완법progressive muscular relaxation, 자석법magnetic method, 팔상승법arm levitation 등이 있습니다.

처음에 최면을 유도할 때에는 충분한 시간을 두고 여유를 가지고 서서히 시행하는 것이 좋습니다. 그리고 "다음 시간에는 더욱 깊이, 더욱 빨리 최면상태에 들어가게 될 것입니다."라고 암시를 함으로써 다음 회기에서 최면에 유도하는 시간을 줄여 최면상태에 들어가는 시간을 점차 짧아지게 합니다. 최면 초기 4~5회까지는 다양한 유도법을 사용해 보는 것이 바람직합니다. 그래서 어떤 유도법이 그 환자에게 잘 맞는지 아는 것이 중요합니다. 여러 유도법 중에 그 환자에게 가장 적합한 유도법을 확인하여 나중에 자기 최면self-hypnosis을 교육할 때 바로 그 방법을 쓰는 것이 좋습니다.

☑ 두 번째 단계는 심도증진입니다

최면유도 직후 최면상태를 심화하기 위한 여러 가지 심도증진법depeening method이 있습니다. 여기에는 계단법stair case technique, 에스컬레이터 기법escalator technique, 숫자세기법counting technique, 호흡법breathing technique 등이 있습니다. 또한 점진적 근육이완법을 심도증진을 위해 사용할 수도 있습니다. 계단법이나 에스컬레이터 기법은 영상화가 잘 되는 환자의 경우에 시행하는 것이 바람직합니다. 일반적으로 숫자세기법이나 호흡법이 실패할 경우가 적기 때문에 자주 사용됩니다. 각성상태로 돌아올 때 이미 사용한 심도증진법에 따라 각성암시문을 변형할 수 있습니다. 만약 숫자세기법으로 심도증진법을 사용하였다면 원래의 상태로 돌아간다는 의미에서 거꾸로 숫자를 세도록 하는 방식의 각성암시문을 사용할 수 있습니다.

☑ 세 번째 단계는 최면상태에서 여러 가지 치료기법을 이용하는 것입니다

먼저 자아강화기법ego strengthening technique을 사용합니다. 치료 초기에 하트랜드의 자아강화기법Hatland's ego strengthening technique 같은 일반적인 자아강화기법을 사용할 수도 있지만 각각의 환자의 문제와 상황에 맞게 재구성하여 그 사람에게 적합한 암시문을 제시하는 것이 바람직합니다.

다음으로는 탐구exploration를 하는 과정입니다. 처음에는 환자에게 편안한 경험을 하도록 암시하여 환자가 과거의 경험에 쉽게 접근할 수 있도록 하고, 나중에는 환자의 문제나 갈등을 탐구할 수 있는 암시를 하여 증상의 의미를 파악합니다.

그리고 문제 해결을 위한 치료기법을 사용합니다. 환자의 최면감수성과 증상에 따라 직접적인 암시를 할 것인지, 정신분석이나 인지행동치료 등의 방식을 사용할 것인지 결정하여 최면치료를 시행합니다.

☑ 마지막 단계는 각성상태로 돌아오기입니다

최면을 '자아가 작용하고 있는 상황에서 이루어지는 퇴행'이라고 보면 최면상태에서 각성상태로 돌아오기 termination 까지 시간이 필요합니다. 그러므로 여유를 가지고 천천히 각성상태로 되돌아오도록 합니다. 다섯에서 하나까지 거꾸로 숫자를 세어 나가면서 각성시키는 숫자세기법 backward counting 이나 직접적이지만 허용적인 암시법을 쓸 수 있습니다. "각성상태로 돌아오게 되면 편안하고 안정된 느낌이 들 것입니다."라는 후최면암시 posthypnotic suggestion 와 함께 각성시킬 수 있습니다.

먼저 숫자세기법 counting technique 입니다.

만약 심도증진을 위해 계단법을 사용하는 경우에는 계단을 거꾸로 세어 나가면서 환자는 점점 더 각성상태가 될 것이라고 암시할 수 있습니다. 마찬가지로 심도증진법에 단순히 숫자세기법을 사용하는 경우에는 숫자만 거꾸로 세도록 합니다. 이는 유도와 종결에 일관성을 둠으로써 환자에게 원래대로 돌아온다는 안정감을 줄 수 있습니다. 일반적으로 각성되는 정도에 따라 이완되었던 근육에 긴장이 들어가는 미세한 신체반응의 변화를 관찰할 수 있습니다.

다음은 직접적이지만 허용적인 암시법 direct-but, permissive-suggestion technique 입니다. "이제 각성상태로 돌아올 시간입니다. 당신이 깨어날 준비가 되면 당신의 눈은 저절로 떠질 것입니다."라는 암시를 하고 환자가 각성상태로 될 때까지 치료자는 기다리면 됩니다. 보통 환자 스스로 깨어나는 데 1분이나 2분 이상 걸리지 않습니다.

간혹 "당신은 당신의 마음 깊숙한 곳에서 당신이 직면할 수 있다고 믿는 최면상태에서의 기억이나 느낌, 영상, 생각만을 각성상태로 가지고 오게 될 것입니다."라는 후최면암시를 이 두 과정에 덧붙일 수 있습니다. 자아가 감당할 수 있을 정도로만 최면상태의 내용물을 각성상태로 가지고 오게 하는 것입니다.

자기 최면이란

임상에서 일반적으로 하는 최면은 치료자가 최면 유도와 암시를 하고 환자는 이에 따른 최면경험을 하게 되는 것입니다. 하지만 자기 최면은 최면 유도를 다른 사람에게 의지하지 않고 환자 스스로 최면상태에 들어가는 것입니다. 다른 의견들이 있지만, 사실 최면은 비록 치료자가 유도하고 암시하지만 환자의 협조가 필요하고 환자 자신이 가진 최면감수성이 발현되는 것이기 때문에 본질적으로는 자기 최면이라고 이야기할 수 있습니다.

그런데 환자에게 자기 최면을 해 보라고 하면 어색해 하고 힘들어 하는 것을 자주 보게 됩니다. 그래서 먼저 자율훈련법autogenic training을 경험하도록 하는 것이 한 방법일 수 있습니다. 또한 치료자와 함께했던 최면 유도 및 암시를 녹음하여 집에서 연습하도록 한 후 혼자서 자기 최면을 하도록 할 수도 있겠습니다. 이런 방법들은 초기에 사용하며, 자기 최면에 익숙하게 되는 것을 도울 수 있습니다.

자기 최면에서는 빠르고 간단하고 쉽게 최면경험을 할 수 있는 방식이 좋습니다. 환자가 편안하게 느끼는 장면을 떠올리도록 한다든지 혹은 최면암시를 할 때 필요한 문구나 단어를 반복하도록 하는 것이 바람직합니다. 최면상태에서 이러한 자기 최면을 경험해 보도록 한 후 각성상태에서 다시 한 번 같은 방식으로 자기 최면을 연습해 보도록 하는 것이 도움이 됩니다.

자기 최면에서의 최면유도는 일반적인 최면에서 하는 시선고정법이나 팔 올리기 방식을 할 수도 있지만 간단하게 스피겔의 최면유도 방식을 사용할 수도 있습니다. 여기에 호흡법이나 점진적 근육이완법을 함께 사용할 수도 있습니다. 자기 최면에서의 최면의 상태는 굳이 깊은 최면상태에까지 갈 필요는 없으며, 중간 정도의 최면 깊이가 이상적입니다. 자기 최면에서도 일반적인 최면과 마찬가지로 다양한 심도증진법을 사용할 수 있는데, 영상화가 잘 되는 경우에는 에스컬레이터를 타고 내려오는 상상을 하도록 할 수 있습니다. 최면암시는 각자 자신에 맞게 스스로 제시되어야 하는데, 이미 언급했듯이 중요한 단어나 문구를 반복하는 것이 중요합니다. 때로는 각자가 원하거나 필요한 영상을 자기 최면을 하면서 경험할 수 있습니다. 각성상태로 돌아오는 과정도 거꾸로 숫자세기법 같은 간단한 방법을 사용하는 것이 바람직합니다.

자기 최면에 익숙해지면 가능하면 자주 집에서 반복해서 연습하는 것이 필요합니다. 약 10분에서 15분에 걸쳐 최소한 하루에 한 번은 자기 최면을 하는 것이 바람직합니다. 스피겔 방식의 최면치료에서는 짧은 시간 동안 더 자주 자기 최면을 하도록 권하고 있습니다.

자기 최면을 할 때 후최면암시posthypnotic suggestion로 도움을 받을 수가 있습니다. 치료자와 함께 최면치료를 할 때 치료자가 후최면암시를 통해 "치료자와 함께 있지 않더라도 자기 최면을 할 때 지금과 마찬가지로 자연스럽게 최면상태에 들어가게 될 것이다."라고 암시함으로써 보다 쉽게 자기 최면을 할 수 있게 됩니다. 그리고 자기 최면을 하다 보면 잠에 빠지는 경우가 많이 있는데, 일정 기간 혹은 각성될 때까지 최면상태에 있도록 후최면암시를 할 수 있습니다. 또한 최면상태에서 시간이 너무 빨리 지나갈 수가 있는데, 그래서 일정한 시간이 지나면 저절로 각성상태로 돌아오게 될 것이라는 후최면암시가 도움이 될 수 있습니다.

특히 자기 최면은 기꺼이 자기 최면을 하려는 의지와 동기가 있으며, 무엇이든지 독립적이고 자발적으로 꾸준히 하고, 모호함을 견디고 도전하는 자세를 가진 사람에게 도움이 됩니다. 자기 최면을 통해 자신의 증상을 스스로 조절함으로써 자신감이 증대되어 환자는 일상생활에서의 문제 해결을 치료자에게 의존하지 않고 스스로 대처해 나가는 힘을 가지게 됩니다. 증상이 재발하면 이미 했던 방식으로 증상을 제거하고, 유사한 증상이 나타나면 융통성 있게 스스로 암시를 변화시켜 해결해 나갈 수 있게 됩니다. 일반적으로, 스트레스 상황에서 자기 최면을 통해 스스로 이완을 함으로써 편안해질 수 있고 최면상태가 주의가 집중된 상태이기 때문에 자기 최면을 반복하면 집중력이 증가될 수 있습니다. 하지만 변화를 원하지 않는 환자의 경우에는 자기 최면을 통해 일상생활로부터 철수하여 해리된 상태에 있으려는 사람들도 있으므로 치료자는 환자를 주의 깊게 관찰하는 것이 필요합니다.

자기 최면은 불면증 환자에게 아주 좋은 방법이 될 수 있습니다. 또한 흡연이나 과식 같은 습관을 조절하는 데에도 많은 도움이 될 수 있습니다. 불안을 자주 경험하는 경우에도 자기 최면을 통해 효과적으로 대처할 수 있게 합니다. 최면상태에서는 통증을 느끼지 않다가 각성상태가 되면 다시 통증을 호소하는 만성통증 환자의 경우에도 자기 최면을 통해 통증을 완화할 수 있도록 도움을 줄 수 있습니다. 틱tic이나 투렛 증후군Tourette syndrome 같은 경우에도 최면상태에서 편안한 장면을 상상하도록 하면서 이완을 시켜 주면 운동 장애가 사라지는 것을 볼 수 있습니다. 자기 최면을 통해 언제 어디서든 스스로 증상을 조절할 수 있도록 하면 많은 도움이 될 수 있습니다.

그런데 어떤 사람들은 자기 최면을 하는 것에 불편함을 가질 수 있고, 잘되지 않는다고 호소하는 경우들도 있습니다. 이런 환자들에게는 어쩔 수 없이 제한적이기는 하지만 명상이나 생되먹임, 자율훈련법 등으로 대치할 수도 있겠습니다.

자기 최면이 모든 경우에 도움이 되는 것은 아닙니다. 따라서 자기 최면은 치료자와 함께하는 최면치료에 부가적으로 사용하는 것이 바람직합니다. 그리고 자기 최면은 익혀야 하는 새로운 기술이기 때문에 금방 되지 않는다고 실망하지 말고 꾸준히 연습하여 익숙해져야만 합니다. 자기 최면에 익숙해지면 증상의 변화나 새로운 증상에도 적절히 잘 대처해 나갈 수 있게 됩니다.

앞에서 치료자의 중요성에 대해 이야기했는데, 그중에서 실제로 최면유도와 암시를 할 때 치료자가 유의해야 할 사항들에 대해 살펴보기로 하겠습니다. 먼저 치료자가 최면유도를 할 때 지켜야 할 일반적인 원칙에 대해서 살펴보겠습니다.

최면유도의 시간과 보조 timing and pacing

치료자가 편안하게 확신에 찬 목소리로 물 흐르듯이 유도암시문을 제시하면 환자는 편안하게 이완이 되면서 각성상태가 줄고 수동적이고 수용적인 상태가 됩니다. 일반적으로 천천히 말하는 것이 실패가 적고 각성상태에서 최면상태로 유도되는 것을 용이하게 합니다. 유도암시문은 호흡에 맞추어 적절하게 제시되는 것이 좋고, 리듬감이 있으면서 달래는 듯한 soothing 어조가 바람직합니다.

최면유도의 길이 duration

최면유도에 적당한 길이가 어느 정도인가에 대해서는 알려진 것이 없습니다. 그렇지만 일반적으로 환자가 가진 최면감수성이 발현되어 최면치료를 할 수 있도록 충분한 시간을 최면유도에 사용하는 것이 좋습니다. 최면유도가 너무 짧으면 최면반응이 일어나지 않을 가능성이 높아지지만 길게 하는 경우에는 간혹 환자가 잠을 자는 것 외에는 아무런 문제가 없습니다.

주의집중 focused attention

치료자의 유도암시문은 어떤 것에 집중하도록 하고, 그렇게 집중된 상태를 유지하도록 합니다. 만약 치료자의 유도암시문이 없으면 환자는 불필요한 생각이나 외부 자극에 주의가 산만해질 것입니다. 따라서 소음이나 시각적 자극 같은 주의집중을 방해하는 요소들을 제거해 주는 것이 좋습니다. 실제로 어떤 환자의 경우에는 아무것도 없는 벽면을 보도록 하여 주의가 산만하게 될 요인을 줄이기도 했습니다. 치료자는 환자가 외부 자극에 주의를 기울이지 않고 자기 자신의 내적 경험에 주의를 기울이도록 이끌어 나가야 합니다.

적절한 언어 appropriate language

유도암시문은 행동을 금지하거나 "무엇무엇을 하지 않게 될 것입니다."라는 부정적인 문장보다는 긍정적인 문장으로 구성되어야 합니다. 또한 "어떤 것이 행해지나 한번 시도해 봅시다."라고 이야기하면 불확실성이 증가되므로 보다 확실한 암시를 해야 하고, 사용하는 언어는 환자가 이해하기 쉽고 친숙해야 합니다.

허용적인 자세 permissive style

치료자는 권위적인 인물이 아닌 치료의 동반자로서 조력자의 역할을 해야 합니다. 이렇게 치료자가 허용적인 자세를 취함으로써 환자가 치료과정에 적극적으로 참여할 수 있도록 하고, 환자 스스로 자신이 문제 해결을 할 수 있다는 자기 효능감 self-efficacy 을 가질 수 있도록 합니다. 그래야만 치료효과도 지속적으로 나타날 수 있습니다. 눈을 감게 할 때 "한 점을 집중해서 쳐다보십시오."라고 이야기한 후 조금 있으면 생리적으로 눈을 깜빡이게 되는데, 환자가 눈을 깜빡이는 것을 관찰한 직후 "눈을 깜빡거리기도 하고 눈꺼풀이 무거워질 것입니다."라고 암시합니다. 이렇게 함으로써 환자 자신이 최면반응의 속도를 조절할 수 있도록 허용하고, 치료자는 환자의 반응에 보조를 맞추면서 그다음 반응을 한 발 앞서 유도해 나갈 수 있습니다. 결국 환자는 자신의 생리적인 반응이 암시에 따른 반응으로 느끼게 되고, 암시에 긍정적인 태도yes set를 가지게 되어 다음 암시에도 반응을 잘하게 됩니다.

만약 눈이 감기지 않으면 "좋습니다. 더 이상 눈을 뜨고 있을 필요가 없습니다."라고 말함으로써 반응이 일어나지 않은 사실 자체에도 지지를 해 줍니다. 눈을 감으라고 지시하기보다는 치료자가 원하는 반응을 알려만 주고 환자가 스스로 하도록 허용해 줍니다.

호흡breathing

호흡은 우리가 태어나면서부터 시작되고 죽으면서 끝나게 되기에 옛날에는 호흡에 정신spirit이 있다고 생각하기도 했습니다. 최면유도에서도 호흡이 상당히 중요한데, 이는 명상법이나 기수련, 제이콥슨Edmund Jacobson의 점진적 이완법, 산부인과의 라마즈 호흡법 등을 생각해 보면 알 수 있습니다. 일반적으로 숨을 들이쉴 때 근육이 긴장되고, 숨을 내쉴 때 근육이 이완되기 때문에 "근육이나 긴장이 이완됩니다."라는 암시를 할 때에는 숨을 내쉴 때에 맞춰서 하는 것이 좋습니다. 그래서 어떤 치료자는 자신도 환자의 호흡에 맞춰 호흡하기도 합니다. 예를 들면, 계단을 내려가는 암시는 숨을 내쉴 때에 맞추어서 하고 산을 오르는 경우에는 숨을 들이마실 때에 맞추어서 할 수 있습니다. 또한 흡기 시의 환자의 노력을 보면서 환자가 암시에 얼마나 잘 반응하는지를 알 수 있고, 배기 시에 정상적으로 이완되는 신체반응과 최면의 깊이를 연계하여 최면상태의 심도증진법의 하나로 사용할 수 있습니다.

관찰 observation

최면상태에서 치료자가 유도암시문에 주의를 기울이는 것처럼, 치료자는 환자의 미세한 비언어적인 행동반응을 지속적으로 관찰해야 합니다. 치료자는 환자의 편안한 얼굴 표정을 통해, 또 규칙적이고 느린 호흡을 통해 환자가 이완된 정도를 알 수 있습니다. 때로는 최면유도 중에 무의식의 갈등이 올라와서 환자가 불안해하거나 괴로워할 수 있습니다. 그런 경우에 치료자가 "지금 당신을 괴롭히는 것이 있습니까?"라고 즉각적인 반응을 보이는 것이 필요합니다. 이런 즉각적인 조치들이 환자의 최면깊이를 지속적으로 유지하게 하는데, 환자에 대한 관찰은 심도증진법의 한 방법입니다.

의사소통 communication

최면이 단순히 치료자는 암시하고 환자는 수동적으로 받아들이는 것이 아니기 때문에 치료자와 환자 상호 간에 명확한 의사소통이 이루어져야 합니다. 의사소통을 함으로써 치료자는 환자를 치료에 참여하도록 유도할 수 있고 환자의 내적 경험을 이해할 수 있습니다. 또한 최면상태에서 필요한 경우에 의사소통을 할 수 있는데, 그럴 경우에는 "지금부터 저와 이야기를 나누게 될 텐데 이야기를 나누는 동안에도 지금과 같은 이완상태가 유지될 것입니다."라고 암시를 해 줄 수 있습니다.

환자와의 조율 attunement to the patient

치료자의 암시에 의해 환자는 내적 경험을 하게 되는데, 치료자의 환자의 경험에 대한 이해와 실제 환자가 하는 경험은 다를 수 있습니다. 이러한 차이를 없애기 위해 치료자는 환자를 관찰하고 환자와 의사소통을 함으로써 환자와 조율을 하는 것이 필요합니다. 이런 조율을 통해 치료자는 환자의 내적 경험에 최대한 근접할 수 있고, 환자의 내적 경험에 맞춰 융통성 있게 암시를 변형할 수 있습니다. 또한 암시에 대한 반응속도는 환자에 따라 다를 수 있습니다. 어떤 환자는 반응이 빠르고, 어떤 환자는 늦습니다. 그래서 환자와 조율을 하는 것이 필요합니다. 어떤 경우 계단법에서 환자는 이제 막 두 번째 계단을 내려가려고 하는데 치료자는 벌써 세 번째 계단을 내려가라고 암시를 할 수도 있습니다. 그러므로 환자가 계단을 내려갈 수 있도록 충분한 시간을 주는 것이 필요하고, 또 어떤 경우에는 치료자와 함께 숫자에 맞춰 계단을 내려가라고 암시를 할 수 있습니다.

최면상태는 치료자가 만들어 내는 것이 아니고 환자의 최면 잠재력을 불러일으키는 것입니다. 최면유도가 성공적으로 이루어져야 한다는 심적인 압력은 오히려 수행불안을 유발하여 각성상태가 되게 하기 때문에 최면반응을 저하시킵니다. 최면유도가 제대로 되지 않으면 환자가 미안해 할 수도 있습니다. 치료자는 사람에 따라 최면감수성의 차이가 있을 수 있다고 설명하여 환자의 불편함을 줄여 줄 수 있습니다. 또 그 사람이 가진 최면감수성이 충분히 발휘되도록 불필요한 긴장과 불안을 미리 해소하도록 합니다. 또한 최면반응은 의식적이든, 무의식적이든 어차피 환자의 조절 아래에 있습니다. 환자가 치료자에 의해 조종을 받거나 영향을 받는 것에 대한 환자의 저항을 피할 수 있도록 미리 치료반응이 환자의 조절 아래에 있다는 것을 확실히 설명해야 합니다.

그다음에는 암시문의 구성 및 형태에 대해 알아보기로 하겠습니다. 암시문을 환자가 받아들이기 좋은 상태로 제시해야 암시가 성공할 수 있습니다. 그래서 치료자는 암시문을 만들 때 일반적으로 다음의 내용들을 충분히 숙지하고 있어야만 합니다.

☑ 간단명료하고 명확한 암시문을 사용해야 합니다

암시문이 간단해야 환자가 암시문을 이해하고 평가하는 것을 줄이고 수용적인 태도를 취하게 됩니다. 만약 "어떠한 사실에 눈뜨게 될 것입니다."라고 암시한 경우 환자는 실제 말 그대로 받아들여 눈을 뜰 수도 있습니다. 그러므로 "어떠한 사실을 알게 될 것입니다."라고 명확하게 암시해야 합니다.

☑ 암시문은 쉬운 것부터 어려운 것으로 진행해야 합니다

팔에 대한 관념운동암시 ideomotor suggestion를 예로 들어 설명하겠습니다. 자석법의 경우 양손이 붙는 것이 생리적인 변화와 가깝기 때문에 먼저 암시를 줍니다. 그 이후 팔을 내리도록 암시하고, 팔상승법은 중력에 반하기 때문에 앞의 암시들에 반응을 한 후에 가장 나중에 암시하는 것이 좋습니다.

☑ 암시문은 반복해야 합니다

단조롭게 반복되는 암시는 환자의 암시에 대한 각성을 줄이고 암시에 대한 수용성을 높일 수 있습니다. 또 같은 의미의 다른 어휘들을 반복해서 사용할 수 있습니다. 예를 들면, "나른해 질 것입니다." "이완이 될 것입니다." "긴장이 풀릴 것입니다." 이런 식으로 반복할 수 있습니다.

☑ 경험이나 상상을 만들기보다는 확대해 나가는 것이 좋습니다

시선고정법을 예로 들어 설명하겠습니다. "눈이 무거워지는 느낌에 주의를 집중하십시오."라고 암시를 함으로써 눈을 뜨고 있어 이미 무거워진 생리적인 느낌을 확대시킵니다. 이렇게 하는 것이 새로운 경험을 만드는 것보다 실패할 확률이 낮습니다.

☑ 점진적인 암시를 해야 합니다

"차차 팔이 가벼워지는 것을 느끼게 될 것입니다."라고 암시하듯이, '차차' 나 '점차로' 등의 단어를 사용합니다. 이렇게 하여 암시가 한꺼번에 일어나는 것이 아니라 점진적으로 일어난다는 점을 인식시켜 환자가 여유를 가지고 최면경험을 할 수 있도록 합니다.

☑ 미래형으로 암시를 해야 합니다

"어떠한 일이 앞으로 일어나게 될 것입니다."라고 암시하는 것처럼, '앞으로' 혹은 '향후' 라는 단어를 사용하여 암시를 합니다. 그래서 암시가 즉각적이 아니라 시간을 가지고 수행되어 나간다는 것을 인식시킵니다.

☑ 연쇄적으로 암시합니다

하나의 사건이 일어나면 다음의 사건이 연쇄적으로 일어날 것이라고 암시

chaining를 하는 것이 좋습니다. 예를 들면, "손이 무거워져서 무릎 위에 닿으면 더욱더 나른해지는 것을 느끼게 될 것입니다."라고 암시를 하는 것이 바람직합니다. 이전 암시에 반응을 하게 되면 긍정적인 반응을 불러일으켜서 그 다음 암시에도 쉽게 반응할 수 있습니다.

이제까지 간단하게 최면 유도와 암시에 있어서 기본적인 기법을 알아보았습니다. 사실 최면치료자의 수만큼 최면유도 기법이 있다고 할 정도로 최면유도 기법은 다양합니다. 환자에 따라 그리고 증상에 따라 다양한 암시문이 있기 때문에 여러 가지 유도문과 암시문을 다 정확하게 외울 수도 없고 또 그럴 필요도 없습니다. 앞에서 언급한 기법들의 일반적인 원칙들을 정확하게 이해하여 환자에게 적용하면 각자 나름대로의 독창적인 방법으로 환자에게 도움을 줄 수 있을 것으로 생각됩니다. 환자가 가장 큰 스승이라고 했듯이, 실제로 환자에게 최면을 유도하고 암시를 하면서 시행착오를 경험하는 것이 가장 효과적으로 공부하는 방법이 아닌가 생각합니다. 또 최면감수성이 있는 분들은 환자의 입장이 되어 최면을 직접 경험해 보는 것이 가장 최면을 잘 이해할 수 있는 방법이라고 생각합니다.

최면치료가 도움이 되는 경우

최근에 나온 최면에 관한 책들을 보면 마치 최면이 모든 질환에 사용되는 만병통치약처럼 적혀 있는 경우도 있습니다. 또한 전생이나 텔레파시처럼 상식적으로 이해가 쉽지 않고 과학적으로 증명되지 않은 치료를 강조하는 경우도 있습니다. 하지만 이는 자신이 하고 있는 일에 대해 지나치게 많은 가치를 두기 때문으로 생각됩니다. 간혹 안수기도 같은 종교체험을 통해 병이 호전되는 경우가 있기는 하지만 안수기도로 모든 병을 고칠 수 있다고 주장하는 것은 크게 잘못된 것입니다. 최면치료가 확실히 여러 영역에서 유용하기는 하지만 모든 임상 상황에 최면치료를 적용하는 것은 아닙니다.

일반적으로 최면치료를 하기 위해서는 치료에 대한 충분한 동기가 있고, 중등도 이상의 최면감수성이 있고, 분명한 목표 증상이 있어야 합니다.

최면치료를 성공적으로 수행하기 위해서는 환자가 최면을 통해 자신의 증상을 변화시키려는 강한 동기가 필요합니다. 환자가 병원을 찾아왔다고 해서 모두가 치료를 진정으로 원하고 있는 것이 아닐 수 있습니다. 보상 문제 같은 이차적 이득이 있어 환자가 증상을 유지하려는 의도를 가지고 있는 경우도 있고, 때로는 너무나 절망이 깊어 최면치료에 대한 기대가 없는 경우도 있습니다. 그러므로 본격적으로 치료를 시작하기 전에 환자의 이차적 동기를 평가하여 그 원인을 알아내서 해결하고, 치료에 대한 기대를 증진시킨 후에 치료를 해야 성공적인 결과를 가져올 수 있습니다. 최면치료에 대한 기대는 아주 중요한 요인입니다. 실제로 최면치료를 받고자 저를 찾아온 경우가 최면치료를 권유해서 하는 경우보다 더 성공적으로 치료되는 경향이 있습니다.

최면감수성은 치료의 예후에 긍정적 상관관계가 있기 때문에 중등도 이상의 최면감수성이 있는 환자가 치료의 대상이 될 수 있습니다. 일반인의 약 10% 정도가 높은 최면감수성을 보이고 있어 최면치료에 빠르고 때로는 극적인 치료효과를 볼 수 있습니다. 대부분의 임상 상황에서 많이 보게 되는 최면 감수성이 중간 정도인 환자라면 치료가 성공적으로 될 수 있고, 때로는 낮은 최면감수성을 가진 환자의 경우에도 성공적인 치료가 가능한 경우가 있습니다. 에릭슨식 최면치료 Ericksonian hypnothorapy 에서는 최면감수성이 낮은 경우에도 이야기 기법 storytelling 이나 상징과 비유를 이용하여 성공적으로 치료한 사례가 많이 있습니다. 임상에서 보면 일반인의 60~70% 정도가 최면을 치료에 이용할 수 있습니다.

최면치료가 유용하게 이용될 수 있는 정신건강의학과적 영역에서의 질환들은 아주 다양해서 신경증, 정신생리적 장애, 행동 및 습관 장애, 대인관계의 부적응 등을 들 수 있습니다.

신경증에서의 최면치료는 불안증, 공포증, 전환 장애, 해리성 장애 등의 치료에는 유용하지만 강박증의 경우에는 조심스럽게 접근해야 합니다. 불안증의 경우에는 최면상태에서 직접 불안을 만들어 내기도 하고 줄이기도 하는 방식으로 스스로 불안을 조절할 수 있습니다. 갑자기 공포의 대상을 경험했을 때 마치 얼어붙어 있는 상태 freezing state 가 되는데, 이것은 사실 일종의 최면상태입니다. 그래서 공포증을 가진 환자들이 일반적으로 최면감수성이 높아 최면치료가 많은 도움이 됩니다. 해리성 장애의 경우에는 최면치료가 유일한 도구일 수 있으며, 전환 장애의 경우에는 최면상태에서 전환증상이 사라지게 하는 방식으로 치료할 수 있습니다. 강박증의 경우에는 다른 사람들에게 자신이 조종 당하는 것을 싫어하기 때문에 이 문제를 먼저 다루고 난 후 최면치료를 해야 합니다.

성격 장애나 대인관계에서 부적응적인 형태를 보이는 경우에는 최면치료의 사용은 임상 상황에서 두드러지는 증상을 변화시키기 위해 단기 위기 개입 brief crisis intervention 방식으로 하는 것이 도움이 됩니다.

또한 초기 조현병 환자의 경우에는 자아를 강화하기 위한 최면치료가 약물치료와 지지적 정신치료와 함께 부가적으로 이용될 수 있습니다.

흡연이나 비만, 불면증, 성기능 장애, 술이나 마약 같은 물질 남용 등의 행동 및 습관 장애에는 최면치료와 행동치료를 함께 시행했을 때 효과가 좋습니다.

최면치료는 마음과 관련된 질환뿐만 아니라 마음과 신체가 함께 관여하는 정신생리적 장애에도 도움이 됩니다.

정신생리적 장애의 경우 최면치료를 행동치료와 통합하여 사용할 때 효과가 좋습니다. 이러한 정신생리적 장애에는 만성통증, 두통, 천식과 같은 호흡장애, 고혈압 같은 심혈관계 질환, 과민성 대장 증후군 같은 기능성 위장 장애, 사마귀 같은 피부질환, 관절염과 암 같은 면역계 질환에서 면역기능을 강화하고 통증을 조절하기 위해 사용할 수 있습니다.

먼저 통증의 조절에 대해서 이야기하겠습니다. 통증은 통증 유발 요인인 신체적 자극뿐만 아니라 아픔의 호소라고 하는 심리적 반응요소가 상호작용합니다. 또한 통증 조절은 기계적이지 않아서 반드시 약물에 통증이 사라지는 것은 아닙니다. 최면은 분만 같은 산부인과 영역, 그리고 수술영역과 치과 영역에서 통증 조절에 효과가 있습니다. 그 외에도 수술이 불가능한 말기 암환자의 통증 조절을 위해 최면치료를 하는 경우가 있습니다. 마취 없이 자기 최면을 통해 통증 없이 수술을 받는 경우도 있는데, 보웬Donald Eyre Bowen이라는 정신건강의학과 의사는 자기 최면만으로 경요도 절제술transurethral resection을 받았다고 말했습니다. 한 최면 워크숍의 주재자인 임상심리학자는 두 번이나 자기 최면을 하면서 분만과 편도선 절제를 위한 수술을 받았다고 이야기하는 것을 워크숍에서 직접 들을 수 있었습니다. 제3장의 '통증의 최면치료'에서 좀 더 자세한 내용을 기술하겠습니다.

정신생리적 장애와 관련된 신체적인 질환에서도 최면은 유용하게 사용될 수 있습니다.

자신에게 엄격하고 철저해서 마음속에 화나 분노가 많고 추진력이 강하면서도 다소 공격적인 성격인 A형의 성격을 가진 경우에는 고혈압과 많은 관련이 있습니다. 이런 성격을 가진 경우에는 지속적으로 긴장이 되어 있고, 혈관벽도 마찬가지로 긴장이 되어 있어 혈압이 올라가기 때문입니다. 최면상태에서 자기 최면을 통해 긴장을 이완시키는 것은 혈압을 스스로 관리하는 아주 효과적인 방법입니다.

의과대학을 다닐 때 시험 날 아침만 되면 많은 학생이 스트레스를 받아 화장실 앞에 장사진을 이루었습니다. 스트레스가 심해지면 위장관 운동에 영향을 미쳐 복통이나 설사가 생길 수 있기 때문입니다. 특히, 과민성 대장 증후군은 억압된 분노의 감정에 영향을 받아 위장관 운동의 장애를 야기하여 복통

및 설사 등의 증상으로 나타날 수 있습니다. 최면상태에서 억압된 분노의 원인을 찾을 수도 있고, 위장관 운동이 규칙적으로 이루어지는 상상을 하게 함으로써 최면치료가 도움을 줄 수 있습니다. 실제로 최면이 과민성 대장 증후군의 치료에 효과가 있다는 것이 최면 학술지뿐만 아니라 내과 학술지를 통해서도 알려져 있습니다.

천식발작의 경우에도 최면치료가 도움이 될 수 있습니다. 기관지의 수축에 의해 가슴이 답답하게 되면 불안을 야기하고, 이는 다시 긴장을 야기하여 기관지가 더욱 수축하게 됩니다. 또한 감정적인 영향에 의해서도 천식발작이 일어날 수 있습니다. 최면상태에서 긴장이 이완되면서 암시를 통해 폐기능이 50%까지 상승된다는 보고가 있습니다. 자기 최면을 통해 천식발작에 적절히 대처할 수 있는데, 특히 최면감수성이 높은 여성에게 더욱 효과적입니다.

인간 유두종 바이러스human papilloma virus의 감염에 의해 생기는 사마귀 같은 피부질환도 최면치료를 통해 도움을 받을 수 있습니다. 최면상태에서 감각 변화에 대한 암시가 피부의 생리적인 변화 과정에 영향을 주어 사마귀의 감소나 제거에 도움을 주게 됩니다. 최면암시가 사마귀 치료에 자연소멸이나 위약효과placebo effect 이상의 효과가 있고, 국내 정신건강의학과 학술지에는 최면치료 전후의 사마귀의 크기를 사진으로 찍어 제시한 논문박희관, 1998도 있습니다.

최면치료를 주의해야 하는 경우

여러 가지 질환에서 최면치료가 도움을 줄 수 있지만 다음의 경우들에서는 주의를 해야 합니다.

강박증의 경우 최면을 유도하는 것이 마치 자신이 조종 당하는 것 같은 느낌이 들 수 있습니다. 다중인격 장애 환자의 경우에는 최면유도 과정에서 또 다른 자아상태가 출현될 수 있습니다. 알코올과 약물 중독의 경우에는 최면상태에서 극심한 감정 경험을 겪으면서 이를 잘 조절하지 못해 감정조절을 위해 다시 술을 찾는 경우도 간혹 있습니다. 외상 후 스트레스 장애에서는 최면상태에서 외상을 재경험하면서 불편함을 느낄 수 있습니다. 그러므로 이 같은 질환들에서는 신중하게 최면치료를 사용해야 합니다. 또한 망상의 내용이 너무 심한 조현병의 경우나 자살사고를 가진 심한 우울증에서는 최면치료를 하지 않는 것이 낫습니다. 편집증 환자의 경우에는 최면치료자가 과도한 권능을 갖고 있다는 잘못된 생각을 가지고 있고 자신이 통제력을 상실했다고 느껴 분노하며, 때로는 정신병적인 증상이 나타나기도 합니다. 조현병 환자의 경우에는 최면상태에서 영상화를 하는 과정에서 환시나 환청 등 증상의 악화가 올 수 있습니다. 심한 자살 위험성을 가진 우울증 환자의 경우에는 입원하여 약물치료를 하는 것이 우선입니다. 일반적으로 최면을 단순히 유도하는 것만으로는 부작용이 없어 안전하지만 최면치료를 할 때 주의해야 할 영역은 분명히 있습니다. 하지만 최면치료의 절대적인 금기는 없다고 볼 수 있습니다.

그런데 최면상태에서 마음과 신체에 대한 기초가 없이 치료를 하는 경우 환자에게 피해를 끼칠 수 있습니다. 치료에 역행하는 암시를 하기도 하고, 최면치료 과정에서 무의식이 지나치게 드러나는 것을 조절하지 못해서 환자가 고통을 겪을 수도 있습니다.

구체적인 사례들을 보겠습니다. 우울증 환자의 경우 신경전달물질의 결핍으로 정신적 · 신체적 에너지가 고갈되어 의욕이 없어져 행동을 할 수 없게 되는 질환을 가지고 있는 것입니다. 그런데 이런 의학적인 기초가 없어 환자의 상태를 모르는 상황에서는 최면치료를 하면서 움직이지 않는 환자에게 어떤 행동을 하도록 반복해서 암시를 할 수 있습니다. 사실 환자는 그 행동을 하고 싶지만 에너지가 고갈되어 어쩔 수 없이 행동을 못하는 상황이 생기게 됩니다. 그럴 경우 오히려 환자는 암시에 반응하지 못하는 자신에 대해 좌절감을 느낄 수 있고, 이로 인해 증상이 악화될 수 있습니다. 우울 증상이 심하게 악화된 경우에는 자살로 이어질 수도 있습니다.

또한 식이 장애 환자의 경우 환자가 다이어트를 할 수 있게 식욕이 생기지 않게 해 달라고 요구하면서 최면치료를 원하는 경우가 있습니다. 식이 장애 환자의 경우 대부분 실제로 몸이 말랐음에도 불구하고 신체에 대한 잘못된 인식 때문에 자신이 뚱뚱하다고 생각합니다. 그래서 식사를 하지 않고 참고 참다가 어쩌다 식사를 하면 폭식을 하게 되는 양상을 되풀이하게 됩니다. 의학적 지식이 없는 경우 환자의 요구대로 이런 환자에게 식욕이 없어질 것이라면서 음식에 대한 혐오반응이 나타나도록 암시를 하는 경우가 있습니다. 음식을 맛있게 먹는 것도 하나의 행복인데 음식에 혐오감을 가지게 하는 암시는 환자에게서 즐거움을 앗아 가는 것이기에 바람직하지 않습니다. 사실 식이 장애 환자는 오히려 음식을 규칙적으로 먹게 하는 것이 환자에게 도움이 되는 치료방식입니다. 말하자면, 질병을 제대로 이해하지 못한다면 환자의 치료방향에 역행하는 암시를 하는 심각한 잘못을 범할 수 있습니다. 환자가 원하는 것을 해 주는 것이 오히려 그 사람에게 피해를 주는 것이 되는 것입니다.

외상 후 스트레스 장애의 경우 최면을 유도하면 해리상태가 되면서 당시의 충격적인 사건들을 재경험할 수 있습니다. 이런 과정을 미처 이해하지 못하고 무작정 최면유도를 하게 되면 환자는 최면상태에서 과거의 충격적인 사건을 경험하면서 극심한 고통을 겪을 수 있습니다. 또한 환자가 감당할 수 없는 무의식의 내용들을 최면상태에서 경험하게 되면 환자는 많이 힘들어 하게 됩니다. 이는 최면치료를 통해 환자를 편안하게 하는 것이 아니라 오히려 괴롭히는 것이 될 수도 있다는 것입니다.

그래서 최면치료를 하기 전에 환자의 몸과 마음을 잘 이해하는 전문적인 수련과정이 필요합니다. 또 모든 환자에게 최면치료가 도움이 되는 것은 아닙니다. 먼저 최면치료가 환자에게 도움이 되는 방법인지를 생각해야 합니다. 만약 최면치료가 도움이 되지 않는 방법이라면 환자에게 도움이 되는 치료를 하도록 권유해야 합니다. 그런 경우 약물치료나 다른 치료 기법들도 잘 알고 있는 전문의가 담당하는 것이 바람직하겠습니다.

최면치료 과정 중 한 회기 예문

앞에서 여러 가지 최면치료를 적용할 수 있는 상황들에 대해서 이야기하였습니다. 그중에서 가장 흔한 증상이 불안입니다. 최면치료가 어떻게 진행되는지 보다 분명하게 느낄 수 있도록 실제로 불안을 조절하는 최면치료 과정 중 한 회기를 있는 그대로 여기에 적어 놓았습니다.

간단하게 과정을 설명하면, 최면을 어느 한 초점에 주의가 집중된 상태라고 했는데 시선고정법의 최면유도문을 통해 주의를 한곳에 집중시킵니다focused attention. 다음은 자석법을 통해 상상하는 것만으로 신체적인 변화가 일어날 수 있다는 점관념운동현상, ideomotor phenomenon을 경험하도록 하면서 향후 자신의 상상력이 증상을 조절할 수 있을 것이라는 기대감을 갖게 합니다. 그리고 점진적 근육이완법을 통해 최면상태를 깊게 합니다심도증진법. 이렇게 준비된 상태에서 치료적인 기법을 사용합니다. 여기서는 불안한 상황과 긴장이 조건화conditioning되어 있던 것을 불안한 상황과 편안한 장면을 이용한 이완을 짝지어서pairing 탈조건화deconditioning를 하도록 합니다. 그 상황을 보다 분명하게 환자가 느낄 수 있도록 점수를 매겨 보도록 합니다Tart의 자기보고점수. 불안점수가 낮아져서 증상의 해소를 느낄 수 있도록 반복하는 것이 필요할 수도 있습니다. 또한 자아강화기법을 통해 불안을 대하는 태도나 가치관의 변화를 모색하게 합니다. 마지막으로 최면상태에서 각성상태로 돌아오기 위해 숫자세기법을 사용합니다. 이것은 불안을 치료하는 최면치료 과정에서의 여러 가지 방법 중의 하나이고, 치료자는 각각의 환자에 맞게 치료기법이나 암시문을 독창적으로 만들어 사용할 수 있어야 합니다.

시선고정법

의자에 편하게 앉으십시오. 머리를 편하게 기대시고 당신의 팔과 손을 의자의 팔걸이에 편안하게 두십시오. 다리를 쭉 뻗어 편안하게 하십시오…… 가능한 한 편안한 자세를 취해 보십시오.

준비가 되셨으면 이제 시작하겠습니다.

당신 마음대로 천장에 한 점이 있다고 상상을 하고 그 점을 바라보십시오. 그 점에 당신의 눈을 고정시키도록 하십시오. 그리고 계속해서 쳐다보십시오…… 네, 좋습니다. 잠깐 동안이라도 눈이 그 점을 떠나지 않도록 하십시오. 눈으로 점을 쳐다보면서 천천히 숨을 들이쉬고 내쉬도록 하십시오. 편안하게 숨을 들이쉬고 내쉬도록 하십시오. 천천히…… 그리고 박자를 맞추어서 호흡을 하십시오. 숨을 들이쉬고 내쉬면서…… 당신 자신을 나른하고 느슨하게 두도록 하십시오.

제가 하는 말을 들으려고 노력할 필요는 없습니다. 당신은 그래도 제가 말하는 것을 들을 것입니다. 하지만 들으려고 애쓸 필요는 없습니다. 그저 들리는 대로만 하시면 됩니다.

천천히 숨을 들이쉬고 내쉬고 하는 동안…… 당신의 눈이 점점 피곤하다고 느낄 것입니다. 약간 눈물이 글썽거릴 수도 있습니다. 당신이 계속해서 그 점을 주의 깊게 쳐다보고 있으면 그 점이 약간 흐릿하게 보일 수도 있습니다. 그 점이 아른아른할 수도 있습니다. 이미 당신의 눈꺼풀은 무겁고 피곤해지기 시작합니다. 점점 더 무겁고 피곤해집니다. 눈꺼풀이 깜박거리기도 합니다. 눈꺼풀이 깜박거리게 되면 깜박거리도록 그냥 두십시오. 눈이 깜박거리고 눈꺼풀이 많이 무거워지면 모든 것이 일어나는 대로 그냥 내버려 두십시오. 어떤 일을 일어나게 하려고 노력을 할 필요는 없습니다. 일어나는 일을 멈출 필요도 없습니다. 모든 것을 그냥 진행되는 대로 두십시오. 지금 눈을 깜박거리는 것이 점점 느려지고 점점 커지고 있습니다…… 그러면서 당신의 눈은 점점 피곤해질 것입니다. 눈꺼풀은 더욱더 무거워져서 매우 무거워져서 눈꺼풀이 저절로 감기게 될 것입니다. 눈꺼풀이 감기려고 하면 그냥 두십시오. 눈꺼풀이 감기려고 합니다…… 감기도록 두십시오. 꽉 감기도록 두십시오. 편안하게 눈을 감으십시오.

몸의 긴장을 완전히 풀고 이렇게 편안한 상태를 즐기십시오. 이러한 기분이 좋고…… 편안하고…… 나른한 상태에 당신을 완전히 맡기십시오. 깊고 편안한 최면상태로 들어가십시오. 아주 깊은…… 깊은 최면상태에 들어가십시오. 매우 깊은…… 깊은…… 최면상태에 들어가십시오.

자, 이제 제가 이야기하는 것을 들으면서 그대로 하시면 되는데, 굳이 일부러 무엇을 하려고 할 필요는 없고 그저 느끼는 대로만 하시면 됩니다.

자석법

먼저 당신 앞으로 손을 뻗어 한 30cm가량 떨어진 상태에서 손을 마주 보도록 하십시오. 마치 앞으로 나란히 하듯이 팔을 펴고 손바닥을 쭉 펴서 양손바닥을 서로 마주 보도록 하십시오. 당신의 오른손에 작지만 강력한…… 매우 강력한 자석이…… 손바닥에서 떨어지지 않도록 손등에 끈으로 묶어져 있다고 상상하십시오. 이 자석은 N극의 성질을 띠고 있고…… 당신의 오른손바닥을 향해 있습니다. 이번에는 당신의 왼손에…… 같은 방식으로…… 또 다른 똑같이 강력한 자석이 묶여 있습니다. 왼손에는 자석이 S극을 띠고 있고…… 이것은 오른손에 있는 N극을 향해 있습니다. 자, 무슨 일이 일어나는지 보십시오. N극과 S극이 서로 잡아당기고 있습니다. 아주 천천히 끌어당기면서 양손이 조금씩 가까워지는 것을 느낄 수가 있습니다. 네, 좋습니다. 양손이 자석처럼 서로 끌어당긴다고 마음속으로 상상을 해 보십시오. 점점 양손이 가까워지면 자석의 힘은 더욱 강해져서 양손을 끌어당기는 힘이 더욱 강해지고…… 마침내 양손이 가까워져서 서로 붙게 되면 몸도 편안해지고 마음도 편안해지게 될 것입니다. 네, 좋습니다. 양손이 붙은 다음 양쪽 손목에 커다란 물통이 달려 있고…… 그 물통에 물이 가득 들어 있어서 양 손목이 무거워지고…… 그래서 아래로…… 아래로…… 손목이 내려간다고 마음속으로 생각을 해 보십시오. 네, 좋습니다. 그렇게 양손이 물이 가득 들어 있는 무거운 양동이에 의해 무겁게…… 무겁게…… 내려가서 당신의 다리에 닿게 되면 축 늘어져 보십시오. 마치 고무줄이 축 늘어지듯이…… 마치 헝겊 인형이 축 늘어지듯이…… 그렇게 온몸을 축 늘어뜨려 보십시오. 몸이 축 늘어지면서 몸이 편안해지고 마음도 아주 편안해집니다. 아주 깊고 고요하고 편안한 느낌을 몸도 마음도 느낄 수가 있을 것입니다.

몸의 긴장을 완전히 풀고 이렇게 편안한 상태를 즐기십시오. 이러한 기분이 좋고…… 편안하고…… 나른한 상태에 당신을 완전히 맡기십시오. 깊고 편안한 최면상태로 들어가십시오. 아주 깊은…… 깊은 최면상태에 들어가십시오. 매우 깊은…… 깊은…… 최면상태에 들어가십시오.

점진적 근육이완법

자, 이제 아주 편안한 느낌이 당신의 몸 전부에 퍼지고 있습니다. 당신의 발과 발목의 근육이 완전히 이완되도록 두십시오. 나른하고 느슨해지도록 두십시오. 이번에는 당신 정강이의 근육이…… 나른하고…… 느슨해지도록 두십시오…… 이완되도록 두십시오. 이번에는 허벅지의 근육이 …… 이완되도록 두십시오. 나른하고 느슨해지도록 두십시오. 당신은 이미 당신의 다리와 허벅지가 무거워지는 것을 느낄 수가 있을 것입니다…… 당신의 다리와 허벅지가 납덩어리같이 무거워지기 시작했습니다…… 당신의 다리와 허벅지가 납덩어리같이 무거워지도록 두십시오…… 완전히 이완되도록 두십시오. 당신은 그러면서 점점 나른하게 될 것입니다…… 당신은 아주 평화롭다고 느끼고 있습니다…… 당신의 마음은 고요하고 느긋합니다…… 당신은 이러한 즐겁고 편안하고 나른한 상태를 즐기고 있습니다.

자, 이제 이런 편안한 느낌이 몸의 위쪽으로 전달되어 몸 전체로 퍼져 나간다고 생각을 하십시오. 당신의 배의 근육이 이완되도록 두십시오…… 나른하고 느슨해지도록 두십시오…… 이번에는 당신 가슴의 근육…… 그리고 당신 등의 근육이…… 나른하고 느슨해지도록 두십시오…… 이완되도록 두십시오. 당신의 몸에서 무거운 기운을 느낄 것입니다…… 마치 당신의 몸이 납덩어리 같이 무겁게…… 마치 당신의 몸이 의자 아래로 깊이…… 깊이…… 가라앉는 것처럼…… 당신의 몸이 납덩어리같이 무거워지도록 내버려 두십시오…… 의자로 편안히 가라앉도록 두십시오…… 이렇게 하는 동안 당신은 점점 나른하게 될 것입니다.

이제 당신 자신이 편안해지도록 하십시오…… 좀 더 완전하게…… 이러한 즐겁고…… 편안하고…… 나른하고…… 안락한 느낌에 자신을 완전히 내맡기십시오. 이러한 편안한 기분 좋은 느낌은 당신의 손으로 퍼지고 있습니다. 그리고 당신의 팔로…… 당신의 어깨로…… 그리고 당신의 목으로…… 자, 당신의 손과 팔의 근육이 편안해지도록 두십시오…… 나른하고 느슨해지도록 두십시오…… 당신은 팔에서 무거운 기운을 느낄 것입니다…… 당신의 팔이 점점 납덩어리같이 무겁게 느껴질 것입니다…… 당신의 팔이 납덩어리같이 무겁게 두십시오…… 완전히 이완되도록 두십시오…… 이번에는 당신 어깨의 근육이…… 느슨하고 나른해지도록 두십시오…… 이완되도록 두십시오…… 이번에는 목의 근육이 이완됩니다…… 느슨하고 나른해지도록 두십시오. 얼굴의 모든 근육이 이완되도록 두십시오. 당신의 눈은 감겨 있습니다…… 당신의 눈꺼풀은 아주 편안합니다…… 이번에는 당신 이마의 근육…… 그리고 당신 머리의 오른쪽…… 왼쪽…… 완전히 이완이 되었습니다…… 몸 전체가 이완되도록 두십시오…… 나른하고 느슨해지도록 두십시오. 그러면서 당신은 점점 깊은…… 깊은…… 최면의 상태로 들어가고 있습니다. 이러한 아주 편안한 감정이 퍼지면서…… 그리고 깊어지면서…… 당신은 매우 깊은…… 깊은…… 최면의 상태로 들어갑니다. 당신은 지금 매우 깊은 최면의 상태여서…… 제가 당신에게 일어날 것이라고 말하는 모든 것이…… 일어날 것이며…… 그것도 제가 말한 그대로 일어날 것입니다. 당신이 경험할 것이라고 말한 모든 감정을 경험할 것이며…… 그것도 제가 당신에게 말한 그대로 경험할 것입니다. 자, 이제 깊은 최면의 상태입니다…… 깊이…… 깊이…….

평화로운 장면

자, 이제 이렇게 편안한 상태에서 자신이 바닷가 백사장에서 편안히 앉아서 바다의 풍경을 보고 있다고 상상해 보십시오…… 바닷가의 느낌을 느낄 수도 있고 경치를 볼 수도 있습니다. 바다는 아주 평화롭고 편안합니다. 바람이 적당히 시원하게 불어서 뺨을 스치고 얼굴에 햇살이 따사롭게 비추는 맑은 날입니다. 하늘에는 뭉게구름이 펼쳐져 있고 가끔 갈매기들이 날아다니고 있습니다. 파도는 잔잔하게 밀려오고 바닷가의 바위에 부딪히면서 파도 소리를 내기도 합니다. 모래는 아주 고와서 발밑에 푹신한 느낌이 듭니다. 바닷가의 바람에는 바다 특유의 짜고 비릿한 냄새가 실려 와서 바다 정취를 한결 느끼게 해 줍니다. 마치 자신이 실제로 바닷가에 있는 것처럼 바다의 풍경을 가능한 한 생생하게 느껴 보시기를 바랍니다. 자신이 정취를 느끼려고 하면 할수록 더욱더 생생하게 느껴질 것입니다. 자, 바닷가의 풍경이 눈앞에 펼쳐지십니까? 바닷가의 경치가 보이면 오른쪽 엄지손가락을 들어 저에게 표시를 해 주십시오. 이제 하늘을 나는 갈매기를 보십시오. 하늘을 날아다니는 갈매기가 보이면 오른쪽 엄지손가락을 들어 저에게 표시를 해 주십시오…… 이번에는 바닷바람을 느껴 보십시오. 바람이 얼굴을 스치는 느낌이 들면 오른쪽 엄지손가락을 들어 저에게 표시를 해 주십시오…… 자, 이번에는 바람에 실려 있는 짜고 비릿한 냄새를 느껴 보십시오. 바닷가 특유의 냄새가 느껴지면 오른쪽 엄지손가락을 들어 저에게 표시를 해 주십시오…… 자, 이제 귀를 기울여 파도 소리를 들어 보십시오. 파도가 바위에 부딪혀 철썩철썩하면서 나는 소리를 들어 보십시오. 파도 소리가 들리면 오른쪽 엄지손가락을 들어 저에게 표시를 해 주십시오…… 마지막으로 발밑의 고운 모래의 촉감을 느껴 보십시오. 부드럽고 푹신한 모래의 느낌이 들면 오른쪽 엄지손가락을 들어 저에게 표시를 해 주십시오…… 당신이 느낄 수 있는 만큼만 느끼시면 됩니다. 평화로움과 안락함을 느끼기만 하면 됩니다. 그저 편안하고 즐겁게 느끼면 됩니다. 편안하십니까? 자, 이제 이 편안함을 잘 기억해 두십시오…… 이 편안한 느낌을 잘 기억해 두십시오. 우리가 일상생활을 하는 중에 때로는 힘들고 불편한 때가 있습니다. 그런 상황에서 본인이 편안한 느낌을 느끼고 싶을 때, 여유를 가지고 지금의 바다를 상상하면서 마음속으로 '바다'라고 이야기하면 지금과 같은 편안한 느낌을 점차로 느낄 수 있게 될 것입니다.

Tart의 자기보고점수 암시문

자, 지금 많이 편안한 상태인데 가장 편안한 상태를 10이라고 하고 가장 불안한 상태를 0이라고 할 때 지금 자신의 편안한 상태는 몇 점 정도가 된다고 생각됩니까? 지금 편안한 상태를 대강 점수를 매겨 주십시오. 점수를 매기셨습니까?…… 몇 점입니까?…… 지금의 느낌과 점수를 마음속으로 잘 기억하고 계시기 바랍니다.

이번에는 당신이 불안을 경험했던 상황을 떠올려 보십시오. 그 장면을 가능한 한 생생하게 떠올려 보십시오. 그때의 느낌을 느껴 보십시오. 당신의 불안감은 점점 더 분명해질 것입니다. 점점 더 분명해지고…… 더욱더 분명해지고…… 불안을 경험했던 그때의 상황을 생생하게 느끼면 불안감도 생생하게 느껴지실 것입니다.

자, 지금 많이 불안한 상태인데 가장 편안한 상태를 10이라고 하고 가장 불안한 상태를 0이라고 할 때 지금 자신의 편안한 상태는 몇 점 정도가 된다고 생각됩니까? 지금 편안한 상태를 대강 점수를 매겨 주십시오. 점수를 매기셨습니까?…… 몇 점입니까?…… 지금의 느낌과 점수를 마음속으로 잘 기억하고 계시기 바랍니다.

▌평화로운 장면

자, 이번에는 다시 평화로운 장면으로 가 보도록 하겠습니다.

이렇게 편안한 상태에서 자신이 바닷가 백사장에 편안하게 앉아서 바다의 풍경을 보고 있다고 상상해 보십시오…… 바닷가의 느낌을 느낄 수도 있고 경치를 볼 수도 있습니다. 바다는 아주 평화롭고 편안합니다. 바람이 적당히 시원하게 불어서 뺨을 스치고 얼굴에 햇살이 따사롭게 비추는 맑은 날입니다. 하늘에는 뭉게구름이 펼쳐져 있고 가끔 갈매기들이 날아다니고 있습니다. 파도는 잔잔하게 밀려오고 바닷가의 바위에 부딪히면서 파도 소리를 내기도 합니다. 모래는 아주 고와서 발밑에 푹신한 느낌이 듭니다. 바닷가의 바람에는 바다 특유의 짜고 비릿한 냄새가 실려 와서 바다 정취를 한결 느끼게 해 줍니다. 마치 자신이 실제로 바닷가에 있는 것처럼 바다의 풍경을 가능한 한 생생하게 느껴 보시기를 바랍니다. 자신이 정취를 느끼려고 하면 할수록 더욱더 생생하게 느껴질 것입니다. 자, 바닷가의 풍경이 눈앞에 펼쳐지십니까? 바닷가의 경치가 보이면 오른쪽 엄지손가락을 들어 저에게 표시를 해 주십시오. 이제 하늘을 나는 갈매기를 보십시오. 하늘에 날아다니는 갈매기가 보이면 오른쪽 엄지손가락을 들어 저에게 표시를 해 주십시오…… 이번에는 바닷바람을 느껴 보십시오. 바람이 얼굴을 스치는 느낌이 들면 오른쪽 엄지손가락을 들어 저에게 표시를 해 주십시오…… 자, 이번에는 바람에 실려 있는 짜고 비릿한 냄새를 느껴 보십시오. 바닷가 특유의 냄새가 느껴지면 오른쪽 엄지손가락을 들어 저에게 표시를 해 주십시오…… 자, 이제 귀를 기울여 파도 소리를 들어 보십시오. 파도가 바위에 부딪혀 철썩철썩하면서 나는 소리를 들어 보십시오. 파도 소리가 들리면 오른쪽 엄지손가락을 들어 저에게 표시를 해 주십시오…… 마지막으로 발밑의 고운 모래의 촉감을 느껴 보십시오. 부드럽고 푹신한 모래의 느낌이 들면 오른쪽 엄지손가락을 들어 저에게 표시를 해 주십시오…… 당신이 느낄 수 있는 만큼만 느끼시면 됩니다. 평화로움과 안락함을 느끼기만 하면 됩니다. 그저 편안하고 즐겁게 느끼면 됩니다. 편안하십니까?

자, 지금 많이 편안한 상태인데 가장 편안한 상태를 10이라고 하고 가장 불안한 상태를 0이라고 할 때 지금 자신의 편안한 상태는 몇 점 정도가 된다고 생각됩니까? 지금 편안한 상태를 점수를 매겨 주십시오. 점수를 매기셨습니까?…… 몇 점입니까?…… 지금의 느낌과 점수를 잘 기억하고 계시기 바랍니다.

불안치료 후최면암시posthypnotic suggestion

지금 당신이 경험하고 있는 편안함을 잘 기억하십시오. 이 느낌을 잘 느끼고 계십시오. 앞으로 당신이 일상생활에서 때로 힘들고 어려운 상황에서 당신이 진정으로 편안함을 얻기를 원할 때 지금의 바다를 떠올리면서 마음속으로 '바다'라고 소리치면 점차 지금의 편안함을 느낄 수 있게 될 것입니다. 이런 느낌은 저와 함께 있지 않더라도 지금과 마찬가지로 경험할 수 있게 될 것입니다.

자, 이번에는 마음속으로 '바다'라는 단어를 소리치고 지금의 편안함을 유지한 채로 당신이 경험했던 불안한 상황을 떠올려 보십시오…… 그 장면을 가능한 한 생생하게 떠올려 보십시오…… 조금 전에 경험했던 상황을 느껴 보십시오.

다시, 가장 편안한 상태를 10이라고 하고 가장 불안한 상태를 0이라고 할 때 지금 자신의 편안한 상태는 몇 점 정도가 된다고 생각됩니까?…… 지금 편안한 상태를 점수를 매겨 주십시오. 점수를 매기셨습니까? …… 몇 점입니까?…… 지금의 느낌과 점수를 잘 기억하고 계시기 바랍니다.

자, 어떻습니까? 불안 상황만 경험할 때와 비교하여 바다 느낌과 함께 불안한 상황을 경험한 경우 점수가 많이 늘었나요?…… 좋습니다. 자, 이렇게 마음속으로 바다를 외치고 나면 자신의 마음에 편안한 느낌이 들게 될 것입니다. 앞으로 당신이 일상생활에서 때로 힘들고 어려운 상황에서 당신이 진정으로 편안함을 얻기를 원할 때 지금의 바다를 떠올리면서 마음속으로 '바다'라고 소리치면 점차 지금의 편안함을 느낄 수 있게 될 것입니다. 이런 느낌은 저와 함께 있지 않더라도 지금과 마찬가지로 경험할 수 있게 될 것입니다.

이제 매번 숨을 내쉴 때마다 자신이 점점 편안해지는 것을 느낄 수 있습니다. 매번 숨을 내쉬면서 몸에 있는 긴장을 점점 사라지게 할 수 있을 것입니다. 당신 자신이 점점 편안해지는 것을 느껴 보십시오…… 자, 이제 자신이 매우 편안해진 것을 느낄 수 있습니다.

자아강화기법 일반적 기법

자, 이제부터 제가 하는 말을 듣게 될 텐데 먼저 당신이 노래를 배우거나 시를 외울 때 어떻게 하셨는지를 생각해 보도록 하십시오. 아마 당신은 반복해서 소리를 내어 노래를 부르거나 시를 읽었을 것입니다. 당신이 매번 그렇게 할 때마다 노래의 가사나 음이, 그리고 시의 내용이 조금씩 당신의 생각 속으로 뿌리박혀서 결국에는 악보나 책을 보지 않고도 전부 외울 수 있었을 것입니다. 그리고 굳이 의식적으로 기억을 해 내려는 노력 없이도 쉽게 노래하거나 시를 암송할 수 있었을 것입니다. 이와 아주 똑같은 방식으로…… 제가 하는 말이 당신의 무의식 속에 뿌리박히게 될 것입니다. 단지 당신이 이 모든 과정을 혼자 하는 대신에 제가 이러한 암시를 당신에게 반복할 때마다 당신의 무의식에 점차 강하게 뿌리박혀서 나중에는 저와 함께 있지 않더라도 매일매일의 일상생활 속에서 점점 자신이 나아지고 있다는 것을 알게 될 것입니다. 이러한 일은 당신이 깨어 있을 때보다 좀 더 쉽게 빨리 일어나게 되는데, 왜냐하면 당신이 최면상태에 들어가게 되면 기억력이 크게 향상되고 집중력이 향상될 것이기 때문입니다.

자아강화기법 불안해소

당신은 이 세상에서 단 하나뿐인 아주 중요한 존재입니다. 어떤 것도 당신의 존재를 없앨 수는 없습니다. 어떤 불안도 당신의 존재를 없앨 수는 없습니다. 어떤 두려움도 당신의 존재를 없앨 수는 없습니다. 이 세상에는 당신이 원치 않는 많은 어려움이 있지만 당신은 그것을 견뎌 낼 수 있습니다. 당신은 반드시 그것들을 완전히 제거할 필요도 없습니다. 당신이 불안을 느낀다면 단지 너무 지나치게 불안을 느끼는 것입니다. 이제 차차 당신은 당신의 감정을 두려워하지 않고 잘 견딜 수 있게 될 것입니다. 사실 당신을 괴롭히는 것은 바로 자신의 불안이 완전히 없어져야 한다는 생각입니다. 당신은 이제 일상생활에서 때때로 불안을 경험하더라도 당신이 불안을 반드시 없애야 한다는 생각을 포기하고 당신 자신이 불안을 잘 견딜 수 있다는 생각을 가지게 됨에 따라 불안을 겪으면서도 일상생활을 잘해 나갈 수 있게 될 것입니다. 당신이 일상생활을 잘해 나가다 보면 불안이 저절로 사라지는 것을 분명히 경험할 수 있게 될 것입니다.

각성유도문 숫자세기법

자, 이제 원래의 자리로 돌아간다는 의미에서 제가 다섯에서부터 하나까지 거꾸로 세어 나가는 동안 당신의 정신은 점점 더 또렷해져서 현재의 여기로 모든 감각이 원래의 상태로 돌아오게 됩니다. 마지막 하나를 셀 때 주먹을 꽉 쥐었다가 펴면서 눈을 뜨시면 됩니다. 깨어나고 난 다음에도 한동안 지금과 같은 편안함을 느낄 수 있을 것입니다.

다섯…… 차츰 깨어납니다.

넷…… 이완상태에서 차츰 벗어납니다.

셋…… 정신이 점점 맑아집니다.

둘…… 원래의 자리에 많이 돌아왔습니다.

하나…… 자, 주먹을 꽉 쥐었다가 펴면서 눈을 뜨시면 됩니다. 이제 완전히 깨어났습니다.

CHAPTER

2.

다양한 최면치료 방식

최면치료에 대한 여러 가지 이론

최면치료는 최면상태에서 여러 가지 이론에 따른 치료기법을 사용하는 것입니다. 최면감수성을 보는 다양한 관점에 따라 최면에는 여러 가지 이론이 있게 되고, 그 기법에 따라 치료방식도 다양하게 나타납니다.

최면을 그 사람이 가지고 있는 선천적인 특성으로 보는 관점 trait view 은 이미 언급했던 스피겔이나 프랑켈 같은 학자가 가지고 있는 관점입니다. 그래서 최면감수성을 측정하기 위하여 최면유도등급이나 스탠포드 최면감수성 척도 같은 표준화된 최면감수성 척도를 만들었습니다. 이러한 검사를 통해 최면감수성이 어느 정도 있는지를 알아보게 됩니다. 결국 최면감수성이 선천적이라는 관점에서 보면 당연히 최면감수성이 높을수록 최면치료에 잘 반응하고 효과가 좋을 것입니다. 이런 이론을 바탕으로 스피겔의 개조법 restructuring 이라는 최면치료방식을 사용하게 됩니다.

이와는 반대로 최면감수성도 훈련을 통해 증진시킬 수 있다는 관점 social learning view 을 가진 학자들로는 스파노스와 바버 등이 있습니다. 그들은 인지행동훈련을 통해 최면감수성의 변화가 가능하다고 주장했습니다. 이런 이론을 바탕으로 인지행동 최면치료를 하게 됩니다.

최면을 정신분석적인 관점 psychoanalytic view 에서 보는 이론이 있는데, 이 견해를 가진 학자들로는 길 Merton M. Gill 과 브렌만 Margaret Brenman 등이 있습니다.

이 학자들은 최면을 자아ego의 적응을 위한 퇴행adaptive regression으로 생각하고 있습니다. 즉, 자아가 치료자와 현실적인 관계를 유지하면서 일부는 방어벽defense barrier을 조절하여 최면상태에서 억압된 기억을 회상시킨다고 생각합니다. 모든 사람이 퇴행할 수 있기 때문에 모든 환자가 최면이 가능하다고 봅니다. 퇴행되는 정도가 무의식을 드러내는 정도를 결정하기 때문에 최면의 깊이, 즉 퇴행의 정도가 치료에 있어 중요합니다. 이러한 이론은 정신분석적 최면치료의 배경이 됩니다.

에릭슨Milton Erickson은 모든 사람은 최면에 걸릴 잠재성hypnotic potential을 가지고 있다고 보았습니다Eriksonian view. 또한 각각의 사람은 독특한unique 존재라고 생각했습니다. 그래서 각각의 사람에게 맞는 우회적이고 간접적인 기법으로 최면을 유도하여 환자의 무의식적인 저항을 무력화하는 자연스러운 접근naturalistic approach을 해야 한다고 말했습니다. 마찬가지로 유일한 존재인 각각의 환자에 맞는 서로 다른 치료전략에 반응한다고 주장했습니다.

그 외에도 힐가드Ernest Hilgard의 신해리 이론에 따른 자아상태 최면치료ego state hypnotherapy, 엘리스Albert Ellis의 합리적 정서 치료 이론에 따른 합리적 정서 최면치료rational emotive hypnotherapy 등이 있고, 앞으로도 많은 치료 이론과 치료 방식들이 나타날 것으로 기대합니다.

자동차가 달리는 것은 겉으로는 바퀴가 굴러 가면서 움직이는 것으로 보입니다. 하지만 사실은 어떤 사람이 일을 보러 가기 위해 차를 타고 시동을 걸어서 내연기관이 작동하고, 그래서 바퀴가 굴러가는 것입니다. 인간의 행동은 더욱 복잡해서 한 가지 요인으로 설명하기는 어렵고, 여러 가지 요인이 서로 상호작용을 하는 것으로 설명할 수 있습니다.

사람의 행동은 크게 보면 행동 그 자체뿐만 아니라 감정 반응까지도 포함할 수 있습니다. 이런 행동들은 생물학적인 배경을 가진 본능적인 것일 수도 있고, 무의식적으로 자신도 모르게 일어날 수도 있으며, 가치관에 따라 행동하고 좋아하는 것을 하는 것처럼 의도적이고 의식적인 것일 수도 있습니다.

아기가 배가 고프면 젖을 물고 빠는 행동을 하는 것은 타고나면서부터 가지고 있는 생물학적 반사행동에 따른 본능적인 행동입니다. 약물에 의해 전두엽의 정상적인 억제기능이 저하되어 충동적인 행동을 하는 것도 마찬가지로 생물학적인 것입니다.

어린 시절 오이디푸스 콤플렉스가 잘 해결되지 않아 아버지와의 동일화가 지나치게 심한 경우에는 자신도 모르게 남자 같은 여자아이의 행동을 하게 되는데, 이런 행동은 무의식적인 행동입니다. 그리고 과거에 심리적 충격을 경험했던 사람이 자신도 모르게 가해자의 특징을 가진 남자를 회피하게 되는 것도 무의식적인 행동입니다.

또한 으슥한 곳을 피하는 행동은 신문이나 방송을 통해 학습을 하여 자신에게 위험한 우범지역을 피하는 의식적인 행동입니다. 이런 행동은 그 사람이 환경을 인식하고 자신에게 이로운 방향으로 판단하여 나온 결과입니다. 말하자면, 감정과 상호작용하고 있는 보다 복잡한 행동이라고 할 수 있습니다. 배고픈 자극에 반응하여 음식을 섭취하는 단순한 행동이 아닌 이런 복잡한 행동을 이해하기 위해서는 그 사람이 자극을 어떻게 받아들이고 해석하는지에 대한 인지과정을 이해하는 것이 필요합니다.

1950~1960년대에 행동치료가 발달하면서 감정적 · 행동적인 문제를 기존의 정신질환의 증상으로 보는 관점에서 잘못된 학습에서 나타나는 반응으로 보는 관점으로 변화가 생겼습니다. 그래서 이러한 감정적인 행동 상의 문제들을 치료의 직접적인 목표로 삼게 되었습니다. 고전적 조건화classical conditioning와 조작적 조건화operant conditioning 같은 이론들에 힘입어 행동치료자들은 조건화conditioning를 이용한 치료를 통해 환자들이 좀 더 적응적인 행동을 하도록 하였습니다. 이에 반하여, 인지치료자들은 감정적인 문제를 자극 그 자체 때문에 발생하는 것이 아니라 그 자극을 이해하는 방식에 의해 발생한다고 보았습니다. 즉, 부당한 가정과 비논리적인 사고 같은 부적절한 인지과정에 의해 문제가 발생한다고 주장했습니다. 그래서 인지치료자들은 환자가 보다 합리적이고 적응적인 인지사고를 가지도록 하는 치료방법을 통해 문제를 해결하려고 했습니다.

문제의 해결에 있어서 단순한 행동의 변화만이 아니라 환자 자신의 내적 인지과정의 변화가 중요하다는 개념이 대두되면서 이 두 이론은 서로 상호보완적으로 융합하게 되었고, 이제는 인지행동치료라는 용어를 더 많이 사용하게 되었습니다.

잘못된 행동을 변화시키기 위해 많은 노력을 지속적으로 해 왔습니다. 초기에는 담배를 끊거나 술을 못 먹게 하려고 한꺼번에 담배를 많이 피우게 하거나 술을 억지로 먹게 하여 구역질이나 구토가 나도록 하는 혐오요법을 사용하기도 했습니다. 하지만 이런 방법은 효과적이지 못했습니다. 시간이 지나면서 긍정적인 보상을 통해 바람직하고 건강한 행동을 하도록 하는 것이 보다 효과적이라는 것을 알게 되었습니다. 사람의 행동을 변화시키는 효과적인 방법에는 여러 가지가 있습니다.

☑ 첫 번째는 조건화를 통한 학습입니다

파블로프Pavlov, 1927의 고전적 조건화에 따르면, 무의식적 자극음식과 무의식적 반응침 흘림은 짝을 이루고pairing 있습니다. 그래서 음식을 보면 자신도 모르게 침을 흘리게 되는 것입니다. 여기에 의식적 자극벨소리을 무의식적 자극음식과 짝을 이루어 반복적으로 제시하면 연합association이 이루어집니다. 음식을 주면서 벨소리를 계속 듣게 되면 음식과 벨소리가 짝이 이루어져서 연합이 됩니다. 그러면 음식을 제공하지 않고 벨소리만 들려주어도 음식을 제공할 때처럼 침을 흘리게 됩니다. 즉, 의식적 자극벨소리에 무의식적 반응침 흘림이 유발됩니다. 이것이 조건화를 통한 학습입니다. 따라서 치료는 짝을 이루어 조건화되어 있는 것을 끊어 버리는 탈조건화deconditioning입니다. 탈조건화의 방법 중에 대표적인 치료법이 체계적 탈감작법systemic desensitization입니다. 또한 스키너Skinner, 1953의 조작적 조건화는 긍정적인 강화상, 칭찬와 부정적인 강화처벌, 고통를 통해 행동을 조작하는 것입니다. 부모가 착한 일을 했을 때 칭찬하고, 잘못했을 때 야단을 치는 것은 아이가 잘 자라도록 하기 위해서입니다. 사실, 이론을 몰라도 이미 우리의 부모들은 아이들이 바람직한 행동을 하도록 조작을 하고 있었던 것입니다. 그런데 많은 부모는 애정을 가지고 아이의 행동을 보살피는데, 그렇게 하지 못하는 부모들도 간혹 있습니다. 말하자면, 이와 같은 학습은 환경의 영향을 많이 받게 됩니다. 치료는 행동과 연관되어 있는 주위 환경에서의 우연적인 요인들을 조절하는 것contingency management 입니다. 예를 들면, 공부하기 좋은 환경으로 이사를 간다든가 나쁜 아이들과 어울리지 못하게 하는 것입니다.

☑ 두 번째는 사회적 모델링입니다

사회적 모델링social modeling은 다른 사람이 하는 것을 보고 배우는 것으로, 일종의 관찰을 통한 학습observational learning입니다. 자연스럽게 부모를 보고 자라면서 부모를 닮게 되는 것과 마찬가지입니다. 자신이 존경하는 분이 있다면 자연스럽게 닮아 가게 됩니다. 자녀에게 위인전을 사주는 것도 비슷한 이유입니다. 바람직한 행동을 할 때 칭찬 같은 보상이 주어진다면 더욱 따라 할 가능성이 높아집니다.

☑ 세 번째는 인지행동학습입니다

행동치료자들은 행동 변화의 중재자로서 인지과정의 역할에 대해 중요하게 생각합니다. 비합리적인 생각이나 인지왜곡, 그리고 부정적인 자기 암시 등이 부적응적인 감정 상태나 행동 문제를 야기하게 된다는 것입니다. 그래서 치료자와 함께 자신의 인지과정을 살펴서 정상화하는 노력이 필요합니다. 이러한 인지행동학습 cognitive behavioral learning 을 통한 합리적인 사고나 긍정적인 생각 같은 정상적인 인지과정이 바람직한 행동을 하도록 변화시킬 수 있습니다 Brown & Fromm, 1987 .

☑ 네 번째는 음주나 도박, 흡연 같은 중독 행동을 변화시키기 위한 초이론적 모델입니다

초이론적 모델 Transtheoretical Model of Behavior Change: TTM 의 핵심은 환자들 각자 나름대로 변화의 단계 stages of change 에 있다는 것입니다. 그 다섯 가지 단계는 고려전기 pre-contemplation , 고려기 contemplation , 준비기 preparation , 행동기 action , 그리고 유지기 maintenance 인데, 변화를 위해서는 각 환자의 특정단계에 맞는 전략을 사용해야 한다는 것입니다.

☑ 다섯 번째는 인지행동 대응기술훈련입니다

대인관계에서의 행동의 변화를 위해 자기주장 훈련 self-assertive training 이나 사회기술 훈련 social skill training , 자기 조절 훈련 self-regulation training , 분노 조절 훈련 anger control training 같은 방법들이 도움이 됩니다.

그 외에도 목표를 향해 점진적으로 행동의 변화를 야기하는 조형 shaping 이나 연결된 작은 단계들을 끊는 방법 chaining 등 여러 가지 방법이 있을 수 있겠습니다.

인지행동 최면치료의 장점

인지행동치료는 정신적인 문제를 왜곡된 인지 개념에 의해 학습된 비적응적인 반응으로 보고 치료하는 것입니다. 인지행동 최면치료는 이러한 인지행동치료의 효과를 증진시키기 위해 최면상태를 이용하는 것입니다.

인지행동치료를 최면상태에서 하는 것은 여러 가지 장점을 가지고 있어 효율적으로 치료할 수 있습니다.

우선 체계적 탈감작법을 수행할 때 환자에게 위계hierarchy를 제시하기가 쉽지 않은 경우가 있습니다. 체계적 탈감작법의 경우 환자에게 이완하도록 한 후 불안의 정도에 따라 쉬운 상황부터 어려운 상황까지 위계를 만들어서 제시해야 합니다. 그리고 각 단계마다 불안 반응을 야기하는 자극과 이완이 짝을 이루도록 해서 불안 반응이 일어나지 않도록 함으로써 탈조건화를 통해 치료하는 것입니다. 이러한 탈감작법은 궁극적으로 실제 상황에서 이루어지도록 해야 하겠지만생체내 탈감작법, in vivo desensitization 실제 공포대상이 없는 상황에서도 최면상태에서 현실처럼 생생하게 느껴지는 영상을 통하여 이루어질 수도 있습니다생체외 탈감작법, in vitro desensitization. 이러한 상상에 의한 탈감작법이 실제 대상에서도 일반화generalization되어 적용될 수 있습니다. 예를 들면, 비행기 공포증을 가지고 있는 경우 위계를 제시하기 위해 공항에 가야 하는데, 이것은 어려운 일입니다. 하지만 최면상태에서는 이러한 어려운 위계라도 암시를 하여 영상을 통해 쉽게 환자에게 제시할 수 있습니다.

거미 공포증처럼 단순하고 분명한 공포의 대상이 있는 경우에는 인지행동치료가 효과적입니다. 하지만 대인관계 문제같이 주관적이고 복합적인 상황에서의 공포나 불안의 경우에는 치료가 쉽지 않습니다. 그러나 최면상태에서는 그 주관적 경험 상황을 일시적이고 포괄적으로 하나의 장면으로 제시할 수 있어 인지행동치료를 수행하기가 용이합니다.

또한 상호금지reciprocal inhibition가 효과적인 행동치료방법 중의 하나인데, 공포, 불안에 대립되는 반응이 제시되어야 합니다. 공포나 불안 같은 긴장상태와 반대되는 이완반응을 가지고 긴장을 제거하는 치료방법이기 때문입니다. 일반적으로 긴장상태에 대립되는 복식호흡을 통해 이완을 제시하게 됩니다. 그런데 최면상태는 그 자체가 이완상태여서 자연스럽게 대립반응으로 제시될 수가 있습니다. 또한 불편한 대인관계 상황에서 느끼는 불안과 같은 경우에는 최면상태에서 자기주장을 하는 장면을 대립반응으로 제시할 수 있습니다.

마지막으로, 사람들은 일반적으로 불편한 상황을 회피하려는 경향이 있어서 그 장면을 상상하는 데 어려움을 겪습니다. 하지만 최면상태에서는 암시를 통해 불편한 상황의 생생한 영상을 제시할 수 있어 그 상황을 극복해 나가는 정신적인 연습mental rehearsal을 할 수 있게 합니다.

최면상태에서 인지행동치료를 임상적으로 적용하는 방법

이제 최면상태에서 인지행동치료를 임상적으로 어떻게 적용하는지에 대해 이야기하겠습니다. 최면상태의 속성을 이용하면 환자를 위해 인지행동치료를 효과적으로 시행할 수 있습니다.

이완relaxation은 최면상태에서 자연스럽게 발현되며, 인지행동 최면치료에서 중요한 부분을 차지합니다. 이완은 불안과 스트레스 상황에서 대처하는 기술로 사용될 수 있습니다. 최면상태에서 체계적 탈감작법을 시행할 때 불안유발 상황과 이완을 짝지어서 제시함으로써 긴장을 해소하고 불안을 감소시킬 수 있습니다. 이런 최면상태에서의 긍정적인 경험은 일상생활에서의 불안유발 상황에서도 적용될 수 있습니다. 또한 최면상태에서 불안상황을 떠올려 불안을 경험하게 한 후 평화로운 장면을 상상하도록 함으로써 이완을 경험하도록 할 수 있습니다. 즉, 불안상태와 이완상태를 자신의 조절 범위에 두어 불안증상을 극복할 수 있다는 자기 효능감을 가질 수 있도록 합니다.

최면상태에서 사람을 이완시키는 전통적인 방법은 제이콥슨 Jacobson, 1938 의 점진적 근육이완법에서처럼 차례로 근육을 긴장시켰다가 이완시키는 것을 반복해서 하는 것입니다. 하지만 일반적으로는 긴장을 배제하고 이완에만 초점을 맞추어 "몸에서 모든 긴장이 빠져나가는 것을 느낄 것입니다. 점점 더 나른해질 것입니다. 나른해지고 근육이 이완되는 것을 느낄 것입니다. 더욱 깊이 이완됩니다."라고 암시를 하는 방식으로 제시할 수 있습니다. 그리고 마치 이완훈련을 하듯이 자기 최면을 통하여 이완을 경험하도록 하는 것이 일상생활의 불안상황에 대처하는 데 도움이 됩니다.

때로는 최면상태에서 후최면암시를 통해 보다 효율적으로 대처할 수 있습니다. 최면상태에서 "당신이 일상생활에서 불안과 스트레스를 경험하게 되는 상황을 만나게 되면 당신은 단지 깊은 숨을 쉬면서 스스로 최면을 유도하여 마음속으로 지금 경험하고 있는 평화로운 장면을 떠올리면, 지금과 같이 모든 긴장이 빠져나가서 나른하고 이완되고 평화로운 상태가 될 것입니다."라고 암시할 수 있습니다.

영상 imagery 은 최면상태에서 보다 분명하고 생생하게 경험할 수 있습니다. 영상 또한 인지행동 최면치료에서 중요한 역할을 합니다. 이완은 때로 불안유발 상황에 맞게 의도된 영상과 함께 짝을 이루어 제시됩니다. 이렇게 함으로써 긴장이 해소된 상태에서 불안유발 상황을 경험하게 할 수 있습니다.

전통적인 체계적 탈감작법에서는 보통 환자와 치료자는 함께 불안유발 상황의 위계를 정하게 됩니다. 그리고 환자를 이완시킨 상태에서 가장 불안이 적은 상황부터 상상하도록 합니다. 그 상황에서 불안이 경험되면 불안상황의 영상을 그만 떠올리도록 하고, 간단한 이완 암시를 하여 다시 이완상태를 만듭니다. 이완상태를 회복하면 불안상황에 대한 영상을 다시 떠올리도록 합니다. 더 이상 불안 없이 불안상황을 떠올릴 수 있게 되면 그다음 단계로 진행하게 됩니다.

이런 체계적 탈감작법을 임상 상황에 따라 여러 가지로 변화시켜 사용할 수도 있습니다. 예를 들면, 불안상황의 영상을 없애지 않고 그 상황을 유지하면서 천천히 호흡하도록 하면서 불안을 제거하고 이완시키는 방법을 사용하여 일상생활에서의 불안유발 상황에 대처할 수 있도록 합니다. 또 다른 변화로는 위계를 줄이거나 혹은 완전히 없애서 환자가 불편해 하는 불안유발 상황을 바로 영상화해 긴장을 이완시킬 수도 있습니다.

또한 영상화를 이완 없이도 사용할 수 있습니다. 이러한 방식은 특히 대인관계의 문제에서 사용할 수 있습니다. 대인관계에서 자기주장을 하도록 할 때에는 이완이 방해가 될 수 있기 때문에 이완시키는 대신에 오히려 에너지를 증진하는 암시를 할 수 있습니다. 예를 들면, "당신이 숨 쉴 때마다 당신은 더욱더 활기를 느끼고 생동감을 느끼게 될 것입니다. 당신의 몸에서 충만한 에너지를 느껴 보도록 하십시오."라고 암시하는 것이 바람직합니다.

점진적 접근successive approximation을 통해 원하는 행동을 하도록 하는 것이 효과적입니다. 예를 들면, 최면상태에서 불안유발 상황을 영상화할 때 점점 더 긴 시간, 점점 더 어려운 불안상황을 영상화하도록 점진적으로 접근해야 합니다. 그리고 우울증 환자의 행동을 증가시키는 것도 점차적으로 시도하여 쉽게 수행할 수 있는 활동부터 하게 하여 긍정적인 경험을 하도록 한 후 다음 단계로 넘어가도록 합니다. 이런 원칙은 인지행동 최면치료를 할 때 항상 필요합니다. 또한 최면감수성을 측정할 때에도 마찬가지입니다. 수행하기 쉬운 암시부터 먼저 시행하고, 점차 어려운 암시를 시행하도록 합니다. 점진적 접근을 하면 치료적 암시가 실패할 확률을 떨어뜨려 성공적인 치료의 가능성을 증가시킵니다.

인지개조cognitive restructuring를 위해서는 행동이나 감정 상의 문제를 야기하는 잘못된 인지왜곡을 찾아 변화시켜야 합니다. 이러한 인지왜곡은 질병에 따라 다르고 사람마다 다릅니다. 예를 들면, 공황장애의 경우에는 어떤 사람은 불안발작을 생명을 위협하는 심장마비 같은 신체적 상황으로 믿거나 또 다른 사람은 미쳐 가는 것으로 믿을 수 있습니다. 우울한 사람들은 벡Aron Beck이 이야기한 세 가지의 부정적인 인지 왜곡negative cognitive triad, 즉 자신이나 자신을 둘러싼 세계 그리고 자신의 미래에 대해 부정적인 생각을 가지고 있습니다. 또한 다중인격 장애 환자는 자신이 만들어 낸 자아상태를 자신의 신체 밖에 있는 다른 사람으로 믿는 인지왜곡을 보입니다.

이러한 인지왜곡은 논리적인 정보처리 자체의 왜곡 때문에 계속 유지됩니다. 예를 들면, 필요한 정보는 받아들이고 반대되는 정보는 무시하는 선택적인 추론selective abstraction, 뒷받침되는 증거가 없는 자의적 해석arbitrary inference, 과도한 일반화overgeneralize, 특정 사건에 대한 과대평가magnifying와 과소평가minimizing, 자신과 연결시킬 객관적인 사실이 없음에도 외부 사건을 자신과 연결시키는 개인화personalizing, 흑백논리의 이분법dichotomous black-white terms 등의 정보처리 왜곡에 의해 인지왜곡이 유지됩니다.

이러한 환자의 인지왜곡이 확인되면 왜 그렇게 생각하는지 반복해서 확인하는 소크라테스식의 질문Socratic questioning을 통해 평가를 받도록 합니다. 환자는 자신의 생각을 사실이 아닌 가설로 생각하는데, 이 가설은 유용한 자료들을 통해 상호 검사를 하여 검증을 받게 됩니다. 만약 자료가 불충분하여 결론을 내기 어려우면 기존의 가설의 타당성을 검증하도록 하고, 가능성 있는 다른 대안을 생각해 보도록 숙제를 내 줍니다. 환자가 가설이 틀렸다고 생각하게 되면 보다 적응적인 대안을 찾도록 하여 환자의 신념체계에서 통합하도록 합니다. 최면상태에서 이러한 적응적인 새로운 생각을 암시의 형태로 제시받기도 하고, 스스로 자기 최면을 통해 새로운 적응적인 생각을 반복해서 암시하기도 합니다. 최면상태에서는 자아수용성이 높아져 피암시성이 증가되므로 이러한 새로운 인지 개념을 편안하게 받아들이게 되고, 자연스럽게 그 사람의 행동과 태도에 영향을 미치게 됩니다.

최면상태에서 성공적인 수행을 한 후에는 일상생활에서의 행동실천 behavioral practice 이 반드시 있어야 합니다. 예를 들면, 공포증 환자의 치료에서는 공포대상에 노출 exposure 시키는 것이 꼭 필요합니다. 공포증 환자의 경우 최면치료시간에 학습한 대처전략을 사용하면서 공포 상황에 직면하도록 요구합니다. 공포대상에 직면해서도 더 이상 불안을 경험하지 않아야 진정한 성공이라고 할 수 있겠습니다. 공황장애 환자의 경우에는 과호흡 hyperventilation 을 하게 되는 공황 상황에서도 최면상태에서 했듯이 깊고 느리게 숨을 쉬는 것을 실천하도록 해야 합니다. 우울증 환자의 경우에는 최면상태에서 활동을 늘리고 기분을 변화시킬 수 있는 즐거운 경험을 하도록 합니다. 그리고 실제 상황에서 환자로 하여금 즐거움을 느끼는 것이 가능하다는 것을 경험하게 합니다. 그렇게 되면 환자는 자존감이 증가되고, 자기 효능감이 증진되어 우울 증상을 극복하는 성공적인 느낌을 가질 수 있게 됩니다.

상상하여 학습하는 것보다 직접 경험에 의한 학습이 더욱 효과적이기 때문에 인지행동 최면치료에서는 행동실천이 중요합니다. 최면상태에서 영상화를 통해 미리 준비하고 연습하여 실제로 행동실천을 할 수 있도록 함으로써 환자가 불안유발 상황에 더 쉽게 도전할 수 있게 하여 중도탈락을 줄일 수 있겠습니다.

비만 환자의 인지행동 최면치료 임상 실제

이번에는 비만 환자를 대상으로 체중조절을 위한 인지행동 최면치료를 임상에서 실제로 어떻게 진행하는지에 대해 설명해 보도록 하겠습니다.

☑ 동기

우선 치료에 대한 동기motivation가 있는지 살펴볼 필요가 있습니다. 비만 환자에게 왜 체중을 줄이려고 하는지 물어보면 환자의 동기를 알 수 있습니다. 어떤 사람들은 신체질환이 생길까 봐 염려되어서 체중을 줄이려고 하고, 다른 사람들은 체형을 좋게 하여 자신감을 가지려고 하고, 또 다른 사람들은 주위 사람들에게 매력적으로 보이고 싶어서 체중조절을 하려고 합니다. 이렇게 동기는 건강에 대한 염려나 심리적 요인, 그리고 사회적 관계에 대한 문제 등 다양할 수 있습니다. 이와 같이 각각의 환자가 가진 동기를 최면치료를 할 때 암시에 포함시키면 도움이 될 수 있습니다. 그런데 어떤 환자들은 체중 조절에 대한 기대가 비현실적일 수 있고, 또 다른 환자들은 '치료자가 알아서 해주겠지'라는 태도를 보이기도 합니다. 이런 경우에는 환자가 현실적인 목표를 가지도록 하고, 환자 자신의 역할에 대해 강조할 필요가 있습니다. 이러한 의식적인 동기도 중요하지만 때로는 무의식적인 동기를 알아볼 필요도 있습니다. 무의식적인 동기가 의식적인 동기와 상충하는 경우도 있기 때문입니다. 무의식적인 동기는 텔레비전 기법television technique이나 극장 기법theater technique 같은 최면투사기법hypnoprojective technique을 사용하여 평가할 수 있겠습니다.

☑ 최면감수성

인지행동 최면치료를 위해서는 환자의 최면감수성hypnotizability을 평가해야 합니다. 물론 최면치료를 통해 도움을 받고자 하는 경우에 최면감수성을 평가하게 됩니다. 비만 환자의 최면감수성은 일반인과 다르지 않습니다Deyoub, 1978. 최면상태에서 인지행동 최면치료를 하는 데 높은 최면감수성이 필요하지는 않지만 일반적으로 최면감수성이 좋은 환자들에게 다양한 최면기법을 사용할 수 있기 때문에 더 많은 효과를 볼 수 있겠습니다.

☑ 과거력

그다음에는 비만 환자의 과거력past history을 통해 중요한 정보들을 확인할 필요가 있겠습니다. 비만이 언제부터 문제가 되었는지 알아보아야 합니다. 어린 시절부터 비만인 사람과 성인이 되어 비만이 된 사람은 다릅니다. 어린 시절에 비만이 된 사람은 지방세포의 수가 증가되어 있어서 이 숫자는 줄이기 힘들기 때문에 체중 조절에 어려움이 있습니다. 또한 체중의 변화를 나이별로 확인해 보아야 합니다. 그리고 이런 체중의 변화가 생활 사건과 관련이 있는지도 알아보아야 합니다. 그리고 체중 조절에 대한 노력들에 대해서도 확인해 보아야 합니다. 과거에 체중 조절에 실패한 이유에 대해서도 알아야 같은 실패를 하지 않을 것이기 때문입니다. 또한 체중 조절을 위한 각각의 환자의 전략도 살펴보아야 합니다. 음식 섭취를 제한했다거나 열량의 계산, 운동, 긍정적인 사고, 친구의 도움 등 과거 성공적인 전략들은 앞으로도 잘 활용할 필요가 있겠습니다. 이런 전략들은 나중에 최면암시에 포함시키는 것이 도움이 될 수 있겠습니다. 최면상태에서 각각의 환자에게 도움이 되는 전략들을 스스로 찾아보게 하는 것도 좋은 방법일 수 있겠습니다. 대부분의 비만 환자는 활동을 하지 않아서 열량의 소비가 저하되어 있습니다. 치료자는 환자가 정기적으로 운동을 하는지, 집안일을 하거나 산책 또는 놀이를 하면서 활동을 하는지 평가할 필요가 있습니다. 음식 섭취에 대한 불안이나 우울 같은 각각의 환자의 반응이나 태도 등도 살펴볼 필요가 있겠습니다. 또한 인지행동치료를 받은 적이 있는지, 최면치료를 받은 적이 있는지도 알아보아야 하겠습니다.

☑ 자기 관찰

체계적인 자기 관찰self-monitoring을 통해 치료의 초기에 문제가 되는 행동을 파악하는 것이 중요합니다. 비만을 가진 사람이 어떤 상황에서 과식을 하고, 어떤 음식을 얼마나 많이 오랫동안 먹게 되는지 개인의 행동을 관찰하고 기록합니다. 그리고 과식을 하면서 드는 생각이나 느낌도 살펴보아서 자세히 기록합니다. 그리고 치료자와 환자는 이 기록을 정기적으로 읽어 보면서 과식을 하는 시간대, 잘못된 식습관 행동패턴, 이런 과식행동과 관련된 환경적인 요인, 심리적 요인, 사회적인 요인 등을 확인합니다. 이런 자기 관찰을 통해 잘못된 식습관 행동패턴으로 가기 직전의 공허함이나 감정적인 동요 같은 전조현상을 잘 알도록 합니다. 이런 현상이 있으면 자신의 식습관 행동을 인식하고 변화시켜야만 합니다. 어떤 비만 환자는 이런 자기 관찰만으로도 체중 조절을 성공적으로 합니다. 음식을 먹는 패턴을 매일 기록하고, 체중은 하루에도 변동이 많으므로 일주일 간격으로 기록합니다.

☑ 자극 조절

주위 환경에서 영향을 줄 수 있는 자극을 조절stimulus control하는 것이 필요합니다. 식습관 행동패턴은 환경적인 요인과 밀접하게 관련이 있습니다. 비적응적인 행동과 바람직하지 못한 행동에 영향을 주는 주위 환경에서의 단서 cue를 찾아냅니다. 단서를 제거하여 환경을 변화시킴으로써 일상적으로 하던 행동을 변화시킵니다. 집안 여기저기에 음식들이 있어 무심코 먹는 경우에는 널려 있는 음식이 단서가 됩니다. 이런 음식들을 치워서 습관적으로 먹던 행동을 변화시킵니다. 무심코 텔레비전을 보면서, 독서를 하면서, 잠자리에서 음식을 먹는 행동을 하지 않도록 변화시켜야 합니다. 음식 섭취를 정해진 시간에만 하도록 해야 합니다. 그래서 예정된 식사시간 외에 음식 섭취를 하지 않도록 합니다. 그리고 음식을 부엌이나 거실에서 먹지 않고 식탁같이 정해진 장소에서만 먹도록 합니다. 후최면암시를 통해 "음식을 반드시 정해진 시간과 장소에서만 먹게 될 것입니다."라고 강조할 수 있습니다.

☑ 감정적 욕구 충족

치료자는 자기 관찰 기록을 통해 음식 섭취가 가지는 감정적인 의미를 찾는 것이 중요합니다. 음식은 이완을 시켜 주는 수단이 될 수 있습니다. 어떤 사람들은 사탕이나 초콜릿 같은 단것을 먹으면서 자신을 위안하는 경우도 있습니다. 반면, 음식을 부정적인 감정조절을 위해 사용하기도 합니다. 우울하거나 화가 났을 때 과식을 하는 경우가 많이 있습니다. 간혹 음식을 심심풀이로 먹기도 합니다. 그래서 지루한 시간이나 휴식 시간에 음식을 많이 먹게 됩니다. 또한 특별한 이유 없이 습관처럼 음식을 먹기도 합니다. 최면이 이런 다양한 감정적 욕구emotional needs를 충족시킬 수 있습니다. 최면상태에서 자연스럽게 드러나는 이완상태가 음식을 통한 이완을 대신할 수 있습니다. 최면상태에서 부정적인 감정을 조절하도록 하여 굳이 음식으로 화풀이를 하지 않게 합니다. 그리고 최면상태에서 새로운 장면을 경험하도록 하여 지루함을 없애고 후최면암시를 통해 정원을 가꾼다든지, 가구를 만든다든지 하는 방식으로 활동을 늘리도록 하여 쉬는 시간에 음식을 먹는 것을 줄일 수 있겠습니다. 또한 음식 섭취가 단순한 습관인 경우에 최면감수성이 높은 환자라면 직접적인 암시로도 도움을 줄 수 있습니다.

☑ 환경에서의 우연적 요인 조절

자기 관찰을 통해 적응적인 행동과 비적응적인 행동을 분석하여 우연적 요인 조절contingency management을 통해 적응적인 행동은 늘리고 비적응적인 행동은 줄이는 것이 필요합니다. 그러기 위해 비적응적인 행동을 하게 되는 사건들을 조절하여 자신의 문제행동을 조절합니다. 예를 들면, 사람들과 함께 있으면서 자신도 모르게 과식을 하게 되는 경우입니다. 최면상태에서 텔레비전 화면에 과식하는 자신의 모습을 보도록 합니다. 이번에는 채널을 바꾸어 같은 상황에서 자신이 음식의 유혹을 이겨 내고 성공적으로 음식을 조절하는 장면을 보도록 합니다. 그리고 후최면암시를 통해 현실 상황에서도 이런 성공적인 대처전략을 사용할 수 있게 될 것이라고 말합니다.

☑ 자기 조절

행동 변화를 위하여 스스로 현실적인 계획을 세워 자기 조절self-regulation을 실행함으로써 목표를 달성하도록 합니다. 비만 환자의 최면치료의 목표는 단순히 체중을 줄이는 것이 아니라 건강한 식습관을 가지도록 하는 것입니다. 음식을 먹는 상황이나 음식의 질, 양, 빈도 등을 관찰하여 스스로 건강에 좋은 음식을 규칙적으로 적게 먹도록 자신의 행동을 조절합니다. 이를 위해 식사시간을 정하고, 건강한 식단을 짜고, 필요한 음식물만을 구매하여 정량만 먹는 자기 관리를 합니다. 그래서 최면상태에서 "건강한 음식을 적정량만 먹어도 포만감을 느끼게 될 것이고, 그러면 배고픔이 사라져서 식욕이 줄어들게 될 것입니다."이라고 암시를 할 수 있습니다. 그리고 후최면암시를 통해 매주 당신이 먹는 음식의 양이 조금씩 줄어들게 된다고 말합니다. 에너지 소비가 에너지 섭취보다 많아지면 자연스럽게 체중은 줄게 됩니다. 체중이 줄게 되면 치료자는 환자의 식습관의 변화를 위한 노력에 대해 스스로 칭찬과 보상을 하도록 권유합니다. 그리고 최면상태에서 정해진 시간까지 현실적인 체중 감량의 목표를 달성한 자신의 모습을 영상화하도록 하여 동기를 증진시켜 지속적으로 체중조절을 할 수 있도록 합니다. 어떤 비만 환자는 음식을 너무 급하게 많은 양을 먹는 습관을 가지고 있습니다. 이런 경우, 마치 미식가처럼 음식을 먹도록 최면암시를 할 수 있습니다. 최면상태에서 음식을 조금씩 먹으면서 눈으로 음미하고 냄새를 맡고 미각을 느끼며 천천히 먹도록 암시합니다. 그리고 후최면암시를 통해 실제 생활에서도 같은 방식으로 음식을 먹게 될 것이라고 말합니다.

☑ 내적 상태의 조절

불안이나 긴장 같은 내적 상태internal state를 스스로 조절할 수 있다는 자기 효능감을 가지는 것이 중요합니다. 체계적으로 근육을 긴장시키고 이완시키는 방법을 배워 스스로 이완반응을 유도하는 방법을 터득합니다. 자기 최면을 통해 이완반응을 증진시킬 수 있습니다. 그 외에도 이완반응을 증진시키기 위해 편안한 영상이나 복식호흡을 활용할 수 있고, 명상meditation이나 생되먹임 같은 방법을 사용할 수도 있습니다. 비만 환자가 공복상태에서 느끼는 내적 상태, 즉 불안이나 긴장을 이완반응을 통해 해소합니다. 그러면 불안이나 긴장을 해소하기 위해 과식을 하는 것을 조절할 수 있습니다.

☑ 내적 감각의 구별

신체 내부에서 오는 감각의 변화나 다양한 내적 경험을 구별할 수 있는 능력을 내적 감각internal perception이라고 합니다. 그런데 때로는 내부의 감각이 병적인 것인지, 정상적인 것인지 구별하지 못하는 경우가 있습니다. 이들에게 내부의 감각을 구별할 수 있는 능력을 키워 주는 것이 필요합니다. 비만 환자의 경우에는 배고픔의 느낌과 외로움 같은 감정적인 느낌을 구별하는 인식visceral perception이 어려울 수 있습니다. 최면상태에서 영상화를 통해 혼돈되는 배고픔과 외로움의 감각들을 각각 확대함으로써 구별을 쉽게 할 수 있도록 합니다.

☑ 체계적 탈감작법

체계적 탈감작법systemic desensitization을 수행하기 위해서는 불안의 위계를 정해 최면상태에서 쉬운 상황부터 어려운 상황까지 단계적으로 상상을 통해 불안에 반대되는 이완반응을 유도합니다. 그 단계를 극복하면 실제 상황에서 그 상황에 노출시킵니다. 최면상태에서 먼저 집에서 음식을 조절하는 상상을 통한 연습을 한 다음에 실제로 집에서 음식을 조절하도록 합니다. 그 상황을 잘 극복하면 최면상태에서 뷔페 식당에서 음식을 조절하는 연습을 한 후 실제 뷔페에서의 외식에서 음식을 조절할 수 있도록 합니다.

☑ 인지치료

비적응적 행동을 하면 적응적인 행동 변화를 방해하는 부정적인 태도, 비합리적인 신념, 인지왜곡, 부족한 변화에 대한 기대 등을 확인하여 이를 보다 긍정적으로 변화시키는 인지치료cognitive therapy를 합니다. 비만 환자의 경우, 자신감이 저하되어 있는 경우가 간혹 있습니다. 이런 경우, 최면상태에서 자아강화기법을 통해 자신감을 강화하는 것이 필요합니다. 자신을 비만이라고 생각하는 사람은 자신은 뚱뚱한 사람이고 음식을 조절할 수 없다고 잘못 생각하고 있을 수 있습니다. 최면상태에서 과거의 날씬했던 모습을 떠올리게 함으로써 자신을 늘 뚱뚱한 사람으로 왜곡하는 부정적인 자신의 이미지를 바꿀 수도 있습니다. 그리고 식욕을 조절하지 못할 것이라는 잘못된 믿음을 변화시키기 위해 최면상태에서 친구와의 관계나 회사 동료들과의 관계 같은 대인관계나 다른 일들에서 자신의 욕구를 성공적으로 조절하는 장면들을 경험하게 합니다. 이렇게 다른 여러 분야에서 이미 잘 조절하고 있는 자신을 확인하도록 하여 식욕도 조절할 수 있다는 사고의 변화를 가져오게 합니다.

☑ 재발방지

성공적으로 체중조절을 한 사람이라도 시간이 지나면서 요요 현상을 겪기도 하여 다시 원래의 체중이 되기도 합니다. 이는 체중조절을 하면 에너지 소비도 거기에 맞추게 되고, 신진대사도 감소하게 되어 체중이 원래의 상태로 돌아가게 되는 것입니다. 그래서 조절된 체중을 유지하기 위해서는 꾸준히 운동을 해야 하는 것입니다. 운동은 체중조절을 하면서 저하된 기초 대사율을 증가시키기 때문입니다. 또한 운동은 근육량을 유지해 주고 식욕을 줄여 주는 역할도 합니다. 운동이 조절된 체중을 유지하는 데 중요하지만 꾸준히 운동하는 것이 쉽지 않기 때문에 체중이 다시 증가하게 됩니다. 이러한 경우에 최면치료가 운동을 계속 유지하는 데 도움을 줄 수 있습니다. 최면상태에서 걷고, 계단을 오르고, 집에서 체조를 하거나 헬스클럽에 가서 운동하는 장면을 영상화하고 후최면암시를 통해 실제 일상생활에서도 운동을 하도록 하면 재발방지relapse prevention에 도움이 될 수 있습니다. 과도한 음식 제한은 오히려 폭식으로 이어질 수 있습니다. 이런 폭식이 배고픔 때문인지 공허함 때문인지, 아니면 감정적인 결핍이나 에너지의 결핍 때문인지는 명확하게 알 수는 없습니다. 하지만 최면을 통해 이런 폭식에 대한 충동을 조절할 수 있습니다. 최면상태에서 음식에 대한 충동craving을 느끼는 장면을 경험하도록 한 후 이완을 시켜 이런 충동이 사라지는 성공적인 경험을 하게 합니다. 그다음 후최면암시로 "일상생활에서 이런 충동을 느끼면 자동적으로 이완반응이 유도되고 충동이 사라지게 될 것"이라는 암시를 하는 것이 재발방지에 도움이 될 수 있습니다.

당연한 이야기이지만 적절한 열량의 규칙적인 음식 섭취가 재발을 방지하는데 중요합니다. 성공적인 체중조절을 한 이후에도 대인관계에서 갈등을 겪으면서 스트레스를 받아 부정적인 감정이 생기면 재발을 하게 되는 경향이 많이 있습니다. 결국 재발방지를 위한 최면치료의 목표는 환자가 스스로 조절할 수 있다는 자기 효능감을 가지도록 하고, 재발의 위험성이 있을 때 성공적인 대처방법을 사용하도록 하고, 체중조절의 성공으로 얻은 긍정적인 경험을 느낄 수 있도록 하는 것입니다. 환자마다 재발의 위험성을 가진 상황들은 모두 다릅니다. 최면상태에서 어떤 경우에 이전처럼 폭식을 할 가능성이 있는지 환자에게 장면을 떠올려 보도록 합니다. 그리고 그 상황에서 대처하는 방법을 최면상태에서 스스로 발견하도록 하고, 그와 같은 대처방법을 연습하도록 합니다. 그리고 체중조절에 성공했을 때의 장면을 떠올리고 그 느낌을 확대해서 경험하도록 합니다. 또한 후최면암시를 통해 재발의 위험 상황이 닥치면 자동으로 대처방법을 사용하도록 암시합니다. 일상생활에서 위기 상황에 처했을 때 자기 최면을 하면서 대처하는 것도 많은 도움이 됩니다. 중요한 것은 한 번 폭식을 했다고 해도 그것을 실수로 받아들이고 실패로 여기지 않도록 하는 것입니다.

최면분석치료

최면분석치료를 이야기하기 전에 간단하게 최면분석치료의 이론적 배경이 되는 정신분석 이론에 대해 이야기하는 것이 필요할 것으로 생각됩니다.

1890년대 말 프로이트가 안나Anna O라는 히스테리아 증례를 통해 무의식을 발견하고 성욕이론libido theory을 주장하면서 전통적 정신분석classical psychoanalysis이 탄생하게 되었습니다. 도덕적으로 엄격하고 여성과 어린아이의 성을 부정하던 당시 사회로서는 혁명적인 발상이었습니다. 초기에 그는 성을 모든 인간이 가지는 본능으로 보았고, 모든 에너지energy의 근원으로 생각했습니다. 성욕이론은 인간의 모든 에너지는 본능id으로부터 나오고, 이러한 욕구drive는 쾌락을 추구하고 고통을 회피하려 한다는 것입니다. 인간의 기본적인 본능은 사랑과 미움으로 대표되는 리비도libido, 즉 성적인 욕구sexual erotic drive와 공격성aggression입니다. 이런 본능은 초자아superego와 사회적 금기taboo와 갈등을 일으키게 됩니다. 이런 갈등은 불안과 괴로움을 야기하므로 의식에 떠오르지 못하게 하고, 무의식에 가두어 놓으려는 억압을 하게 된다는 것입니다. 이러한 지형학적 모델topographical model을 통해 그는 인격을 무의식, 의식, 전의식으로 구성되어 있다고 설명하였고, 결국 치료는 무의식을 의식화하는 것이라고 하였습니다Brown & Fromm, 1986.

1917년에서 1923년에 걸쳐 프로이트는 성격의 구조적인 모델structural model of

personality을 발표하였습니다. 인간의 성격이 본능id, 자아ego, 초자아superego로 구성되어 있다고 주장하면서 자아심리학ego psychology이 나오게 되었습니다. 그래서 치료자는 단순히 무의식을 의식화하는 것뿐만 아니라 본능과 초자아 사이에서 현실에 적응하고 대처하고 극복하고 변화하는 자아 역할에 대해 관심을 가지게 되었습니다.

정신분석 이론을 간단히 요약하면, 갈등을 통해 생겨난 불안을 피하기 위하여 불안을 억압해 보지만 해결되지 않으면 무의식에서 불편을 피하기 위해 방어기제를 형성한다는 것입니다. 이런 과정에서 자아와 본능, 그리고 초자아 등의 마음의 구성요소 간에 적당한 타협을 하게 되고, 증상이 만들어집니다. 따라서 증상의 무의식적인 내용들을 의식화함으로써 치료를 하는 것이 정신분석치료입니다.

최면상태를 정신분석 관점에서는 전이관계 상황에서 일어나는 적응을 위한 퇴행adaptive regression; Hartmann, 1997으로 설명할 수 있습니다. 퇴행상태에서는 자아의 기능이 완화되어 방어기제에 대한 조절이 약화되고, 억압된 감정이나 기억 그리고 경험에 보다 쉽게 접근할 수 있게 되고, 지각이나 인지기능의 변화가 용이하게 됩니다. 하지만 최면상태에서는 일부분은 퇴행하지만 전반적으로는 자아의 조절 아래에 있기 때문에 적응적인 퇴행이라고 말하게 됩니다. 전체 자아는 여전히 치료자와 현실적인 관계를 유지하면서 일시적으로 자아의 한 부분이 퇴행하는 것입니다. 즉, 전체 자아는 자아의 일부분의 조절은 허용하면서 그 조절의 정도를 결정하는 기능은 유지하게 됩니다Gruenewald, 1982.

어떤 사람이 감기에 걸려 마치 어린아이처럼 다른 사람의 보살핌을 받으면서 침대에 웅크리고 누워서 몇 시간이고 텔레비전을 보고 있을 수 있습니다.

그 사람은 이런 방식으로 일시적으로 퇴행을 하지만 시간이 지나면 금방 회복하고 다시 독립적인 생활을 할 수 있게 될 것입니다. 이러한 일시적 퇴행 양상은 건강한 것이고 병적인 것이 아닙니다. 정신분석 관점에서 보면, 퇴행은 누구에게나 일어날 수 있어 적응적 퇴행으로서의 최면상태는 모든 사람에게 나타날 수 있습니다 이정식, 2010b .

최면분석치료를 강화하는 최면상태의 요인

최면상태에서 일어나는 여러 가지 현상이 정신치료과정에서 환자에게 어떻게 긍정적인 영향을 미치는지 알아보기로 하겠습니다. 그래서 최면상태에서 야기되는 자아기능, 주의집중, 현실 판단력, 감정, 관계 등에서의 변화가 최면분석치료 과정에서 어떻게 긍정적으로 작용하는지 알아보겠습니다.

첫 번째, 최면상태에서 자아의 기능은 두 개의 수준으로 나뉘게 됩니다. 하나는 치료자의 암시나 자기 자신의 암시에 반응하는 참여하는 자아 participating ego 이고, 다른 하나는 참여하는 자아의 반응하는 정도를 지켜보는 관찰하는 자아 observing ego 입니다. 최면상태에서 환자는 허용적인 분위기에서 자기 self 문제의 일부분을 잘 조절하는 어른 역할을 하는 치료자에게 맡김으로써 편안함을 느낄 수 있습니다. 말하자면, 최면상태는 자신의 힘과 책임을 넘겨 버리기를 원하는 사람들에게서 보편적으로 존재하는 어린아이의 속성을 만족시키게 됩니다 Gill & Brenman, 1997 . 이러한 해리현상은 최면상태의 기본적인 속성입니다. 환자가 일시적으로 해리를 경험하도록 촉진해 무의식의 내용을 드러내게 할 수 있기 때문에 해리현상은 최면분석치료에서 중요한 역할을 하게 됩니다.

두 번째, 최면상태에서 주의 attention 의 변화는 평상시와는 다르게 보다 주의가 집중focused attention 되거나, 보다 자유롭게 주의를 기울이는free-floating attention 두 가지 방향으로 일어납니다Fromm et al., 1981. 최면이 유도되어 이완이 되면 주변에 대한 인식이 줄어들고 주의가 한곳에 집중된 상태가 됩니다. 즉, 환자의 외부에 대한 인식은 줄어들어 주의가 그 자신과 치료자와의 관계에 집중되어 단지 제한된 범위 안에서 세상을 경험하게 됩니다. 주의 범위가 제한되면 환자는 최면분석치료를 위한 내적 과정에 모든 주의를 경주할 수 있습니다Spiegel & Spiegel, 2008. 반대로 최면상태에서 자유롭게 주의를 기울이는 방향으로의 변화가 나타날 수 있는데, 이는 최면분석치료에서 자유연상을 용이하게 합니다.

세 번째, 최면상태에서는 현실지남력reality orientation 이 저하됩니다Shor, 1959. 비평적 판단이 줄어들고 현실적인 요구나 적극적이고 목표지향적인 사고가 최소화되면서 자아 수용성ego receptivity 이 높아집니다. 이런 수용적인 태도는 환자가 무의식적 · 전의식적 자료를 드러낼 수 있게 하여 의식의 자유로운 흐름을 경험할 수 있게 합니다. 최면분석치료에서는 치료자의 암시뿐만 아니라 환자 자신의 내적 사고의 흐름에도 수용적으로 됩니다.

네 번째, 영상은 최면감수성이 높은 환자에게서 확실히 생생하게 나타나고 최면상태에서 더욱 분명하게 경험됩니다Coe et al., 1980. 시각화visualization 를 하게 되면 감정적이거나 상징적이거나 일차과정 사고적인 내용들에 대한 인식이 증가됩니다Reyher & Smeltzer, 1968. 게다가 시각 외에 또 다른 감각까지 포함된 영상은 정신역동적인 탐구를 보다 쉽게 합니다. 그래서 최면상태에서의 시각 및 다른 감각들의 변화는 최면분석치료에 도움을 주게 됩니다.

다섯 번째, 감정 반응은 최면상태에서 저절로 나타날 수도 있고 최면암시를 통해 쉽게 불러일으킬 수도 있습니다Blum, 1979. 감정은 정화catharsis 뿐만 아니라 감정과 관련된 기억과 갈등의 발현 때문에 정신치료에서 중요합니다. 최면암시로 유도된 감정과 관련된 어린 시절의 기억은 다른 기억들보다 더욱 분명하게 회상됩니다 Bower, 1981. 최면을 이용하여 감정을 조작하고 감정 반응을 증진시킬 수 있는 치료자는 정신역동학적으로 중요한 초기 기억에 좀 더 쉽게 접근할 수 있습니다. 최면상태에서 나타나는 감정 반응의 강화는 최면분석치료에 많은 도움이 될 수 있습니다.

여섯 번째, 최면상태를 자아의 적응적인 퇴행으로 말할 수 있는데 이 과정을 자아를 위한 퇴행 regression in the service of ego 으로 설명할 수 있습니다 Kris, 1997. 성인의 경우 놀이와 예술창조 같은 행위를 통해 자아를 위한 퇴행을 하게 되는데, 이러한 일시적인 퇴행은 그 사람을 휴식을 통하여 원래의 모습으로 복원시키기 때문에 퇴행은 치료적인 의미를 갖게 됩니다. 최면에서 보이는 퇴행은 실제로 어린아이 같은 행동을 보이는 것이 아니어서 성숙한 이차과정 사고보다는 미성숙한 일차과정 사고와 관계됩니다 Nash, 1987. 일차과정 사고는 유연하고 유동적이며 미분화된 언어 이전의 영상 pre-verbal imagery 이 주된 형식입니다. 일차과정 사고는 논리적인 사고나 비판적 · 분석적 능력을 감소시켜 자유로운 영상화나 꿈, 환상 등을 가능하게 해 줍니다. 최면분석치료에서는 이러한 일차과정 사고의 현상들을 유용하게 사용할 수 있습니다.

일곱 번째, 최면상태에서의 치료자와 환자의 관계는 일반적인 정신분석에서의 전이와 달리 보다 융합적이거나 고태적 요소 fusional or archaic element 를 가집니다 Chertok, 1982. 이러한 고태적 관계 archaic involvement 는 강력한 치료적 동맹을 만들고, 어떤 특정 상황에서 저항을 중화하고 원시적 환상을 가진 퇴행이나 유아적 전이를 가능하게 함으로써 치료를 용이하게 합니다.

즉, 최면상태에서는 일차과정 사고가 활성화되고 내적 갈등 영역과 신경증적 방어기제에서 드러나는 정신표상들 mental representations 에 대한 자아의 수용성이 증가합니다. 그리고 최면상태에서는 무의식의 기억과 관련된 감정 상태를 더 잘 인식하게 하여 이러한 무의식적 자료들의 정신역동적인 과정이 드러나는 것이 증진됩니다. 또한, 최면상태에서는 통찰력과 갈등 해결을 위한 새로운 기회를 제공하는 인지와 감각의 변화를 만들 수 있습니다Frankel, 1997. 그래서 최면상태에서는 정신치료가 보다 빨리 그리고 효과적으로 이루어질 수 있습니다.

▌최면분석치료

최면상태에서 정신분석 이론을 토대로 여러 가지 최면투사기법hypnoprojective technique을 사용하여 치료하는 것을 최면분석치료라고 합니다. 최면분석치료는 일반적으로 증상을 완화하는 증상 해소를 위해 최면치료를 시행하였을 때 무의식적인 갈등 때문에 치료에 큰 호전이 없는 경우에 무의식적 갈등을 해결하기 위해 시행하게 됩니다.

최면분석치료는 전통적인 정신분석에 비해 여러 가지 장점을 가집니다. 첫째, 최면상태에서 감정과 기억이 분리되는 해리현상이 일어나서 과거의 충격적인 사건을 보다 쉽게 떠올릴 수 있습니다. 그리고 영상화를 통해 그 당시의 상황이 생생하게 재현되고 현실적인 비판이 유보되어 전통적인 정신분석에 비해 쉽게 무의식에 접근하는 것이 가능합니다. 또한 최면상태에서 원형적인 환자-치료자 관계를 가지게 되어 전이transference가 쉽게 조장됩니다. 둘째, 최면상태에서 드러난 무의식적 자료들을 각성상태에서 훈습working through할 수 있어 분명한 통찰력insight을 가지게 할 수 있습니다. 셋째, 일반적으로 최면분석치료에서는 전통적인 정신분석에 비해 치료시간을 줄일 수 있습니다.

최면상태에서는 정신치료를 강화하는 여러 가지 요인이 있기 때문에 최면분석치료가 환자에게 많은 도움을 줄 수 있습니다. 실제로 최면분석치료는 히스테리아, 불안증, 공포증, 강박증 등의 전통적인 신경증 환자의 치료에 유용합니다. 최근에는 최면분석치료가 좀 더 증상이 심한 환자에서도 광범위하게 사용되고 있다고 보고하고 있습니다. 특히, 경계선 인격장애나 자기애성 인격장애, 외상 후 스트레스 증후군, 그리고 다중인격 장애 등에서 최면분석치료가 적용되고 있습니다.

최면분석치료 과정

최면분석치료 과정도 정신분석과 마찬가지로 무의식의 갈등이나 기억을 드러내어 훈습의 과정을 통해 통합integration하여 환자가 성장growth할 수 있도록 합니다.

먼저 무의식의 내용에 접근하는 방법들에 대해서 이야기하겠습니다.

무의식의 내용에 접근하는 방법은 최면상태에서 자유연상을 하도록 하고, 꿈을 꾸고 이야기하도록 하며, 방어기제나 치료에 대한 저항을 해석하고, 과거에 자신에게 중요한 인물에 대한 느낌이 치료과정 중에 재현되는 전이를 분석하는 것입니다.

자유연상free association은 최면상태에서 떠오르는 심상들을 자유롭게 이야기하도록 시킵니다. 무의식의 심상들은 최면유도 과정에서 자연스럽게 나올 수 있습니다. 또는 최면상태에서 변화무쌍한 구름의 모양을 보도록 암시를 하고 보이는 것을 이야기하도록 하면서 그 심상으로부터 자유연상을 시킬 수도 있습니다.

또한 최면상태에서 갈등과 관련된 꿈을 꾸도록 암시를 하고 최면상태에서 바로 보고하도록 하거나 각성상태에서 보고하도록 하여 치료자가 꿈을 다룰 수도 있습니다. 그리고 "자신의 문제를 좀 더 잘 해결할 수 있는 꿈을 다시 꿀 것입니다re-dreaming."라고 암시를 할 수도 있고, "시간이 지나면 꿈이 상징하는 의미를 알게 될 것입니다."라고 암시함으로써 스스로 문제를 해결하는 방법을 모색하도록 하고, 꿈의 무의식적 의미를 깨달을 수 있도록 허용할 수도 있습니다.

때로는 평상시에 최면에 잘 유도되던 환자가 최면에 유도되지 않기도 하고 최면에 유도되고도 심상을 떠올리지 않을 수가 있는데, 이런 경우에는 저항을 해석할 필요가 있습니다. 극장에서 자신에 관련된 연극이 펼쳐지는 것을 보도록 암시하였는데, 막이 올라가지 않아서 보이는 것이 없다고 보고하는 경우가 저항의 한 예일 수 있습니다.

또한 기억상실 같은 증상 자체가 하나의 방어기제일 수 있는데, 최면상태에서 원하지 않는 기억을 억지로 떠올리도록 하면 환자가 힘들어 할 수가 있습니다. 그러므로 너무 빨리 무의식을 파헤치려 하지 말고 환자가 준비가 될 때까지 방어기제에 대한 해석을 기다릴 필요가 있겠습니다.

최면분석치료에서도 전이와 역전이 현상이 일어나고, 이것은 임상에서 아주 다양한 양상으로 나타나기 때문에 이를 잘 파악해서 해석하는 것은 중요합니다.

최면상태에서 잠을 자거나 최면상태에서 깨어나지 않으려는 유아적 의존 전이infantile dependency transference, 치료자에게 유혹적인 행동을 하는 오이디푸스 전이Oedipal transference, 그리고 치료자에게 경쟁적이어서 최면감수성이 있지만 최면에 유도가 되지 않는 형제 전이sibling transference 같은 신경증적인 전이

neurotic transference를 보이는 경우가 있습니다. 또한 자기애성 성격장애 환자에게서는 어린 시절에 받지 못했던 위로와 인정을 치료자에게서 받으려 하는 자기-대상 전이self-object transference, 그리고 경계선 성격장애 환자에게서 보이는 경계성적 전이borderline transference와 다가가고 싶지만 자신이 소멸될까 봐 두려워 다가갈 수 없는 욕구와 두려움 사이에서의 갈등need fear dilemma 같은 정신병적 전이psychotic transference도 있을 수 있습니다.

환자의 전이뿐만 아니라 치료자의 경우에도 역전이 문제를 잘 다루어야 합니다.

부모가 전지전능하다는 어린 시절의 믿음이 환자에게 투사되어 환자가 자신의 속마음을 알고 있다고 느끼는 생식전기 부모 역전이pregenital parent counter-transference가 생길 수 있습니다. 오이디푸스 성적 역전이Oedipal sexual counter-transference가 있는 경우 부모로부터 버림 받았다는 느낌이나 배신감 때문에 부모 대신 환자를 유혹하려는 경향이 있을 수 있습니다. 또한, 모든 환자를 치료할 수 있다고 생각하는 경우나 반대로 자신의 능력을 계속 의심하는 경우도 마찬가지입니다. 어린 시절 자신이 어른인 것처럼 가장하는 느낌이 남아 성인이 되어 충분한 치료능력을 갖추었으면서도 마치 위장된 것 같아 자신의 능력을 의심하기도 하고, 또 반대로 자신의 능력을 과장하는 경향을 가질 수가 있습니다. 그리고 형제 역전이sibling counter-transference가 나타날 수 있습니다. 과거 형제나 친구와의 경쟁심 때문에 그들 대신 환자를 이기려고 드는 경우입니다. 그래서 최면치료 중 불필요하게 환자의 비밀을 알려고 하고, 환자를 조종하고 싶어서 환자를 깊은 최면에 빠뜨리려고 하고, 힘을 가지고 싶다는 욕구에서 단번에 증상을 없애려고 할 수도 있습니다Brown & Fromm, 1986: 215-217. 이러한 역전이는 정도의 차이는 있지만 누구나 겪는 문제로 항상 자신의 감정을 돌아보고 검토하여 해결해 나가야 합니다.

최면분석치료를 하던 중에 치료자가 최면작업을 피하고 피상적인 문제에 매달려 시간만 보내고 있거나 약속 시간을 잊어버리고 약속 시간에 늦는 행동을 하는 경우가 있습니다. 이처럼 만약 치료자가 역전이 감정을 행동으로 옮길 수도 있다는 것을 인식한다면 동료나 선배에게 자문을 구하는 것이 바람직합니다. 만약 환자와의 관계가 충분히 복원될 수 있을 정도로 좋다면 직접적인 논의가 도움이 될 것입니다.

이번에는 최면분석치료에서의 해석interpretation에 대해 알아보겠습니다.

최면분석치료에서도 해석을 하는 내용과 방식, 그리고 시기는 매우 중요합니다. 일반적으로 최면치료 과정에서 나온 말을 그대로 각성상태에서 언급verbatim account하는 것은 바람직하지 않습니다. 환자가 준비되어 있지 않은 상태에서는 의식적인 자아는 내용의 타당성을 거부하고 저항으로 반응할 수도 있습니다. 환자가 치료자에 순응하려고 하는 경우에는 지적으로는 받아들일 수 있지만 감정적으로는 받아들이지 못할 수 있습니다. 최면상태에서나 각성상태에서나 해석은 환자가 문제를 인식하고 있는 정도에 따라 맞춰서 하게 됩니다. 환자가 어렴풋이 아는 경우에는 해석이 도움이 될 수 있습니다. 하지만 환자가 인식하지 못하는 경우의 해석은 소용이 없는 정도가 아니라 오히려 해가 될 수 있습니다. 그래서 최면과정에서 나온 무의식의 내용을 해석할 때에는 조심해야만 합니다.

어떤 환자에게서는 최면상태에서의 무의식적 욕구가 드러나는 것 자체가 여러 의식적 저항을 무력화해서 자신의 정신역동들을 잘 인식할 수 있게 합니다. 최면상태에서는 각성상태에서보다 자신의 꿈에 대해 더 잘 이해하게 되고 자신의 행동패턴에 대해 보다 잘 인식하게 됩니다. 이런 경우에는 최면상태에서 해석의 과정에 환자를 적극적으로 참여시켜 환자가 그것들을 사실로 느끼는지 확인하고, 그 경우에는 각성상태에서도 받아들이도록 할 수 있습니다.

최면분석치료에서 해석을 할 때 현재의 행동을 과거의 반복되는 행동양상으로 해석하지 않는 것은 중요합니다. 모든 행동이 정신역동적 요소가 있겠지만 현재의 행동을 통해 환자가 추구하는 욕구는 오늘의 현재 상황을 만족시키려는 것이기 때문입니다. 해석하려고 하는 것은 전반적인 정신역동이 아니라 오늘 환자의 행동에 있는 무의식적 의도입니다.

또한 최면분석치료에서 나온 상징들을 잘 다루는 것이 필요합니다. 예를 들면, 성기의 상징이 최면상태에서 드러나게 될 때 상징 그 자체를 받아들이도록 하기보다는 그 상징에 나타난 환자의 욕구로 재해석하고 이해시키는 것이 필요합니다.

마지막으로, 훈습과 통합working through and integration에 대해 알아보기로 하겠습니다.

환자의 무의식의 내용을 드러내고 무의식의 갈등을 해석하는 것만으로는 충분하지 않습니다. 환자가 내적 갈등의 한 부분을 드러내었다면 이 갈등을 해결하는 것이 치료자의 임무입니다. 치료자는 환자가 내적 투쟁이 일어나고 있는 것을 볼 수 있도록 하고, 환자가 자신의 자아를 잘 통합하고 자신의 성격을 바람직한 방향으로 재조직화하도록 도와야 합니다. 즉, 환자를 성숙시키고 성장시키는 것이 최면분석치료의 목표입니다.

통합 그리고 성장과 성숙을 이루기 위해서 우선 영상imagery과 환상fantasy을 이용할 수 있습니다. 하트만Hartmann, 1984은 환상에는 상징적인 환상이나 영상symbolic fantasy or imagery과 현실 검증 환상reality-testing fantasy의 두 가지 형태가 있는데, 최면분석치료에서는 이 두 가지 환상을 모두 이용할 수 있다고 했습니다. 상징적인 환상이나 영상에서는 환자가 병을 극복하고 건강해지는 과정을 건너야만 하는 넓고 물살이 거친 강으로 상징화하거나 올라가서 정복해야만 하는 산으로 상징화하여 건너고 오르는 힘든 과정들을 최면상태에서 경험하게 합니다. 현실 검증 환상은 환자가 이전에는 사용하지 못했던 실질적인 대처 방식을 치료자가 이끌어 내도록 할 수 있습니다. 환상은 일차적으로는 현실로부터 일시적으로 후퇴하지만 환자가 지켜보고 생각하고 숙달할 수 있게 하고, 다시 현실로 되돌아가는 과정을 통해 환자가 성장하고 성숙하는 데 도움을 주게 됩니다. 이것은 일종의 자아를 위한 퇴행이고, 적응적인 퇴행이라고 할 수 있습니다. 결국 환자는 환상에서의 성공적인 경험을 실제 상황의 성공경험으로 전환시킵니다. 현실 검증 환상의 한 예로, 아버지 상에 대한 두려움이 있어 면접시험관을 어려워하는 환자가 입사면접을 앞둔 상황을 들 수 있습니다. 환자는 최면상태에서 단계별로 면접시험을 보는 장면을 환상을 통해 경험하도록 합니다. 치료자는 이렇게 여러 번 연습을 하게 하여 환자가 현실에서 같은 상황에 숙달될 수 있도록 돕게 됩니다.

그리고 자아 이상 기법 ego ideal technique을 통해서도 환자의 성장과 성숙이라는 치료적 목표를 달성할 수 있습니다. 정신분석적 자아 심리학에서는 초자아 superego와 자아 이상 ego ideal을 구분하였습니다. 초자아는 범위를 정하고, 자아 이상은 목표를 정하게 됩니다. 자아 이상은 자신이 되고자 희망하고 노력해 나가는 자아상을 말합니다. 만약 그 사람이 자신의 열망의 수준에 미치지 못하면 완벽하지 못하거나 능력을 갖추지 못하고 있다고 판단하여 부끄러움을 느끼고 자신이 성장하지 못했다고 생각합니다. 최면분석치료에서는 환자가 자신이 두려워하는 문제에 대처하는 것을 배우기 위해 자아 이상을 최면상태에 가지고 와서 마치 그것이 실제의 인격체인 것처럼 경험하게 하는 방법을 사용할 수 있습니다. 이러한 기법을 통해 자신이 두려움이나 갈등을 극복하게 되는 긍정적인 경험을 하도록 합니다. 예를 들면, 아버지 상에 대해 두려움을 겪고 있는 환자가 실제로는 아버지와 화해하지 않았지만 이제는 나이가 들어 자신에게 의지하는 아버지를 최면상태에서 경험하도록 하여 마음속으로 화해를 하도록 합니다. 그리고 최면상태에서 더 이상 아버지나 직장 상사 같은 아버지 상에 대해 두려워하지 않고 가정생활이나 직장생활을 잘 수행하는 자아 이상을 반복해서 경험하도록 합니다. 그래서 결국 아버지 상에 대한 두려움을 극복하여 일상생활에서도 자신의 역할을 잘해 나가는 자아 이상을 수행할 수 있도록 합니다.

그 외에도 최면상태에서 환자가 어떤 문제를 해결해야만 하는 문제로 느끼기보다는 재미있는 도전으로 생각하도록 암시할 수 있습니다. 즉, 인터넷 게임이나 운동같이 흥분시키는 인생의 청량제나 양념으로 생각하게 합니다. 최면상태에서 도전하여 성공경험을 함으로써 일상생활에서도 회피하지 않고 도전할 수 있게 합니다.

▌최면분석치료 기법

최면분석치료를 위해서 최면상태의 중요한 특성인 해리현상과 자아상태 ego state 를 이용하는 기법이 있습니다.

최면상태에서 자신이 하는 모습을 보도록 암시하면 경험하는 자아 experiencing ego 와 관찰하는 자아 observing ego 로 해리가 일어나는 것을 경험할 수 있습니다. 즉, 공연무대에서 연극을 하고 있는 자신을 보도록 하면 무대에서 연기를 하고 있는 자신이 경험되면서 동시에 그 모습을 치료자에게 보고하는 관찰하는 자아로 해리되는 현상이 나타나게 됩니다. 이런 기법을 통해 자신을 보다 객관적으로 보게 할 수 있습니다. 사실, 임상에서 보면 환자 자신이 자신의 문제를 잘 알고 있고 그 해결방법도 자신이 이미 알고 있는데, 이를 잘 인식하지 못하는 경우가 많이 있습니다. 이럴 때 "자신이 알지 못하는 본인 자신의 일부분인 마음속에 감춰져 있는 관찰자hidden observer가 자신의 문제를 해결할 방법을 당신에게 알려 줄 것입니다."라고 암시를 하면 최면상태에서 자아의 한 부분이 현명한 해결방법을 제시하는 것을 경험할 수 있습니다. 이런 방식으로 자신의 문제에 대한 해결책을 스스로 마련하도록 하는 것입니다. 이러한 해리현상을 이용한 방법은 다른 사람인 치료자가 충고를 하고 제시를 하는 것보다 자기 스스로 하는 것이어서 불필요한 저항이 감소하여 훨씬 효율적으로 변화를 할 수 있습니다. 또한 특별한 자아상태를 불러오는 방법을 통해 해리현상을 경험할 수 있습니다. '내 속에 내가 너무도 많아'라는 노래 가사가 있듯이, 사람은 여러 개의 자아상태를 가지고 있다고 가정합니다. 최면상태에서 현재의 문제에 책임을 가지고 있는 자아상태를 불러내어 책임이 있으니 해결책도 내도록 암시할 수 있습니다. 이런 자아상태 치료ego state therapy는 농담으로 '내 손이 잘못이지 나 자신은 잘못이 없다'고 말하는 것처럼 문제행동에 따른 책임을 그 사람의 일부 자아 상태로 국한하기 때문에 전체 자아는 보호를 받을 수 있다는 장점이 있습니다.

그리고 환자의 움직임을 이용한 기법이 있을 수 있습니다.

관념운동 수신호법ideomotor finger signaling은 최면상태에서 환자에게 생각이나 명상이 떠오르면 손가락의 움직임으로 나타나게 암시하는 기법입니다. "자신과 관련된 장면이 떠오르면 왼손 엄지손가락이 저절로 올라갈 것입니다."라고 암시를 주고 약간의 시간을 두고 기다리면 환자가 손가락을 올리는 것을 볼 수 있습니다. 그런데 이런 경우 손가락의 움직임은 각성상태에서의 움직임과는 달리 천천히 끊어지면서 올라가는 것을 볼 수 있습니다. 그래서 일부러 움직이는 것과 구별이 됩니다. 실제로 의식상태에서 손가락을 한 번 올려 보도록 하고 최면상태에서도 한 번 올려 보는 경험을 하게 하여 비교하는 것이 도움이 될 수 있습니다.

또한 자동 쓰기 automatic writing, 자동 그리기 automatic drawing 등의 기법에서는 최면상태에서 단어나 글을 쓰고 그림을 그리도록 암시합니다. 환자는 자신이 쓴 글씨나 그림에 대해 그 내용을 모를 수 있습니다. 그래서 글씨나 그림을 가지고 환자에게 자유연상을 시켜 볼 수도 있고, 그 과정에서 무의식적 욕구를 드러낼 수 있습니다.

또한 환자의 감정을 가지고 작업을 할 수 있습니다.

최면상태에서 환자의 미묘한 감정 경험과 표현을 증폭하는 기법이 필요한 경우가 있습니다. 최면상태에서 환자의 감정에 접근하기 위해 감정과 관련된 상황을 떠올리도록 한 다음, 환자가 모호하게 느끼는 감정을 극대화할 수 있습니다. "숫자를 세면 감정을 더 크게 느낄 수 있습니다."라고 암시하는 숫자 세기나 감정의 증폭기 amplifier를 상상하도록 한 다음, 그 증폭기를 조작하도록 하여 감정을 강화할 수 있습니다. 또한 최면상태에서 느끼는 감정이 과도한 경우 환자가 견디기 힘들므로 견딜 수 있게 조절하여 감정에 대한 내성 affect tolerance을 가질 수 있도록 하는 방법들이 있습니다. 예를 들면, 주먹 만들기 기법 clenched fist technique은 주먹을 꽉 쥐도록 한 후 분노의 감정들을 그 주먹 안에 응축시켰다가 손을 펴고 긴장을 이완시키면서 분노의 감정을 방출하면서 감정을 조절하는 방법입니다. 환상이나 영상을 이용하여 감정을 조절할 수도 있는데, 예를 들면 평화로운 장면 peaceful scene이나 안전한 장소 safe place를 상상하도록 하여 불편한 감정을 조절하는 방법입니다. 이미 언급했듯이, 감정 다이얼 기법affect dial technique은 텔레비전이나 라디오 음향의 크기를 조절하는 다이얼을 상상하도록 하여 그 다이얼을 조절함으로써 감정을 조절할 수 있다고 암시를 하고, 환자에게 스스로 다이얼을 조절하도록 하여 감정을 조절하는 방법입니다.

최면상태에서는 기억이 항진되어 세세한 것들을 기억할 수 있고, 또한 필요한 경우에 망각을 하도록 할 수 있습니다. 그래서 망각amnesia과 기억항진 hypermnesia을 이용하는 기법을 사용하게 됩니다.

후최면 망각posthypnotic amnesia은 최면상태에서 견딜 수 없는 충격적 기억들, 참을 수 없는 감정들로부터 환자를 보호하기 위해 사용합니다. 부분적으로 후최면 망각partial posthypnotic amnesia 기법을 사용할 수 있는데, "최면에서 깨어나게 되면 자신이 이해할 준비가 되어 있는 것들만 차차 기억하게 될 것입니다."라고 암시를 하여 환자가 견딜 수 없는 기억들을 선택적으로 망각하도록 할 수 있습니다. 하지만 지속적인 치료를 위해서는 최면상태에서 망각된 부분들을 다시 되살릴 필요가 있고, 이를 위해 해제 신호release signal 기법을 사용하게 됩니다. 즉, "당신이 다음 치료시간에 이 최면의자에 다시 앉게 되면 이번 치료시간의 일들을 기억할 수 있게 될 것입니다."라고 암시를 함으로써 다음 치료시간에 망각된 기억들을 계속 다루어 나갈 수 있게 하여 치료의 연속성을 확보할 수 있습니다. 최면상태에서 과거의 상황을 경험하도록 하면 기억항진hypermnesia 현상이 일어나 평상시 의식상태에서는 도저히 기억되지 않는 시시콜콜한 것까지도 자동적으로 기억이 나게 되고, 평상시보다 훨씬 쉽게 기억에 접근하게 됩니다. 그래서 억압된 기억을 회상시켜 무의식의 갈등을 쉽게 파악할 수 있어 최면분석치료에 매우 도움이 됩니다. 또한 목격자에게 최면을 유도하여 사건 당시를 상세하게 기억하도록 하여 범죄수사에도 활용할 수 있습니다.

최면상태에서 꿈hypnotic dream을 꾸도록 하는 기법도 있습니다.

꿈은 무의식의 창으로, 이를 분석하는 것은 치료에서 매우 중요합니다. 이 기법은 직접적인 암시direct suggestion로 꿈을 꾸도록 유도하기 때문에 일종의 강요된 환상forced fantasy이라고도 할 수 있습니다. 최면상태에서는 꿈을 꾸고 바로 꿈의 내용을 보고할 수 있어 무의식의 접근이 전통적인 정신분석에 비해 쉽습니다. 한 남자분은 꿈을 꾸게 했더니 큰 어항 속에 있는 자신의 모습을 코가 큰 마귀할멈이 쳐다보고 있는 장면을 보고한 경우가 있었습니다. 이는 자신의 실제 모습이 치료자에게 드러나는 것에 대한 두려움이 꿈에 투사된 것입니다.

최면분석치료에서는 최면투사기법hypnoprojective technique을 사용하게 됩니다. 최면투사기법은 환자의 무의식 갈등을 영상화를 통해 드러내도록 하여 환자가 자신의 문제에 대한 통찰력insight을 갖도록 도와주는 기법입니다.

극장 기법theater technique에서는 "객석에 앉아 있으면서 무대에서 자신과 관련된 내용의 연극이 펼쳐지는 것을 볼 수 있을 것입니다."라고 암시하고 연극의 상황을 치료자에게 보고하도록 합니다. 구경을 하고 있는 자신과 무대에서 연극을 하고 있는 자신의 모습을 동시에 느끼면서 자연스럽게 해리를 유도하게 됩니다. 경계선 인격장애를 가진 한 여학생은 무대에서 외로운 고양이의 모습을 떠올리면서 연극을 진행했습니다. 이 경우 고양이에게 자신의 모습이 투사되어 있을 수 있습니다. 그래서 여학생에게 객석에서 무대로 올라가 외로운 고양이를 안아 주도록 함으로써 자신이 스스로를 위로할 수 있도록 암시하였던 경우가 있었습니다.

극장 기법과 유사하게 텔레비전 기법 television technique 을 사용할 수 있습니다. 우선 소파에 앉아서 텔레비전을 리모컨을 통해 켜도록 한 후, 먼저 자신이 평상시에 잘 보는 익숙한 장면부터 보도록 유도합니다. 다음에는 채널 channel 을 돌려 자신과 관련된 문제 장면으로 가도록 합니다. 또한 텔레비전의 음향 volume 을 조정함으로써 경험하는 감정의 강도를 조절하는 암시를 할 수도 있습니다. 한때 경호원이었던 한 분은 차사고 장면을 떠올리고 극심한 공포를 경험하였습니다. 이 기법을 사용하여 텔레비전의 음향을 조절하여 공포감이 줄어들도록 암시하였습니다. 그랬더니 다이얼을 조작하며 음향을 조절하는 행동을 하는 환자의 얼굴 표정에서 공포가 사라지는 변화를 확인할 수 있었습니다. 환자는 구조를 기다리면서 혼자라는 외로움을 절실하게 느꼈습니다. 이 외로움을 추적해 보니 어린 시절에 아버지의 인정을 못 받고 자라면서 겪었던 혼자라는 느낌으로 귀착되는 것을 알 수 있었습니다. 이 경우 최면상태에서 나타난 느낌을 통해 그분의 무의식에 있는 핵심감정을 알 수 있었습니다.

간단한 최면투사기법으로는 구름 기법 cloud technique 이 있습니다. 하늘에 구름이 떠 있는 것을 상상하도록 하고 그 구름이 바람에 흩어졌다 모였다 하면서 변화되는 것을 암시한 후 환자에게 구름의 모양을 보고 생각나는 것을 이야기해 보도록 합니다. 야심만만한 젊은 법학도는 구름의 형상에서 달리는 말의 역동적인 모습을 보고 그 장면을 치료자에게 표현하면서 자신의 속마음을 드러내기도 하였습니다.

영상 imagery 탐구를 통해 무의식을 알 수 있는 기법들이 있습니다.

자발적 영상 spontaneous imagery 은 환자가 장면을 스스로 상상하도록 하는 기법으로, 그 영상에서 보다 자유롭게 무의식의 내용들이 드러날 수 있습니다. 그리고 암시된 영상suggested imagery은 치료자가 환자에게 특별한 장면을 암시하고 그 장면을 경험하도록 하는 것입니다. 예를 들면, 평화로운 공원의 벤치에 앉아 있는 모습을 상상하라고 특정한 상황을 암시할 수 있습니다. 또 "구름 위에 누워 있으면 자신에게 중요한 시간이나 장소에 데려다줄 것입니다."라고 암시할 수 있는데, 이때 구름은 포근한 어린 시절의 경험을 불러일으킵니다. 그리고 그다음 장면을 환자가 상상할 수 있도록 열어 두어 무의식의 내용이 자연스럽게 드러나도록 합니다open ended scene. 그리고 무의식적 갈등이 표현되어 있는 바닷가 장면beach scene이나 정원 장면garden scene 등 미리 작성된 표준화된 암시문standard scene을 이용하여 무의식의 내용을 알아볼 수도 있습니다.

최면투사법을 이용한 영상 탐구 기법은 다음과 같이 시행할 수 있습니다. 치료자는 환자의 심상이 진행되는 것을 주의 깊게 관찰하면서 "그 장면에서 당신의 문제와 관련된 것을 발견할 수 있습니다."라고 암시함으로써 환자의 마음이 투사될 가능성projective potential이 있는 것을 찾아내서 활용할 수 있습니다. 예를 들면, 환자가 고색창연한 성에 들어가 있는 장면을 떠올렸다면 벽에 걸어 놓은 그림을 보도록 유도하면서 그림을 통해 환자의 무의식의 내용들을 알아보는 시도를 할 수 있습니다.

최면상태에서 환자의 시간인식의 변화를 이용한 최면분석치료를 할 수도 있습니다.

먼저 연령퇴행age regression을 사용하는 기법이 있습니다.

환자를 과거의 상황으로 퇴행하도록 암시하는 기법으로, 환자는 그 당시의 인지 · 지각 기능을 보이고 어린 시절의 행동양상을 나타내고 어린아이의 언어를 사용하기도 합니다. 또한 그 시절의 자기 표상self-representation과 대상 표상object-representation을 드러내기도 합니다. 어린 시절에 외국에서 산 경험이 있는 경우에 잊어버린 외국어를 최면상태에서 되살리기도 합니다. 그리고 영아기로 완벽한 연령퇴행이 이루어지면 발바닥을 긁었을 때 발가락이 펴지는 현상Babinski sign이 나타나기도 하고, 무엇을 잡으려고 하는 파악 반사grasp reflex를 보이기도 하는 등 영아기 때에만 보이는 생물학적인 반사biological reflex를 보이기도 합니다. 이런 현상들은 연령퇴행이 환자를 당시의 생리적인 상태로 가게 하는 것으로 생각되어 최면상태가 생물학적인 영향을 받고 있다는 것을 강하게 추측할 수 있습니다.

이러한 연령퇴행을 시키는 기법으로는 여러 가지가 있습니다.

직접적인 암시direct suggestion를 하여 특정 나이의 특정 상황을 경험하도록 하여 연령퇴행을 시키는 방법이 있습니다. 즉, "당신이 우등상을 타던 그 상황으로 가 보도록 하십시오."라고 암시할 수 있습니다. 그리고 감정 다리affect bridge 기법으로, 최면상태에서 어떤 심상을 떠올린 후 그 상황에서 경험한 감정affect을 상기시키고 그 감정을 다리bridge와 같은 매개체를 통해 과거의 그 느낌을 가진 상황으로 가도록 하는 방법입니다. 말하자면, "어머니가 당신을 혼자 내버려 둔 상황에서 외로움을 느낀다고 감정을 표현했는데, 이번에는 당신이 이런 외로움을 느꼈던 과거의 또 다른 상황으로 가서 그 외로움을 느껴보도록 하십시오."라고 암시를 합니다. 즉, 외로움이 매개체가 되어 다른 시점으로 연령퇴행을 하는 것입니다. 또한 환상fantasy을 통한 연령퇴행 기법은 "신비로운 배magic boat를 타고 강물을 거슬러 가다 보면 강둑에 과거의 시점을 알리는 이정표가 있을 것입니다. 자신이 그 이정표를 보고 내리고 싶은 곳에서 내려 그 상황을 경험하고 느껴 보십시오."라고 암시하는 방법입니다. 그래서 환자로 하여금 환상을 통해 과거의 한 시점으로 퇴행하도록 하는 기법입니다. 그 외에도 혼동 기법confusional method이 있습니다. 이 기법은 "어제 친구를 만나러 가려고 해요." 같이 언어를 통해 시제를 불분명하게 함으로써 환자가 시점에 대해 혼동을 하고 불편함을 느껴서 치료자가 제시하는 시점에 적응하려 하는 것 가성시간 지남력, pseudo-time orientation 을 이용하여 연령퇴행을 시키는 기법입니다.

규칙적으로 오는 버스가 그 사람이 여유가 있고 바쁜가에 따라 빨리 오는 것처럼 느끼기도 하고 늦게 오는 것처럼 느끼기도 하듯이, 최면상태에서는 객관적인 시간의 흐름에 왜곡 time distortion 이 일어날 수 있습니다. 그래서 이러한 현상을 이용하는 기법을 사용할 수 있습니다. 예를 들면, "현실의 시간으로는 짧은 시간이지만 당신의 무의식이 문제를 파악하고 이해하기에는 충분한 시간으로 쓰일 수 있을 것입니다."라고 암시를 함으로써 시간 왜곡을 통해 한정된 치료시간을 효과적으로 사용할 수 있습니다. 그리고 미래시간 지남력 future-time orientation 은 연령퇴행과 반대되는 연령순행 age progression 입니다. 실제 시간보다 최면상태에서 빨리 시간을 흐르게 하여 미래의 자신의 모습을 보고 자신이 진정으로 원하는 것이 무엇인지 알도록 하는 기법입니다. 이 기법은 증상에 의해 왜곡될 수 있기 때문에 갈등들이 어느 정도 해소가 된 후 시행하는 것이 바람직하겠습니다.

자아강화기법 ego strengthening technique 을 최면분석치료에서도 사용할 수 있습니다.

자아강화기법은 다양하게 사용할 수 있습니다. 전반적인 자아의 힘을 강화하기 위해 사용할 수도 있고, 특정 문제에 대한 대처기술이나 문제 해결능력을 강화할 수도 있으며, 자기 효능감 self-efficacy 을 증진시키는 자아강화기법을 사용할 수도 있습니다. 간단하지만 효과적이고 일반적인 자아강화기법을 사용할 수도 있지만 환자에 맞게 수정할 수도 있습니다. 자아강화기법은 초기에 규칙적 routine 으로 사용하는 것이 바람직합니다. 자아강화암시를 최면상태에서 들은 환자는 멀리서 부드럽게 속삭이는 듯이 들린다고 이야기하기도 하고, 어떤 환자는 자신의 마음속에서 들리는 것 같다고 이야기하기도 합니다. 임상 실제에서 자아강화기법에 대한 환자의 반응이 긍정적이고 효과적인 것을 경험할 수 있었습니다.

후최면암시 posthypnotic suggestion 를 최면분석치료에서 사용하는 경우가 있습니다.

치료자가 최면상태에서 암시를 한 내용을 환자가 그대로 각성상태에서 수행하는 현상을 후최면암시라고 합니다. 따라서 치료자는 최면상태에서 미리 전처치 신호 prearranged signal 를 암시할 필요가 있습니다. 즉, "내가 최면 중 상태라고 이야기하면 본인의 현재 상태를 알리는 숫자가 보이고 당신은 나에게 그 숫자를 보고하게 될 것입니다."라고 최면상태에서 미리 암시를 해 놓고 신호에 따라 수행하도록 하는 것을 전처치 신호라고 합니다. 신호의 수행은 최면상태에서도 이루어질 수 있지만 각성상태에서도 이루어질 수 있습니다. 흔히 무대최면에서 이 같은 기법을 이용합니다. 미리 최면상태에서 손뼉을 치는 신호를 주면 우스꽝스러운 행동을 하게 될 것이라고 암시를 한 후 각성상태에서 최면술사가 손뼉을 쳐서 관객의 우스꽝스러운 행동을 유발합니다. 물론 최면술사의 이런 행동은 사람을 이용하는 것일 수가 있어 윤리적인 문제가 있을 수 있습니다. 또한 후최면암시를 무분별하게 사용하면 환자가 위험에 처할 수도 있습니다. 만약 빨간 불빛을 보면 최면에 유도될 것이라고 암시를 했다고 가정하면, 붉은 신호등을 보고도 최면상태로 유도될 가능성이 있어 환자가 위험에 노출될 수 있습니다. 그래서 치료자는 환자를 위한 암시만을 신중하게 고려해서 해야지 절대 불필요한 암시나 위험할 수 있는 암시를 해서는 안 됩니다. 하지만 이 기법을 잘 이용하면 환자에게 많은 도움이 됩니다. 후최면암시를 통해 최면치료시간 이후에도 지속적으로 환자에게 영향을 줄 수 있습니다. 예를 들면, "이 꿈을 통해 나타난 무의식적 의미가 차차 보다 분명해지는 것을 느낄 수 있을 것입니다." 혹은 "최면 후 각성상태에서도 시간이 지남에 따라 자신의 능력에 관한 믿음이 점점 증가할 것입니다." "다음 시간에 이 최면의자에 앉게 되면 지금처럼 깊은 최면상태에 곧바로 들어가게 될 것입니다." 등의 암시를 할 수가 있겠습니다. 후최면암시는 환자가 최면감수성이 높은 편이어야 하고, 후최면반응posthypnotic response이 가능하다고 신뢰해야 하며, 후최면반응을 통해 변화를 하려는 동기를 가져야 수행할 수 있습니다.

후최면암시를 하는 경우 암시문은 기억할 필요가 없다고 망각을 제안하게 됩니다. 이것을 제안된 망각suggested amnesia이라고 합니다. 최면상태에서 암시한 후 각성상태에서 기억을 하지 못하고 반응을 보이는 경우에 "왜 그렇게 행동했습니까?"라고 물으면 그럴듯한 변명으로 합리화rationalization를 하게 됩니다. 예를 들면, "최면에서 깨어난 후 창문을 열게 될 것입니다. 그리고 이 암시는 각성상태에서 기억이 나지 않을 것입니다."라고 후최면 망각암시를 하면 깨어나서 실제로 창문을 열게 되는데, 왜 창문을 열었는지 물어보면 암시의 내용은 잊어버리고 "그냥 답답해서 열었다."라고 합리화하여 이야기합니다. 이렇게 최면상태에서 암시를 받은 것을 기억하지 못하고 환자가 각성상태에서 암시에 반응을 보이는 현상이 후최면암시 반응입니다.

최면분석치료라고 해서 매회 반드시 최면상태를 활용해야만 하는 것은 아닙니다. 또한 최면상태에서 경험했던 내용을 각성상태에서 다루어 환자가 새로운 사실들을 의식에서 통합할 수 있도록 도와줄 수도 있습니다. 그리고 너무 빨리 무의식을 드러내면 환자는 불안해하거나 힘들어 할 수 있습니다. 잘못하면 치료적 관계가 끊어질 수도 있습니다. 그래서 환자가 준비될 때까지 시간적 여유를 가지고 무의식에 접근해야 하고, 해석도 신중히 해야 합니다. 혹시 환자에게 불편함을 주는 암시는 아닌지 확인해야 하고, 항상 도움을 주는 암시를 하도록 하며, 환자의 권익을 먼저 생각하면서 치료해야 합니다.

최면분석치료에 대한 의문점

프로이트는 모든 환자가 최면에 유도되지 않으며, 직접적인 암시를 했기 때문에 증상 소실이 단기간에 그치고, 최면상태에서 환자의 저항과 전이를 적절한 대처방법을 모르는 상황에서 경험하게 되면서 최면을 포기하고, 그 결과 자유연상을 통한 비최면적인 정신분석의 발전을 모색하게 되었습니다 Turner & Williams, 1960. 프로이트 이후에도 여러 정신분석학자가 여전히 최면분석치료에 대해 의문을 가지고 있는 것이 사실입니다. 하지만 최면분석치료에 대한 경험과 연구를 통해 이러한 오해들을 많은 부분 불식할 수 있겠습니다.

첫 번째는, 최면감수성과 관련된 문제입니다. 최면분석치료를 하기 위해서는 영상화가 이루어지는 깊은 최면상태, 즉 몽유병적 somnambulistic 최면상태가 필요합니다. 하지만 모든 환자가 이런 최면상태에 도달할 수 있는 것은 아닙니다. 실제로 생생한 영상화가 가능할 정도의 최면감수성은 최면분석치료의 대상자를 제한하는 요인으로 작용합니다. 하지만 최면분석치료 기법 중 자유연상은 얕은 최면상태에서도 가능하고, 꿈의 유도는 중간 정도의 최면상태에서도 가능합니다. 또한 어떤 치료방법도 적용 대상에 대한 제한은 있기 마련입니다.

두 번째는, 최면분석치료에서 나온 무의식적 내용의 타당성에 관한 것입니다. 최면의 특징 중에 하나는 환자가 치료자의 요구에 순응하려는 경향입니다. 치료자가 무엇인가를 떠올리도록 환자에게 기대하면 환자는 치료자를 기쁘게 하기 위해 내용을 만들어 낼 수 있습니다. 그래서 환자가 떠올린 내용들을 사실로 느끼는지 거짓으로 느끼는지에 따라서 받아들일 것인지 말 것인지를 환자 스스로 판단하도록 환자에게 이해시키는 것이 필요합니다. 최면분석치료과정에서 환자의 의존성을 해결하는 것은 중요한 부분입니다. 의존성이 해결되면 환자가 떠올리는 내용들의 타당성이 보다 증가하게 됩니다.

세 번째는, 후최면 망각posthypnotic amnesia에 의해 치료효과가 없어지는 것에 대한 우려입니다. 하지만 망각은 존재한다고 해도 인위적인 것입니다. 학습과정은 최면과정에서 활발하게 일어날 수 있고, 각성상태가 되더라도 사라지지 않습니다. 예를 들면, 최면상태에서 부저 소리에 손을 피하는 학습을 한 경우 학습내용을 각성상태에서 기억하지 못하는 경우에도 부저 소리가 나면 손을 피하는 것을 볼 수 있습니다. 최면상태에서의 학습 경험은 각성상태에서도 유사한 방식으로 수행될 수 있습니다.

네 번째는, 최면의 전이에 대한 영향입니다. 최면상태에서 환자가 전지전능한 치료자에 대해 의존성을 느끼거나, 피학적인 굴종masochistic submissiveness을 보이거나, 또는 치료자를 동일시함으로써 신비한 힘을 가지려는 욕구들을 느낄 수 있습니다. 이런 점이 전통적인 정신분석에서의 전이에 부정적인 영향을 미칠 수 있다는 우려가 있습니다. 하지만 환자는 항상 치료자에 대해 의존과 굴종으로 반응하는 것이 아니고 자신의 소원과 욕구, 두려움, 그리고 충동 등 모든 범위의 감정 반응을 통해 치료자에 반응하게 됩니다. 최면분석치료에서는 이렇게 다양한 환자의 전이감정과 태도를 분석하게 됩니다.

다섯 번째로, 최면상태에서 환자가 수동적이고 적극적인 역할을 하지 않는다는 우려입니다. 하지만 최면분석치료에서는 환자의 수동적인 역할이 기대되는 것이 아니라 오히려 치료과정에의 적극적인 참여가 요구됩니다. 치료과정에서는 지적 기능 그리고 감정 기능의 증가뿐만 아니라, 운동 기능의 증가도 요구하여 적극적으로 감정표현과 자기주장을 하도록 격려합니다 Wolberg, 1996 .

마지막으로, 과거 정신분석학자들은 최면치료가 직접적인 암시에 의해 증상을 억압하는 것으로 잘못 알고 최면치료에 대한 한계를 지적하였습니다. 안나 프로이트 Freud, 2008 도 최면분석치료로 증상에 대한 약간의 통찰력을 가지게 되었다고 하더라도 이러한 이해는 자아에 의해 우회되기 때문에 bypassed by the ego 재통합되지 못한다고 주장하였습니다. 이와 같은 주장은 지금까지도 많은 정신분석학자가 그대로 믿고 있고 반복해서 언급하고 있습니다. 이러한 주장은 최면상태가 되면 자아가 약화되어 무의식적 내용이 드러나는데 참여하지 못하고, 따라서 자아는 환자의 진정한 변화를 위해서 이러한 무의식적 내용들을 활용할 수 없을 것으로 생각하기 때문입니다. 이 주장은 증상이 완화되거나 없어져도 일시적이고, 그래서 환자의 성격에는 변화가 없거나 기껏해야 표면적인 변화만이 일어날 것이고 신경증적 갈등은 최면치료의 영향이 사라지게 되면 다시 야기되어 증상이 또 생기게 된다는 개념입니다. 이 개념은 임상 경험으로 볼 때 사실이 아님에도 불구하고 실제로 지금까지 지속되고 있습니다. 사실 최면상태는 독서삼매경이나 영화에 몰입하는 것 같은 얕은 단계에서부터 기억을 하지 못하고 의식되지 않는 깊은 몽유병적 단계까지 다양합니다. 최면분석치료과정에서는 자연스럽게 최면의 깊이가 한 단계에서 다른 단계로 변화하고 이동하게 됩니다. 그래서 깊은 최면상태의 단계에서 무의식적 내용들을 드러내게 되고 이러한 자료들을 좀 더 얕은 최면상태의 단계, 즉 자아가 기능을 보다 많이 할 수 있는 단계로 가지고 와서 작업을 하게 됩니다. 이런 방식으로 자아가 무의식적 자료들을 반복적으로 다루게 되면서 정신역동에 대한 이해를 하게 되고, 통찰력이 생기게 되면서 훈습과정을 통해 진정한 통합이 이루어지게 되므로 증상의 개선과 성격의 변화가 지속됩니다.

지금까지 이야기했던 최면분석치료의 내용들을 요약해 보겠습니다.

최면상태는 자아의 조절 아래서 이루어지는 퇴행입니다. 최면상태에서는 인지, 정동, 기억 등에서 최면분석치료에서 도움이 되는 여러 가지 변화가 나타납니다. 최면상태에서는 주의, 인식이 변화되고 해리현상이 증가되고 현실지남력이 줄어 자아수용성이 증대됩니다. 그리고 일차과정 사고를 증진시키고 영상화가 증진되어 감정을 더 잘 활용할 수 있게 됩니다. 또한 최면상태에서는 환자와 치료자 간의 관계를 증진함으로써 정신치료를 강화할 수 있습니다.

최면분석치료는 정신분석과 마찬가지로 자유연상과 꿈을 통해 억압된 기억과 감정을 떠올리고, 치료과정에서 드러나는 저항과 전이 및 역전이 현상 등을 이해하여 이를 해석 · 훈습하고 통합하는 과정들을 통해 환자를 성장 · 발전시키기 위해 사용할 수 있습니다. 그런데 전통적인 정신분석은 너무 많은 시간과 비용이 들기 때문에 치료의 대상이 특별한 극소수로 제한되고 있습니다. 하지만 최면분석치료는 정신내적 갈등을 다루면서도 빠르고 경제적이고 효율적인 치료방법이 될 수 있습니다Lang & Rosen, 2002. 최면분석치료에 대해 환자가 최면감수성이 있어야 하는 제한점이나 최면상태에서 드러난 무의식적 내용의 타당성, 후최면 망각에 대한 우려, 전이에 미치는 영향, 최면상태에서 환자의 수동적인 역할, 그리고 증상대체나 재발에 대한 우려들이 있지만 최면분석치료에 대한 정확한 이해는 이러한 문제들을 불식할 수 있습니다.

그래서 정신분석이나 정신치료에 관심을 가진 사람들이 최면에 관심을 가지고 최면분석치료기법을 익혀서 더욱 많은 환자에게 도움을 주게 되기를 기대합니다.

스피겔의 개조법

아버지인 허버트 스피겔 Herbert Spiegel 과 아들인 데이비드 스피겔 David Spiegel 부자는『최면과 치료 Trance and Treatment』Spiegel & Spiegel, 1978 라는 최면교과서를 썼습니다. 그들은 최면에 대한 과학적인 접근을 통해 임상과 연구에서 괄목할 만한 성과를 내면서 현대 최면의학을 이끌어 왔습니다. 스피겔 David Spiegel 은 현재 스탠포드 대학교에서 교수로 있으면서 자신의 연구소를 운영하고 있습니다. 대한최면의학회에서 주최한 최면 워크숍을 할 때 우리나라에 방문하여 최면강의를 하기도 했습니다. 그의 말에 따르면, 자신의 딸도 해리현상에 관심을 가지고 있다고 하니 3대에 걸쳐 최면에 대해 공부하고 있는 것으로 생각됩니다.

최면에 대한 관점과 연구

스피겔은 최면현상을 주변의식이 축소되고 초점에 대해 집중된 심리생리학적인 상태로 보았습니다. 그는 이러한 상태에 들어가는 능력은 사람에 따라 다양하지만 한 개인에게는 일생을 통해 비교적 고정된 것으로 보았습니다. 그들은 아마도 이런 능력은 유전적으로 결정되거나 혹은 생의 초기에 학습되는 것으로 추측하였습니다. 말하자면, 최면감수성이 어떤 상태 state 라기보다 하나의 특성 trait 이라는 것이고 생물학적인 면을 반영한다고 주장하였습니다.

스피겔은 최면에 대한 과학적인 연구를 통해 최면의 본질을 파악하고 유용성을 입증하려는 시도들을 지속적으로 시행하였습니다. 그는 동료들과 함께 『대뇌피질』이라는 학술지의 2016년 7월 28일자 온라인online 판에 괄목할 만한 연구Jiang et al., 2017를 발표하였습니다. 그는 최면상태에 있을 때 뇌에서 어떤 일이 일어나는지 알아보고자 했습니다. 그들은 545명의 참여자 중에서 36명의 최면감수성이 높은 군과 21명의 최면감수성이 낮은 군을 비교하였습니다. 혈류의 변화를 감지하는 기능적 자기공명영상f-MRI으로 쉬고 있는 상태와 기억을 떠올리는 상태, 그리고 최면상태에서 참여자의 뇌영상을 찍어 보았습니다. 그 결과 그들은 최면감수성이 높은 군에서 최면상태에 있을 때 특징적인 변화가 일어나는 것을 알 수 있었습니다. 우리의 뇌는 단순하게 이야기하면, 쉬고 있을 때 기본적으로 작동하는 영역여가상태 신경망, default mode network, 일상적인 생활을 하는 영역실행-조절 신경망, executive-control network, 그리고 정보를 감지하고 고르고 통합하는 정교한 작업을 하는 영역특별과업 신경망, salience network으로 구별할 수 있습니다. 그런데 그들은 이 연구를 통해 몇 가지 중요한 사실을 알 수 있었습니다. 첫 번째 최면상태에서 정교한 작업을 하는 영역 중의 한 부분인 배측 전대상피질dorsal anterior cingulate cortex의 활성화가 저하된 것을 볼 수 있었습니다. 이러한 결과는 최면상태에서는 몰입을 하고 있어서 다른 어떤 생각도 하지 않는다는 것으로 설명할 수 있습니다. 두 번째 최면상태에서 뇌의 실행-조절 신경망 영역과 관련된 배외측 전전두피질dorsolateral prefrontal cortex과 특별과업 신경망 영역과 관련된 뇌섬엽insula이라는 두 개의 다른 영역 사이에 기능적인 연결functional connectivity이 활성화된다는 것을 알게 되었습니다. 스피겔은 이러한 현상을 몸과 뇌 사이의 기능적인 연결로 보고 뇌가 최면상태에서 몸에 어떤 일이 일어나고 있는지를 평가하고 조절한다고 설명하였습니다. 세 번째는 실행-조절 신경망 영역과 관련이 있는 배외측 전전두피질과 여가상태 신경망 영역과 관련된 뇌 부위들 내측 전전두피질, medial prefrontal cortex; 후대상피질, posterior cingulate cortex 사이에 기능적인 연결이 저하되어 있다는 것입니다. 이런 기능적인 연결의 저하는 어떤 사람이 행동하는 것과 이를 인식하는 것 사이에 연결이 단절된 것으로 이해할 수 있습니다. 우리가 어떤 것에 몰입하면 몰입하고 있다는 사실을 모르는 것처럼, 최면상태에서는 암시에 반응을 하면서도 반응하는 것을 인식하지 못하는 해리상태를 경험하게 됩니다. 세 번째의 실행-조절 신경망과 여가상태 신경망의 뇌 영역 사이에 기능적인 연결의 저하는 이런 최면의 해리현상을 설명해 주고 있습니다.

스피겔은 이러한 연구 결과들을 토대로 앞으로 광범위한 과학적 연구들이 이루어진다면, 뇌의 특정영역을 자극하여 활성화하면 그 사람을 최면상태로 유도할 수 있을 것이라고 생각하고 있습니다. 만약 뇌 자극을 통해 최면상태로 유도할 수 있다면 약을 먹지 않고도 통증이나 불안을 쉽게 조절할 수 있을 것이라고 그는 기대하고 있습니다.

최면의 세 가지 중요한 요소

스피겔은 최면현상을 한 가지 요소로는 완전히 설명할 수 없고 크게 세 가지의 중요한 요소인 몰입상태 absorption 와 해리경험 dissociation , 그리고 피암시성 suggestibility 으로 설명할 수 있다고 하였습니다 Spiegel, 1994 . 또한 최면의 중요한 세 가지 요소와 외상 후 스트레스 장애 Post Traumatic Stress Disorder: PTSD 의 특징적인 증상들 사이에는 공통점이 많다고 이야기하면서 최면과 해리상태, 그리고 외상 후 스트레스 장애와의 연관성에 대해 많은 관심을 가졌습니다.

몰입상태는 영화나 독서삼매경처럼 주변에 대한 인식은 줄어들고 중심에 대한 인식이 증가된 상태로, 그 사람의 모든 감각기능이 최면경험 그 자체에 깊이 빠져들게 됩니다. 과도한 몰입은 중심경험에만 집중하여 주변 상황을 인식하지 못하게 합니다. 그만큼 주의집중focused attention이 제한적으로 이루어진다고 볼 수 있습니다. 예를 들면, 강도를 당한 사람이 강도가 가지고 있던 흉기는 자세히 설명하면서 막상 강도의 얼굴은 기억하지 못할 정도로 무기에만 모든 주의가 집중되고 그 외의 부분은 인식하지 못하게 된다는 것입니다. 만약 몰입이 외상기억에 집중되면 그 상황을 기억하는 것이 아니라 당시의 극심한 감정 경험을 되풀이하면서 실제처럼 생생하게 느낄 수 있습니다. 마치 최면상태에서 일종의 연령퇴행age regression을 경험하는 것과 비슷하게 느껴집니다.

해리 현상은 최면상태에서 인식을 하는 정신기능이 분리되거나 단절되고, 각 부분은 독립적으로 작동하는 것으로 설명할 수 있습니다. 그런데 해리상태에서는 자신의 신체가 자신의 일부분이 아닌 것처럼 느껴지거나 비현실감을 경험하고 시간감각에서의 변화가 나타날 수 있습니다. 사람들은 충격적인 사건trauma을 겪게 되면 정신기능이 단절되는 해리 현상을 경험하게 되고, 평상시의 경험이 단절되는 것을 느끼게 됩니다. 이때 최면상태처럼 주의가 한 곳에 집중되면서 기억이 제한되고 이 제한된 기억과 관련된 극심한 감정을 경험하게 됩니다. 트라우마에 의해 해리성 기억상실이 올 수도 있는데, 이 기억을 해리상태와 비슷한 최면상태에서 회상시킬 수 있습니다. 가끔은 자기 자신에 대해 가지고 있는 관점 또한 달라져서 무력감을 느끼고 두려움을 느끼기도 합니다. PTSD에서 보이는 무력감, 정신적 둔마psychic numbness나 쾌락불감증anhedonia이 최면의 해리상태에서 경험하는 것과 유사합니다. 그래서 PTSD 환자는 현실에서 벗어나서 경험으로부터 분리되어 감정을 느끼지 못하고, 즐거운 상황에서도 기쁨을 느끼지 못하는 경우들이 있습니다.

피암시성은 암시된 내용이 행동이나 태도로 무의식적이거나 혹은 역할행동으로 반응을 나타내는 것으로, 최면상태에서 현실적인 비판이 유보되고 수용성이 높아져서 피암시성이 증가됩니다. 또한 트라우마 상황에서는 결과를 생각하지 않고 자동적으로 행동하는 양상을 보이게 됩니다. PTSD에서 보이는 사소한 자극cue에 자동적으로 과도한 각성상태hyperarousal state를 보이는 것이 피암시성과 유사한데, 외상의 단서에 민감하게 스트레스 반응을 보이게 됩니다.

외상 후 스트레스 장애의 최면치료

최면감수성은 다른 환자들에 비해 PTSD 환자에게서 높은 편이고, 트라우마 상황에서 자연스럽게 해리상태에 들어가고, 최면상태에서 해리성 기억상실을 회상시킬 수 있기 때문에 PTSD 환자에게 최면을 이용하여 치료하는 것은 많은 도움을 줄 수 있습니다.

최면치료는 단순히 기억을 되살리는 것뿐만 아니라 트라우마와 관련된 극심한 감정을 겪을 수 있도록 하고, 트라우마 경험을 환자 스스로 조절할 수 있게 하며, 그 경험의 의미를 인지적으로 개조restructuring할 수 있게 합니다.

스피겔은 PTSD 환자의 최면치료를 간단하게 8개의 C Burrows et al., 2001로 시작하는 단어로 정리하였습니다.

☑ Confrontation 직면하기

환자의 증상의 원인이 가족의 문제나 성격의 문제가 아니라 외상 때문이라는 외상의 중요성을 인식시킵니다. 최면상태의 연령퇴행기법으로 트라우마 상황을 경험하도록 합니다. 처음에는 감정적으로 힘들어 할 수 있기 때문에 텔레비전 기법으로 해리상태에서 감정적으로 거리를 두고 재경험하도록 하는 것이 안전합니다.

☑ Confession 고백

최면상태에서 사건을 재경험하면서 그것을 치료자에게 보고하도록 합니다. 이때 환자는 외상과 관련하여 아무에게도 말하지 못한 것들을 고백할 수 있습니다. 특히, 외상과 관련되어 있는 감정을 표현하도록 합니다. 때로는 그 상황에서 자신의 수치스러운 행동이나 죄책감을 드러내기도 합니다. 이런 경우 환자가 잘못된 죄책감과 진정한 후회를 구별할 수 있도록 하는 것이 중요합니다.

☑ Consolation 위로

치료자는 환자가 트라우마 경험을 자신의 잘못이나 책임으로 생각하지 않도록 적극적인 위로를 해 줄 필요가 있습니다. 치료자는 환자의 힘든 상황을 있는 그대로 받아들이고 감정적으로 지지해 줍니다. 하지만 무조건 받아 주는 것이 아니라 전문가적인 태도를 가지고 환자의 긍정적인 대처에 도움이 되는 부분만 받아들이고 비적응적인 태도는 천천히 지적해 나갑니다. 말하자면, 환자의 적절한 감정표현은 받아들이지만 비적응적인 회피반응은 지적을 해 주어야 합니다. 치료자가 침묵을 지키거나 중립성을 지키는 것을 환자는 자신이 받아들여지지 않는다든가 비난을 받는 것으로 잘못 인식할 수 있습니다.

☑ Condensation 결정체

트라우마 경험에서 응축된 핵심적인 부분을 찾습니다. 트라우마 경험에서 상징화되어 있고 요약되어 있는 핵심을 찾는 것은 가능하고 필요합니다. 그래서 트라우마 경험을 구체적이고 상징적인 것으로 바꾸어 내가 압도 당하는 문제가 아니라 조절가능한 문제로 바꾸어 나가는 것이 중요합니다. 예를 들면, 전쟁터에서 옆에 있던 친구가 죽음을 겪은 경험을 이전의 친구와 함께 행복했던 시절의 경험과 함께 연결함으로써 상실의 고통을 완화할 수 있습니다. PTSD 환자는 악몽을 자주 꾸는데, 이 꿈에서도 중요한 갈등들이 응축되어 있는 것을 찾아낼 수 있습니다.

☑ Consciousness 의식화

최면상태에서 환자가 압도 당하지 않도록 무의식적 내용같이 억압하고 있는 것 혹은 해리되어 의식하지 못하는 트라우마의 중요한 부분을 환자가 점진적으로 의식할 수 있도록 해 줍니다. 의식화를 통해 환자가 잘못 기억하고 있는 것이 있다면 고치고 그로 인해 그 기억에 대한 태도를 변화시킬 수 있습니다. 환자는 트라우마의 기억이 의식화되면 자신이 그 기억에서 빠져나오지 못할까 봐 두려워할 수 있습니다. 최면상태에서 사건에 대해 감정적 거리를 두고 외상을 의식화할 수도 있고, 그 기억을 컴퓨터 파일처럼 단편적인 부분으로 나누어서 기억을 회상시킬 수도 있습니다.

☑ Concentration 집중

최면상태의 특징인 주의집중이 트라우마 경험과 관련된 고통스러운 감정을 강화할 수 있습니다. 그래서 최면상태가 끝나면 주의를 다른 곳으로 분산하여 그것에 집중시키는 것이 필요합니다. 최면상태에서 "스위치를 켜면 기억이 나고 끄면 현실로 돌아올 수 있습니다."라고 암시할 수 있습니다. 또한 각성 시 "기억을 하지 마십시오."라고 이야기하지 않고 "기억을 하되 치료가 끝나면 다른 일로 복귀할 것입니다."라고 암시할 수 있습니다.

☑ Control 조절

트라우마의 고통들은 사건의 일련의 과정에서 기억의 상실, 신체 문제에서의 조절 능력의 상실, 그리고 무기력감 등을 느끼는 것이기 때문에 조절 능력을 증진시키는 것이 치료의 중요한 목표가 됩니다. 해리상태에서 움직이지 못하는 신체 조절 능력의 상실 같은 문제는 최면상태에서 신체 조절 능력을 회복시키는 긍정적인 경험을 하도록 하는 것이 필요합니다. 그리고 트라우마에 압도되어 기억상실 같은 조절 능력 상실의 경우에는 최면상태에서 기억을 떠올려 보도록 하고 없애 보게도 함으로써 자신이 기억을 조절할 수 있다는 자기 효능감을 갖도록 합니다. 또한 자기 최면을 통해 수동적인 태도에서 벗어나 적극적인 태도를 갖게 하는 것도 바람직합니다.

☑ Congruence 조화

치료 목표는 트라우마에 의해 억압된 것을 의식화하고, 자신의 기억의 일부가 되도록 하여 비극적인 상황들을 견디고 직면하도록 돕는 것입니다. 그래서 그 경험을 자신의 자아에 통합하여 조화를 이루어 더 이상 자신으로부터 해리될 필요가 없게 하는 것입니다. 따라서 과거의 경험이 현재의 경험에 융합되도록 합니다. 환자는 자신에게 어떤 일이 생겼는지가 아니라 자신을 위해 무엇을 했느냐를 돌아보도록 하고, 자신이 상실한 것을 생각하지 말고 자신이 경험을 통해 배운 것을 돌아보도록 하는 것이 필요합니다.

스피겔의 개조법

이제 본격적으로 스피겔의 최면치료를 실제로 어떻게 시행하는지에 대해 이야기하겠습니다.

최면치료를 받기 위해 내원하면 다른 치료에서와 마찬가지로 환자의 병력을 청취하게 됩니다. 그리고 최면감수성을 측정하기 위한 최면유도등급 Hypnotic Induction Profile: HIP을 측정하고 성격유형을 알아보기 위한 자가 설문지를 시행하게 됩니다.

HIP는 세 가지 중요한 구성요소를 가지고 있습니다 Spiegel & Spiegel, 2004. 첫째, 최면상태로 들어갈 수 있는 생물학적인 능력인 안구회전 신호검사 Eye roll sign test, 둘째, 최면암시에 따라 팔이 올라갈 것이라는 생각이 행동으로 옮겨지는 능력인 팔 상승 arm levitation, 셋째, 최면암시에 따른 주관적인 경험을 하는 양손 사이의 조종력 차이 control differential로 구성되어 있습니다. 이 세 항목이 모두 충족되면 최면감수성도 있고 행동과 감각에서 암시에 따른 반응을 보이게 되므로 온전 intact 등급이 됩니다. 온전 등급인 경우에는 최면치료를 시행하게 됩니다. 하지만 최면감수성은 있지만 최면암시에 따른 반응이 나타나지 않는 불온전 nonintact 등급의 경우에는 심한 정신병리를 가진 것으로 생각하고, 최면치료를 시행하지 않고 약물치료나 또 다른 치료법을 사용하게 됩니다.

〈표 2-1〉 아폴론형-오디세이형-디오니소스형 인격조사에 대한 질문과 채점
(이준석 역, 2002: 192-193)

A.	**공간 의식** 영화나 경기를 보는 데 집중하여 당신이 어디에 있는지 잊어버릴 정도로 열중한 적이 있습니까? 만약, "아니요"인 경우 A에 동그라미 치시오. 만약 "그렇다"인 경우, 다음 질문으로 보다 명백히 하여 "커튼이 내려올 때 당신이 극장에 앉아 있었다는 것을 깨닫고 놀랄 정도로 열중한 적이 있습니까?" 만약 "그렇다"인 경우 D에 동그라미 치시오. 만약 "아니요"인 경우 O에 동그라미 치시오. 만약 "그 정도는 아닙니다"인 경우 O에 동그라미 치시오.
B.	**시간인식** 일반적으로 당신은 시간을 인식하는 데 있어서 과거, 현재, 미래, 가운데 어디에 중점을 두는 편입니까? 혹은 셋 모두 동등합니까? 만약 자발적인 응답이 "과거-현재" 혹은 "현재-미래"인 경우 O, D에 동그라미 치시오. 만약 "과거" 그리고/혹은 "미래"인 경우 A에 동그라미 치시오. 만약 "셋 모두"인 경우 O에 동그라미 치시오. 만약 "현재"인 경우 D에 동그라미 치시오.
C.	**신화-신념 심리체계** 머리-마음 프랑스 철학자인 파스칼은 "마음에 정신이 담겨 있으며, 그것을 머리로는 이해할 수 없다"고 하였습니다. 그는 마음-정신과 머리-정신이라는 두 가지 종류의 정신이 있다고 하였습니다. 당신이 알고 있는 자신은 이 두 가지 정신 가운데 어디에 중점을 두고 있습니까? 만약 머리 혹은 정신이면, A에 동그라미 치시오. 만약 양쪽 혹은 변한다고 하면, O에 동그라미 치시오. 만약 마음이라고 하면, D에 동그라미 치시오.
C-1.	**대인관계 통제** 다른 사람들과의 관계에서 당신이 상호작용을 통제하기 원합니까? 혹은 다른 사람이 원한다면 그저 다른 사람이 하도록 맡겨 두는 편입니까? 만약 자발적인 응답이 "상호작용을 통제한다"이면, A에 동그라미 치시오. 만약 양쪽 혹은 "사안에 따라 다르다"이면, O에 동그라미 치시오. 만약 "다른 사람이 통제하도록 내버려 둔다"이면, D에 동그라미 치시오.
C-2.	**신뢰 경향성** 스스로를 평균과 비교한다면, 당신은 다른 사람들을 잘 믿는 편입니까? 혹은 그렇지 않습니까? 만약 "잘 믿지 않는다"면, A에 동그라미 치시오. 만약 "보통" 혹은 "중간 정도"라면, O에 동그라미 치시오. 만약 "잘 믿는다" 혹은 "보통 이상"이라면, D에 동그라미 치시오.
C-3, C-4.	**비판적 평가 및 학습 스타일** 어떤 새로운 것을 배울 때, 당신은 그것을 배우는 시점에서 비판적 판단을 내리는 경향이 있습니까? 혹은 당신은 그것을 받아들이고 나서 이후에 비판적인 판단을 합니까? 만약 판단이 즉각적이라면, A에 동그라미 치시오. 만약 양쪽 혹은 변한다고 하면, O에 동그라미 치시오. 만약 판단을 유보하거나 혹은 받아들인 후라면, D에 동그라미 치시오.
C-5.	**책임감** 스스로를 평균과 비교한다면, 당신이 하는 일에 대한 책임감은 어느 정도입니까? 만약 "매우 책임감 있다" 혹은 "평균 이상이다"인 경우라면, A에 동그라미 치시오. 만약 "평균" 혹은 "보통 정도"라면, O에 동그라미 치시오. 만약 "낮다" 혹은 "평균 이하"라면, D에 동그라미 치시오.

C-6.	**선호하는 접촉 양상** 어떤 새로운 것을 배울 때, 그것이 안전한 성질의 것이어서 보거나 혹은 만져서 그것에 대해 똑같이 알 수 있다면, 당신은 그것을 보기를 원합니까? 혹은 만지기를 원합니까? 만약 반응을 본다거나 혹은 시각적인 것이면, A에 동그라미 치시오. 만약 양쪽 방식 혹은 동등하게 중요하다고 하면, O에 동그라미 치시오. 만약 반응이 "만지는 것"이면, D에 동그라미 치시오.
D.	**실행 과정** 새로운 생각을 떠올린다는 것을 두 가지로 나누어 생각한다면, 하나는 그것을 문득 생각해 내는 것이고, 다른 하나는 어떻게 그것을 실천할 것인지 방안을 세우는 것입니다. 이 두 부분 가운데 어느 쪽에서 당신은 성취감을 더욱 크게 느낄 것 같습니까? 만약 반응이 "문득 생각해 내는 것" 혹은 "생각을 떠올리는 것"이면, D에 동그라미 치시오. 만약 양쪽이 모두 만족스럽다거나 혹은 변한다고 하면, O에 동그라미 치시오. 만약 반응이 "생각에 대한 수행"이나 "실천"이라면, A에 동그라미 치시오.
D-1.	**필기에 대한 중시** 새로운 생각이 떠올랐을 때, 그것을 적어 놓을 필요가 있습니까? 혹은 적지 않고 나름의 방식으로 생각을 진행하겠습니까? 만약 반응이 "반드시 적어 놓을 필요가 있다"라면, A에 동그라미 치시오. 만약 반응이 "최소한만" 혹은 "조금만" 적어 놓겠다고 하면, O에 동그라미 치시오. 만약 반응이 "적어 놓지 않는다"라면, D에 동그라미 치시오.

채점판

성명 : ____________________

날짜 : ____________________

구조적 군집 조사

아폴론형–오디세이형–디오니소스형

A. 공간 의식 공간	낮음	A		
	중간		O	
	높음			D
B. 시간인식 시간	과거-미래	A		
	과거-현재-미래		O	
	현재			D
C. 신화-신념 심리체계: 머리-마음 내용	머리	A		
	양쪽		O	
	마음			D
1. 대인관계 통제	자기	A		
	변함		O	
	타인			D
2. 신뢰 경향성	평균 이하	A		
	평균		O	
	평균 이상			D
3. 비판적 평가	즉각적	A		

4. 학습 스타일	변함		O	
	유보			D
5. 책임감	평균 이상	A		
	평균		O	
	평균 이하			D
6. 선호하는 접촉 양상	시각적	A		
	양쪽		O	
	촉각적			D
D. 실행 과정	실천	A		
	변함		O	
	상상			D
1. 필기에 대한 중시	높음	A		
	중간		O	
	낮음			D

HIP를 시행하여 온전한 등급의 경우에는 자가 설문지를 작성하도록 하여 아폴론형, 오디세이형, 디오니소스형 등의 세 가지 유형으로 나뉘게 됩니다. 아폴론형은 합리성을 강조하고 이성에 가치를 두며 비교적 외부의 암시에 순응적이지 않습니다. 디오니소스형은 외부의 암시에 강박적으로 순응하고 주어진 암시를 망각하게 되며 자신의 행동을 합리화하는 데 관심을 거의 두지 않습니다. 오디세이형은 강렬한 행동을 하는 기간과 사회적으로 철수하는 절망의 기간 사이에서 오락가락하며 순응과 합리화를 번갈아 합니다. 그리고 사유와 실행 양측에 모두 가치를 두며 그 가치의 균형은 그들의 생애 동안에 이리저리 옮겨 다닙니다.

최면치료는 HIP를 시행하여 평가된 최면감수성의 정도와 인격유형에 따라 적절하게 변형된 치료를 시행하게 됩니다.

우선, 문제를 몸과 마음의 문제로 보고 공식화합니다. 몸과 마음이 분리될 수 없지만 또한 몸과 마음은 별개의 것이라는 정반합의 변증법에 따라 환자의 갈등의 실재를 공식화합니다. 예를 들면, 비만 환자인 경우에 “너무 많은 음식은 당신이 아니라 당신의 몸에 해를 주는 물질입니다. 음식은 물과 같아서 살기 위해서는 물이 필요하지만 물이 넘치면 빠져 죽는 것과 마찬가지로 살기 위해서는 음식이 필요하지만 너무 많은 음식은 독이 됩니다. 당신은 살기 위해서 당신의 몸이 필요합니다. 당신이 살기 원한다면 당신은 당신의 몸을 존중하고 보호해야 하는 몸의 보호자입니다."라는 식으로 암시를 해 줍니다. 이렇게 공식화함으로써 환자에게 선택하도록 합니다. 몸과 마음이 완전히 매여 있지도 않으면서 또한 완전히 자유롭지도 않은 자신을 깨달음으로써 선택의 자유를 받아들일 수 있는 기회를 만드는 것입니다. 그리고 몸과 마음의 관계를 명료화함으로써 더 이상 몸과 마음이 투쟁을 하지 않도록 하고, 오히려 몸이 최면상태에서 이완되어 있는 동안 마음은 활동적으로 문제 해결을 위해 집중하게 하여 몸과 마음을 통합하도록 유도합니다.

스피겔의 최면치료방법은 왜 증상이 생겼느냐에 초점을 맞추는 것이 아니라 무엇이 증상을 지속시키느냐에 초점을 맞추는 증상해결중심의 치료입니다. 스피겔의 개조법은 대부분 약 45분에 걸친 단 한 번의 치료를 시행하는 단기치료입니다. 치료과정에서 자기 최면을 가르쳐서 일상생활에서 자기 최면을 하도록 권유합니다. 하루에도 여러 번씩 증상이 생기려 할 때마다 약 20초가량 자기 최면을 반복하도록 해서 일종의 세뇌나 조건화conditioning를 통해 증상을 해소하게 됩니다. 그런데 다른 사람들이 보고 있는 상황에서 자기 최면을 하기가 쉽지 않아 다른 사람의 눈에는 잠시 생각하는 것처럼 보이게 하는 위장법camouflage for self-hypnosis을 사용하도록 환자에게 가르칩니다. 그리고 공식화된 요점을 적은 인쇄물과 엽서를 환자에게 주면서 치료경과를 알아보기 위해 일주일 후에 우편엽서를 다시 보내 달라고 합니다.

금연을 위한 스피겔의 개조법

이제 스피겔이 시행한 금연치료Spiegel & Spiegel, 1978; 210–216를 통해 스피겔의 개조법의 치료과정을 보다 자세히 알아보기로 하겠습니다.

제가 셋을 세게 될 텐데 숫자에 맞추어 따라해 주십시오. 하나, 고개를 그대로 둔 채 눈을 천장을 바라본다고 생각하고 치켜뜨십시오. 둘, 이렇게 위를 쳐다보고 있는 상태에서 눈동자는 그대로 두고 눈꺼풀만 살짝 감으면서 깊게 숨을 들이마셔 보십시오. 셋, 숨을 내쉬면서 눈을 편안하게 하고 몸이 붕 뜬다고 상상을 해 보십시오. 이제 붕 뜨는 느낌이 들면 한 손이 풍선이라고 상상하면서 그냥 위로 떠오르도록 내버려 두십시오. 그렇게 하면 당신의 팔꿈치가 구부러지면서 당신의 손이 직각의 위치까지 떠오르게 될 것입니다. 손등에 자석이 붙어 있어서 자석이 위로 잡아끄는 것처럼, 손이 위로 붕 떠오르게 될 것입니다. 당신의 손이 직각의 위치에 오게 되면, 당신은 명상의 상태로 들어간 것입니다.

이런 명상상태에서 당신은 붕 뜨는 느낌에 집중하면서 이제부터 제가 하는 이야기를 들어보십시오.

먼저 흡연은 몸의 입장에서 보면 독극물을 먹는 것입니다. 당신의 몸은 흡연이 독극물이라는 사실을 알고 있는데도 혹시 당신은 흡연이 독극물이라는 것을 미처 알아채지 못할 수도 있습니다. 당신의 몸은 마치 순진무구한 어린아이같이 당신을 신뢰하기 때문에 비록 몸을 망가뜨리는 독극물이지만 당신이 몸 안에 그것을 넣으면 어떤 것이든지 받아들입니다. 그런데 당신의 몸은 아주 어린 아기가 말을 하지 못하듯이 독극물이 들어와도 말로 표현하지 못합니다. 그래서 당신의 몸은 독극물이 들어왔다는 것을 여러 신체증상으로 표현합니다. 숨이 차고 피곤함, 기침, 가래, 가슴 통증 등의 양상으로 몸은 당신에게 독극물이 들어왔다는 것을 알리게 됩니다. 이러한 증상이 나타나는 것은 몸이 당신에게 흡연이 독극물임을 알리는 방식입니다. 흡연은 몸의 입장에서 보면 독극물을 먹는 것입니다.

그리고 당신은 당신의 몸이 건강하게 살아 존재하는 것이 꼭 필요합니다. 소프트웨어가 구현되기 위해서는 하드웨어가 꼭 필요하듯이, 당신은 당신의 몸을 통해서 삶을 경험하게 되기에 당신의 몸은 당신에게 없어서는 안 될 중요한 존재입니다. 당신이 당신의 몸은 아니지만 당신의 몸이 없이는 당신은 더 이상 존재할 수가 없습니다. 당신은 당신의 몸이 건강하게 살아 존재하는 것이 꼭 필요합니다.

또한 당신은 당신의 몸을 돌보고 존중하고 보호할 책임이 있습니다. 당신이 당신의 삶이 밝고 건강하게 되기를 바라듯이, 당신은 당신의 몸도 마찬가지로 밝고 건강하게 될 수 있도록 다루게 해야 합니다. 당신이 자동차의 연료탱크에 흙을 집어넣고서 즐거운 자동차 여행이 되기를 기대할 수 없는 것처럼, 당신이 당신의 몸에 독극물을 주입하고서 당신의 삶이 밝고 건강하기를 기대할 수는 없는 것입니다. 당신은 당신의 몸을 돌보고 존중하고 보호할 책임이 있습니다.

자, 다시 중요한 세 가지를 이야기하겠습니다.

흡연은 몸의 입장에서 보면 독극물을 먹는 것입니다. 당신에게는 당신의 몸이 건강하게 살아 존재하는 것이 꼭 필요합니다. 당신은 당신의 몸을 돌보고 존중하고 보호할 책임이 있습니다.

제가 바라는 것은 이제 한두 시간마다 한 번씩, 그 외에도 당신이 담배를 피우고 싶을 때면 언제나 이 세 가지 이야기를 외우도록 하는 것입니다. 그렇게 되면 당신은 더 이상 담배와 싸울 필요가 없어지고, 당신에게 긍정적이고 도움이 되는 방향으로 판단하고 행동하게 될 것입니다.

이제 스스로 최면상태에 들어갈 수 있도록 연습을 해 보도록 하겠습니다. 먼저, 편안하게 앉거나 누운 상태에서 당신은 스스로 셋을 세게 됩니다. 하나에서 한 가지를 하고, 둘에서 두 가지를 하고, 셋에서 세 가지를 하면 됩니다. 하나, 눈을 위로 떠서 천장을 쳐다보고, 둘, 눈꺼풀을 살짝 감으면서 숨을 크게 들이쉬십시오. 셋, 눈을 편안하게 하면서 숨을 내쉬고 몸이 붕 뜬다고 상상해 보십시오. 몸이 붕 뜨는 느낌이 들면 한 손이 풍선이라고 상상하고 지금처럼 손이 위로 떠오르도록 내버려 두십시오. 손이 지금과 같은 직각 자세에 오면 당신은 명상상태로 들어간 것입니다. 명상상태에서 당신은 다음 세 가지 요점에 집중합니다.

흡연은 몸의 입장에서 보면 독극물을 먹는 것입니다.

당신에게는 당신의 몸이 건강하게 살아 존재하는 것이 꼭 필요합니다.

당신은 당신의 몸을 돌보고 존중하고 보호할 책임이 있습니다.

개인적으로 이것이 의미하는 바를 곰곰이 새겨 보고 다음과 같이 숫자를 거꾸로 세면서 집중상태에서 빠져나오면 됩니다. 셋, 마음의 준비를 하시고, 둘, 눈은 그대로 감은 상태에서 눈동자를 위로 뜨시고, 하나, 눈을 천천히 뜨십시오. 이제 눈의 초점이 제대로 돌아오면 올라가 있는 손을 주먹을 천천히 쥐었다가 천천히 주먹을 펴십시오. 그러면 일상적인 감각과 조종력이 회복될 것입니다.

이렇게 최면상태에서 벗어난 후에 다시 한 번 자기 최면과 암시문을 강조합니다. 그리고 아폴론형에게는 구점 퍼즐을 제시합니다. 답을 맞히는 것에 관계없이 다음의 이야기를 해 줄 수 있습니다.

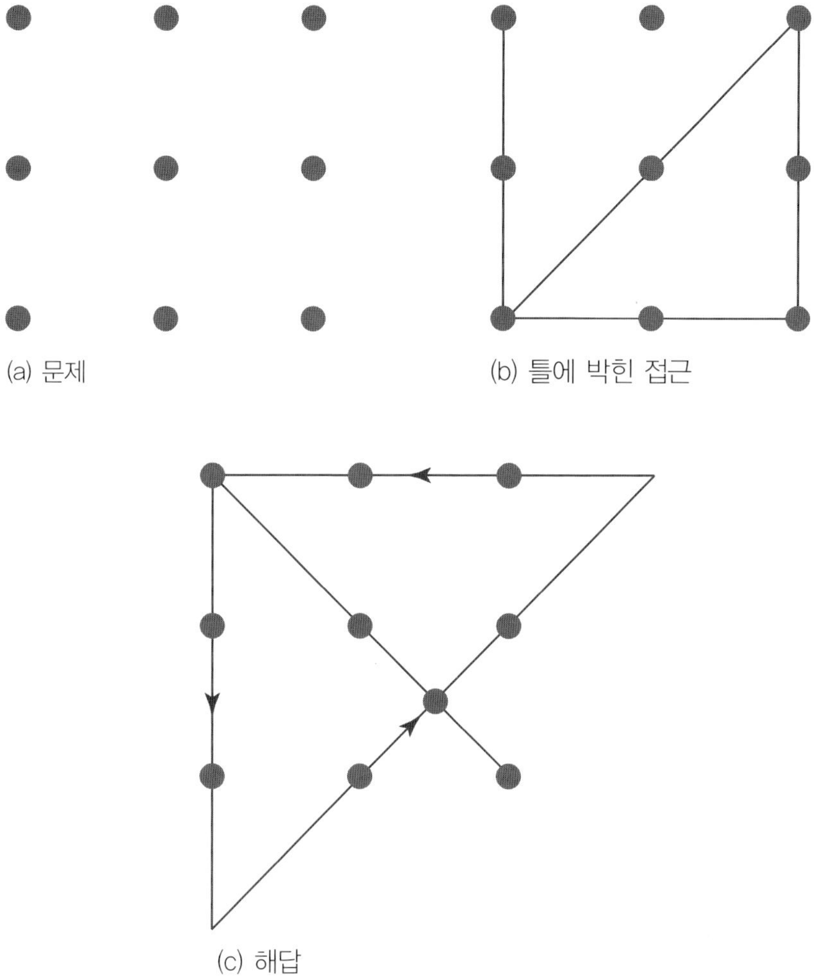

한 걸음 떨어져서 문제를 보면 새로운 관점이 생기고, 그러면 오히려 문제가 쉽게 해결됩니다.

[그림 2-1] **구점 퍼즐**(이준석 역, 2002: 241).

기존의 틀에서 벗어나 관점의 변화를 가지는 것이 중요합니다. 틀에서 벗어나지 못하면 '달리되 뛰지 마라. 가되 떠나지 마라. 흡연하되 담배를 피우지 마라.'라고 자신에게 이야기하는 것과 마찬가지입니다. 이런 식으로는 문제가 해결되지 않습니다. 하지만 당신이 당신의 문제를 관조함으로써 자신을 몸의 보호자로 여기게 되어 몸을 존중하고 보호한다면, 습관은 우회적으로 조절됩니다.

디오니소스형과 대부분의 오디세이형에게는 다음과 같이 이야기합니다.

당신과 몸이 존재합니다. 당신은 몸의 보호자이며 몸은 당신의 신체적 토대입니다. 몸은 소중하지만 무력한 면도 있습니다. 당신이 몸에 독을 집어넣는다면, 몸은 이를 받아들일 수 밖에 없으며 체념하게 됩니다. 하지만 독을 넣는 자가 당신이라는 것을 깨닫는 순간, 당신은 반드시 자문해야 할 것입니다. 당신은 대체 어느 편입니까? 당신의 몸을 위하는 편인가요, 혹은 반대편인가요? 살기를 원하나요, 아니면 죽기를 원하나요? 죽고 싶다면 계속 담배를 피우세요. 하지만 살고자 하는 마음이 남아 있다면, 몸을 존중해야 할 의무가 있으며 이는 당연한 것입니다.

그리고는 모든 인격에 공통으로 다음의 내용을 이야기하여 충동에 대한 관점을 변화시키도록 합니다.

충동을 조절하고자 한다면 충동과 싸우지 말라는 것입니다. 만약 충동과 싸운다면 사태를 악화시킬 뿐입니다. 무시하는 데에도 방법이 있습니다. 담배 피우고 싶은 충동이 생기면 인정하십시오. 하지만 동시에 몸을 존중할 사명이 있다는 점을 상기하십시오. 그러면 당신은 동시에 두 가지 충동을 갖게 되는데, 담배를 피우고 싶은 충동 그리고 몸을 존중하고자 하는 충동입니다. 이 둘을 한꺼번에 바라보십시오. 어느 한 가지에 관심을 쏟으려면 다른 한 가지는 무시해야만 합니다. 몸에 대한 사명에 관심을 가진다면, 동시에 흡연 충동을 무시하는 것입니다.

그다음 골절이 되어 한동안 석고붕대를 한 후 다시 풀으면 근육을 사용하지 않아 근육이 위축되어 있는 것을 이야기하면서 충동도 마찬가지라고 말해 줍니다. 사람들이 신부나 수녀가 어떻게 금욕생활을 하는지 의아해 하지만 실제로 수녀나 신부는 일정 기간이 지나면 성욕이 줄어든다는 사실을 이야기해 줍니다. 또한 간디가 40일 동안 금식을 했는데 5일째부터는 식욕이 사라졌다는 이야기와 전쟁에서 죽음의 공포에 사로잡혀 있는 병사들의 경우에는 식욕을 느끼지 못한다는 이야기를 해 줍니다. 이렇게 인간의 생존에 필요한 식욕과 성욕에 대한 충동도 사용하지 않으면 위축되는 것처럼, 흡연에 대한 충동도 사라지게 될 것이라고 비유를 통해 이야기합니다.

이제 다시 한 번 자기 최면을 실제로 해 보도록 합니다. 그런데 직장이나 공공장소에서 자기 최면을 하기 위해서는 다른 사람들의 눈에 잘 띄지 않기 위해 위장이 필요할 수 있습니다. 먼저 눈을 감고 눈동자를 천장을 쳐다보는 것처럼 위로 올리고, 손을 올린 상태에서 고개를 약간 옆으로 기울여서 손을 이마에 대듯이 하는 위장술을 가르칩니다. 그러면 마치 생각하고 있는 것처럼 보이게 하면서 자기 최면을 할 수 있습니다.

다시 줄에 매인 망아지에 관한 우화를 이야기합니다. 망아지가 줄과 투쟁하면서 줄을 당기면 당길수록 고통을 겪는 대신에 줄과 싸우지 않아 줄이 느슨한 상태에서는 땅에 눕기도 하고 걸어 다니기도 한다는 것을 이야기합니다. 이를 통해 줄과 싸우지 않듯이, 다시 한 번 흡연충동과 투쟁하지 않도록 권합니다. 그리고 반려견의 먹이가 개에게 해롭다는 식품의약품안전처의 판정이 난 후에도 주인이 반려견에게 해로운 먹이를 먹이겠느냐는 비유를 통해 당신이 몸의 보호자라는 관점을 다시 한 번 강조합니다.

그러고는 암시 요약문을 주면서 치료결과를 알기 위해 반송할 수 있는 우편엽서를 주고 환자에게 궁금한 것을 질문할 기회를 준 다음 치료를 마칩니다. 전체 치료시간은 45분쯤 걸리고 자기 최면은 20초 정도 하도록 합니다.

부모가 어린아이에게 이야기를 들려주는 것은 동서고금 어디에나 있는 문화입니다. 아이에게는 절대적인 존재인 부모가 재미있는 이야기를 해 준다고 하면 아이는 많은 기대를 가지고 눈을 동그랗게 뜨고 집중할 것입니다. 아이에게 동화의 내용을 더 잘 전달하기 위해 억양도 달리하고 목소리도 바꿀 수 있습니다. 이렇게 어머니가 연극하듯이 이야기를 하게 되면 아이는 더욱 집중해서 몰입하게 됩니다. 이런 몰입상태가 트랜스trance 상태이고, 넓은 의미의 최면상태입니다. 아마도 아이에게 들려주는 이야기는 교훈적인 내용이 많을 것입니다. 동화의 교훈적인 내용을 굳이 이야기하지 않아도 아이는 동화가 의미하는 바를 무의식에서 학습하여 자신의 가치관을 형성하는 데 도움이 될 것입니다. 이렇게 형성된 가치관이 그 아이의 행동과 태도에 영향을 미치게 됩니다.

이야기 들려주기를 이용하여 최면을 하겠다는 이야기도 하지 않고 형식적인 최면유도의 과정도 없었지만 자연스럽게 최면상태를 유도하여 치료자가 하고 싶은 내용의 암시를 하게 됩니다. 그 사람이 굳이 암시의 내용을 의식하지 않더라도 무의식에서 받아들이고 행동과 태도에 변화가 일어나서 궁극적으로 성장하고 발전하게 됩니다.

최면상태는 다양한 양상으로 나타날 수 있습니다. 독서삼매경이나 영화에 몰입하는 것처럼, 자연스럽게 최면상태를 경험하기도 하지만 때로는 이야기 들려주기처럼 정식 최면유도 없이 인위적으로 최면상태를 경험하게도 합니다. 또한 형식적인 최면유도를 통해서도 최면상태를 경험하게 할 수 있습니다.

에릭슨식 최면치료에서의 최면상태는 정식으로 최면유도를 통해 일어나는 협의의 최면상태뿐만 아니라 일상생활에서의 트랜스 상태를 포함하는 광의의 최면상태라는 것을 전제하고 이야기해 나가겠습니다.

밀턴 에릭슨의 생애

에릭슨식 최면치료를 이해하기 위해서는 먼저 밀턴 에릭슨Milton H. Erikson, 1901~1980이라는 분을 잘 알아야 합니다. 그래야 그가 어떤 철학을 가지고, 어떤 방식으로 환자를 치료했는지가 보다 잘 이해되기 때문입니다.

에릭슨은 어린 시절에 소아마비를 앓았을 뿐만 아니라 청각 장애, 적록색맹, 난독증dyslexia 등의 어려움을 겪었습니다. 그래서 그는 세상을 보통 사람들과는 다른 관점에서, 경험한 것으로 생각됩니다. 그는 이런 자신의 한계를 극복하는 과정을 통해 새로운 관점을 가지게 되었습니다. 다른 환자들이 가진 어려움도 본인처럼 새로운 관점을 가지도록 하면 그들의 한계를 극복하는 데 도움을 줄 수 있을 것이라고 그는 생각했습니다. 그는 치료라는 것을 환자들이 가진 자기인식의 한계를 넘어설 수 있도록 돕는 것이라고 생각하였습니다.

그는 1919년에 소아마비에 걸려 다시는 걸을 수 없다는 이야기를 들었습니다. 그는 움직이고 싶은 열망에 소아마비에 의해 완전히 기능을 상실하지 않은 근육들의 느낌과 감각을 관찰하는 데 많은 시간을 보냈습니다. 그리고 그는 아기가 걸음마를 배우는 과정을 관찰하면서 걸음걸이와 균형을 잡는 법을 다시 학습하였습니다. 그는 이러한 신체적인 결함이 자기 자신을 더욱 관찰을 잘하는 사람으로 만들어 주었다고 말했습니다. 결국 그는 목발crutches을 사용하여 다시 걸을 수 있게 되었습니다.

청각장애를 가진 사람들은 다른 사람들의 말하는 입의 모양을 보고 무슨 말을 하는지 파악하여 의사소통을 한다고 합니다. 정상적인 사람들은 다른 사람들의 말하는 입의 모양만 보고 무슨 말을 하는지 알기 쉽지 않겠지요? 청각장애를 가진 사람들은 생존을 위해서 상대방의 입 모양을 관찰하는 기술을 발달시켰을 것입니다.

마찬가지로 에릭슨은 자신의 생존을 위해 개발해 낸 관찰하는 기술을 다른 사람들을 관찰하는 것에 활용하였습니다. 그는 만약 사람들이 관찰하는 것을 배우기만 한다면 자신들이 사용하는 미세한 근육의 움직임들을 더 잘 알 수 있게 될 것이라고 믿었습니다. 예를 들면, 그가 음치였기 때문에 관찰을 통해 피아니스트가 건반을 두드리는 터치touch의 정도로 피아니스트의 실력을 구별해 낼 수 있다는 것을 알았습니다. 고난도의 연주는 굉장히 다양한 형태로 건반을 두드리는 터치가 요구되기 때문입니다.

"내가 음치이기 때문에 나는 음의 굴곡, 즉 억양에 주의를 기울이게 된다. 이는 그 사람의 말의 내용에 내가 덜 방해를 받는다는 것을 의미한다. 행동의 많은 양상이 사람이 말하는 내용보다는 말하는 방식을 반영하고 있다."라고 에릭슨은 말했습니다Haley, 1967. 그는 자신의 한계를 극복하는 과정에서 얻은 관찰하는 기술을 통해 다른 환자들을 관찰하면서 그들이 가진 한계를 극복할 수 있도록 돕는 방법들을 생각하였습니다. 에릭슨식 최면치료를 하기 위해서는 환자를 관찰하는 것이 그만큼 중요합니다.

그는 1923년에 위스콘신 대학교의 심리학과 교수였던 헐 Clark Hull 에게 최면치료를 배우고는 최면현상에 대해 연구하기 시작했습니다. 그는 지시적이고 권위적인 전통적인 최면치료 대신에 비지시적이고 허용적인 최면치료가 도움을 줄 수 있다고 생각했습니다. 1930년에 위스콘신 의대를 졸업하고, 우스터 주립병원에 근무하면서 최면에 대한 논문들을 발표하였습니다. 이러한 연구들 덕분에 그는 유능한 관찰자로서의 명성을 얻을 수 있게 되었습니다. 1948년에 건강상의 이유로 피닉스로 이주하여 아리조나 주립병원에서 1년 동안 일했으나 그 후 30년은 자신의 집에서 진료를 하면서 제자들과 함께 최면과 심리치료에 대한 임상 연구에 전념하였습니다. 그는 1957년에 제가 자격증을 취득했던 학회인 미국임상최면학회 The American Society of Clinical Hypnosis 를 설립하고 초대회장을 맡았습니다. 에릭슨은 1958년에서 1968년까지 『미국 임상 최면 학회지 The American Journal of Clinical Hypnosis』의 편집장으로 일했습니다. 1973년에 헤일리 Jay Haley 의 『비범한 치료 Uncommon therapy』라는 책을 통해 그의 치료방법이 소개되어 일반인들에게도 널리 알려지게 되었습니다. 1979년에 그의 제자들은 피닉스에 에릭슨 재단을 세웠습니다.

그는 150여 편의 논문을 발표했으나 구체적인 학설이나 체계를 세우지는 않았습니다. 그는 이론적 체계를 세워 자신의 접근방법을 공식화하는 것을 걱정했습니다. 그는 치료자나 환자가 이론적인 틀에 얽매이지 않아야 한다고 생각했습니다. 오히려 제자들에게 자신을 모방하려고 하지 말고 자신만의 고유한 기법을 창의적으로 만들라고 충고하였습니다. 왜 자신의 학파나 연구소를 세우지 않느냐는 제자들의 물음에 "우리의 지식이라는 것이 모두 유치원 수준에 있다 We are all in the kindergarten."라고 대답했습니다. 그만큼 우리의 지식이라는 것은 한계가 있고 더 많이 배워야 한다는 의미일 것입니다. 그의 겸손

함이 잘 나타나는 예화라고 하겠습니다.

또한 그는 제자들을 교육하면서 이론적인 틀에 얽매이지 말도록 하였습니다. 그는 이론이 도그마 dogma가 되어 치료자의 창의성을 제한하고 환자의 독특한 잠재력들이 활용되지 못하는 것을 경계하였습니다. 그는 간혹 제자들에게 다소 엉뚱한 질문을 하였습니다. 710이라는 숫자를 가지고 어떤 것을 만들 수 있는지를 물었습니다. 제자들은 701, 197, 179, 071, 017 등 주로 숫자들의 조합을 이야기하였습니다. 에릭슨은 017의 7을 거꾸로 놓으면 OIL이라는 단어도 될 수 있다고 이야기하면서 새로운 관점에서 문제를 보도록 하였습니다. 또한 그는 제자들에게 상담실에서 건넛방을 가는 방법에 대해서도 질문을 하였습니다. 제자들은 단순히 걸어가는 방법, 뛰어가는 방법, 기어가는 방법 등을 이야기했습니다. 에릭슨은 그 외에도 상담실에서 나와 여행을 하고 난 후 다시 돌아와 건넛방에 가는 방법, 상담실과 건넛방에 사다리를 놓고 그 위로 들어가는 방법, 밖으로 나가서 창문을 통해 들어가는 방법 등 다양한 방법을 이야기하면서 문제에는 하나의 정답이 있는 것이 아니라 무한의 해결책이 있다는 것을 강조하였습니다 Rosen, 1982.

로시 Ernest Rossi와 헤일리 같은 제자들이 에릭슨의 치료 사례, 논문, 강의, 그리고 워크숍의 자료 등을 취합해서 그의 치료법에 대해 체계와 이론을 정립하여 책을 썼습니다. 이런 노력들은 유용하기는 하지만 에릭슨식 치료방법에 단지 가까이 다가갈 뿐입니다. 에릭슨의 접근방법은 무엇이라 한정할 수 없습니다. 그의 치료는 관찰을 통해 환자가 가진 독특한 unique 강점과 능력을 찾아내어 활용 utilization하는 에릭슨의 능력에서 비롯된 것이라 할 수 있습니다. 현재는 그의 치료법을 더 잘 이해하기 위한 학회와 연구소들이 많이 생겨났습니다.

그는 최면치료뿐만 아니라 가족치료 그리고 신경언어학 프로그래밍 Neuro

Linguistic Programing: NLP 에도 지대한 영향을 미쳤습니다. 그는 베이트슨 Gregory Bateson 과 그의 부인인 미드 Margaret Mead 와 함께 연구를 하면서 교류하였습니다. 베이트슨은 커뮤니케이션 유형에 대해 연구를 하였는데, 조현병 환자 가족의 의사소통에 대해 관심을 가져서 이중구속 double bind 의 개념을 소개하였습니다. 이때 베이트슨이 조현병 연구에 헤일리를 참여시켰습니다. 이러한 연구들은 나중에 가족치료에 지대한 영향을 미쳤습니다. 또한 베이트슨은 밴들러 Richard Bandler 와 그라인더 John Grinder 에게 많은 영향을 끼쳤고, 그들을 에릭슨에게 소개해 주면서 NLP의 탄생에도 기여하였습니다. 밴들러와 그라인더는 최면적 의사소통과 자연적 최면기법을 연구하면서 에릭슨의 치료방법에서 언어적이며 의미론적인 요소들을 찾아내었습니다. 물론 그들은 에릭슨 이외에도 게슈탈트 치료의 펄스 Fritz Perls, 가족치료의 사티어 Virginia Satir 의 이론 및 기법을 참조하였습니다. NLP가 일반 대중에게 알려지면서 에릭슨의 최면치료도 널리 알려지게 되었습니다.

에릭슨식 최면치료

우리가 아름다운 시를 읽고 음미하지만 시를 규정하려고 하면 아름다운 시는 사라지게 됩니다. 마찬가지로 에릭슨식 최면치료를 규정하는 것은 바람직한 일이 아닙니다. 하지만 나름대로 설명을 해 보겠습니다. 장님이 코끼리를 파악하기는 쉽지 않겠습니다. 하지만 여러 방향에서 코끼리를 만지고 경험하여 그 관점들을 통합하면 코끼리에 대해 보다 잘 이해할 수 있겠습니다. 그래서 에릭슨식 최면치료에 대해서도 본질에 다가가기 위해서 여러 관점에서 알아보기로 하겠습니다.

먼저 에릭슨식 최면치료의 기본 개념을 이야기하고 치료원칙에 대해 말하겠습니다. 그리고 에릭슨식 최면치료의 과정을 순환 개념으로 설명하겠습니다. 그다음에는 에릭슨의 독특한 최면적 의사소통에 대해 말씀드리겠습니다. 또한 한 회기 내에서 에릭슨식 최면치료가 어떻게 진행되는지를 이야기하겠습니다. 마지막으로 에릭슨의 최면기법들에 대해 알아보겠습니다.

▮ 에릭슨식 최면치료의 기본 개념

☑ 인간 중심

에릭슨식 최면치료의 핵심은 인간 중심person-centered입니다. 그는 모든 사람은 독특한unique 존재라고 생각했습니다. 모든 사람이 살아온 환경이나 성장 과정이 다르고, 각자의 체질적 · 신체적 조건이 다릅니다. 그래서 사람은 그 사람 나름대로의 믿음과 동기를 가지고 행동하고 표현하게 됩니다. 각자의 표현들, 행동이나 태도 혹은 증상까지도 그 사람의 입장에서는 현실이기 때문에 치료를 위해서는 이를 있는 그대로 받아들이고accept 이용utilize해야 합니다. 치료자는 자신의 사고방식을 일시적으로 유보하고 환자의 현실을 있는 그대로 받아들여 환자의 현실체계에서 긍정적인 변화를 모색해야 합니다.

또한 그는 각 개인은 여러 수준multi-level에서 유일한 존재라고 생각했습니다. 예를 들면, 통증이 보상과 관련이 되어 있으면 의식에서는 통증이 괴로운 것일 수는 있지만 무의식에서는 통증의 해소를 원하지 않을 수 있습니다. 그리고 개인의 존재론적인 입장에서는 통증 때문에 일을 못하게 되면서 무력감을 느낄 수 있습니다. 이렇게 하나의 증상이 여러 수준에서 그 의미가 각 사람마다 독특하고 다를 수가 있습니다. 그래서 치료를 할 때에는 여러 수준에서 긍정적인 변화를 이끌어 낼 수 있도록 하는 의사소통multi-level communication이 필요합니다.

☑ 자연스러운 접근

사람은 자기도 모르게 최면상태에 들어가기도 하고, 최면현상을 체험하기도 하는 자연스러운 능력을 갖추고 있습니다. 재미있는 영화를 보면서 옆에 함께 온 친구도 잊어버리고 두통도 못 느끼고 시간이 어떻게 흘러가는지 모르는 것처럼, 망각, 감각마비, 시간 왜곡 등의 최면현상들을 자연스럽게 경험합니다.

작은 상처는 저절로 아물 듯이, 모든 사람은 건강을 유지하려는 자연치유력을 가지고 있습니다. 정신건강에서는 무의식의 잠재능력이 그것입니다. 그러므로 정신적인 문제의 해결을 위해 치료자가 환자에게 주입할 것이 없고 단지 환자의 마음속에 있는 자연적인 문제 해결 능력을 일깨우기만 하면 됩니다. 이것을 자연스러운 접근 naturalistic approach 이라고 합니다.

치료자가 환자에게 지시하고 가르치는 것은 바람직하지 않으며 비지시적이고 허용적인 방식으로 접근하는 것이 좋습니다. 에릭슨식 최면치료는 치료자가 암시하는 것에 환자가 반응하는 것이 아니라 치료자의 자연스러운 접근을 통해 환자가 자신의 경험을 환기시키는 것을 중요하게 생각합니다. 그러한 체험을 통해서 자연스럽게 영향을 받기도 하고 목표를 달성하기도 합니다.

에릭슨은 최면상태를 자연스러운 것이라고 보았습니다. 최면상태에서 환자의 과거 경험을 환기시키는 것도 우리가 일상생활에서 경험하는 것과 마찬가지로 자연스러운 현상입니다. 단지 최면치료를 할 때에는 이러한 현상을 강화할 수 있습니다. 우리는 평상시에도 당시의 상황이나 사람들에 대해 기억을 떠올리고 느낌을 받을 수 있습니다. 하지만 최면상태에서 연령퇴행을 통해 그 당시의 경험들을 떠올리는 경우에는 보다 생생하게 그때의 감정과 느낌이 강화되어 경험할 수 있습니다. 또한 최면상태에서는 당시의 경험을 암시를 통해 조종하거나 변형할 수 있다는 장점이 있습니다.

에릭슨식 최면치료에서 자연스러운 접근이란 환자가 의식하지 못하는 가운데 자연스럽게 라포rapport를 형성하고 최면상태를 유도하고 치료자가 암시를 통해 환자의 경험을 환기시켜 자연스럽게 영향을 미치는 것입니다. 자연스러운 접근방법으로는 자명한 진술truism과 '예' 반응 틀'yes' set이 있습니다. 자명한 진술은 환자가 경험하고 있는 객관적인 사실이나 자명한 현상을 진술하는 것입니다. 그리고 '예' 반응 틀은 환자가 객관적으로 부정할 수 없는 질문들을 하여 '예'라는 수용적이고 허용적인 대답을 이끌어 냄으로써 다음 암시에도 쉽게 받아들이도록 하는 것입니다.

☑ 최면은 의사소통의 경험적 과정

에릭슨은 최면을 의사소통communication이라고 이야기하면서 최면은 특별한 상태가 아니며, 누구나 매일 경험하고 있는 현상이라고 말했습니다. 누구나 최면상태를 경험할 수 있고, 그래서 정식 최면유도 없이 최면치료를 할 수 있기 때문에 최면감수성이 낮은 경우에도 에릭슨식 최면치료는 유용합니다. 결국 최면현상은 치료자와 환자 사이의 의사소통의 결과입니다. 즉, 최면현상은 환자가 이미 가지고 있는 가치관이나 생각이 치료자와의 의사소통을 통해 연상 과정이나 사고 과정을 거쳐 나온 결과입니다. 그래서 환자가 가지고 있는 마음을 이해하고 그것을 잘 활용하면 최면을 자연스럽게 유도할 수 있습니다. 예를 들면, 환자가 가슴 두근거림palpitation에 집착하고 있다면 그 느낌에 집중을 하도록 하고 그 속도에 맞추어 호흡을 하게 함으로써 가슴 두근거림을 이용하여 최면을 유도할 수 있습니다. 또한 환자가 치료자와의 의사소통을 통해 평화로운 장면을 환기시키면 당시의 느낌으로 편안해져서 가슴 두근거림이 자연스럽게 없어지는 경험을 하게 할 수도 있습니다.

☑ 개인의 내적 정신과정이라는 매개변인을 강조

전통적인 접근방법에서 최면은 비협조적인 사람에게는 일어나지 않는다고 여겼습니다. 그 사람이 최면에 유도되려고 하는 경우에만 최면현상이 일어난다는 개념입니다. 전통적인 최면이나 최면감수성 등의 개념은 치료자와 환자와의 상황을 비교적 덜 중요하게 생각합니다. 하지만 에릭슨식 최면치료는 개인의 내적 정신과정이라는 매개변인을 강조합니다. 내적 정신과정은 한 개인의 의식적인 인식을 넘어서는 의식과 무의식 양쪽 모두를 중재하는 변인입니다. 말하자면, 최면에 협조하는 것이 아니라 최면이 일어날 수 있는 상황을 만들어 내는 것입니다. 그래서 자연스럽게 최면현상이 일어나도록 하는 것입니다.

유명한 에릭슨의 일화가 있습니다. 어떤 환자가 자신이 예수라고 생각하고 있었습니다. 그런데 이 환자는 의욕이 없어서 일을 하지 않고 있었습니다. 그런데 치료자가 예수라고 주장하는 환자에게 "당신은 목수셨군요."라고 말하고는 책꽂이 만드는 일을 하도록 하였습니다. 예수가 목수 일을 했었기에 환자는 일을 하였습니다O'Hanlon, 1987: 11. 이렇게 자연스럽게 일을 할 수 있는 상황을 만들어 내는 것이 에릭슨식 최면치료입니다.

☑ 내적 자원의 활용

에릭슨은 인간의 마음 내부에 많은 잠재적인 능력이 있다고 생각했습니다. 그래서 그 사람이 가지고 있는 능력을 자연스럽게 끄집어내는 것이 가능하다고 생각했습니다.

프로이트의 무의식 개념은 억압된 에너지와 충동과 관련된 부정적이고 퇴행적인 속성을 가지지만 에릭슨의 무의식 개념은 무의식이 모든 과거 경험과 학습의 저장소이고 성장을 위한 근원이기 때문에 긍정적입니다. 에릭슨의 무의식은 자신을 변화시키기 위한 필수적인 자원들을 가지고 있어 자신을 성장시키기 위한 잠재력을 가지고 있습니다. 또한 에릭슨의 무의식은 자율적이며 창조적인 방식으로 작용하여 저절로 긍정적인 변화를 야기할 수 있습니다. 에릭슨은 무의식에 대한 무한한 신뢰가 있었고, 이것은 바로 인간에 대한 신뢰였습니다.

에릭슨은 모든 사람의 무의식에 발전적인 자원들을 가지고 있다고 생각했습니다. 그는 모든 사람은 의식적인 것보다 더 많은 능력과 자원을 무의식에 가지고 있다고 말했습니다. 그런데 그는 이 무의식의 부분이 제대로 활용되지 못하고 있다고 보았습니다. 그래서 이미 가지고 있는 무의식의 자원들을 찾아내도록 하여 경험하게 함으로써 저절로 무의식의 자원들이 환자의 발전에 도움이 되도록 할 수 있다고 생각했습니다.

예를 들면, 현실에서 무능함을 느끼고 자신감이 없는 환자에게 최면상태에서 지금은 잊어버리고 있는 자신이 자부심을 느꼈던 과거의 장면들을 경험하게 합니다. 이렇게 함으로써 자신이 이미 가지고 있는 능력과 힘을 상기시키는 것입니다. 그리고 이런 힘이 자신에게 항상 존재하고 있어 필요할 때에는 언제든지 활용할 수 있다는 것을 환기시킬 수 있습니다.

그리고 무의식은 자동적으로 발전적으로 움직일 수 있습니다. 에릭슨의 관점에서 무의식은 의식과 해리되어 자동적으로 움직일 수 있고, 깊은 변화를 일으킬 수 있습니다. 변화를 위해 의식과 무의식이 함께 상호작용하는 것이 도움이 될 수도 있지만 반드시 의식에서의 통찰력이 필요하지는 않습니다. "당신의 의식은 똑똑하지만 당신의 무의식은 더욱 현명합니다."라고 암시를 함으로써 무의식의 힘이 저절로 긍정적인 변화를 일으키도록 할 수 있습니다.

뿐만 아니라 최면상태가 내적인 자원들의 발달을 촉진합니다. 최면상태에서는 의식의 비판적인 사고가 유보되어 자아수용성이 증가하게 됩니다. 그래서 무의식에 잠재해 있던 힘과 능력들이 자연스럽게 드러나면서 내적인 자원들이 활용되어 개인을 성장시키고 발전시키게 됩니다.

에릭슨식 최면치료에서 내적 자원을 활용하기 위해서는 먼저 환자에 대한 관심과 존중이 필요합니다. 그러므로 환자의 현재 일상생활에서의 상황을 파악하고 그가 가진 자원이나 욕구, 동기들을 아는 것이 중요합니다. 환자가 가진 문제, 증상, 그리고 환자가 가진 치료에 대한 저항도 인정하고 활용하는 것이 바람직합니다.

☑ 인간의 성장과 발달을 추구

사람은 성장하는 자연의 힘을 가지고 있습니다. 동식물이 자연스럽게 성장하듯이, 인간도 자연스럽게 성장 · 발전합니다. 에릭슨식 최면치료에서는 최면상태의 경험을 통해 자연스럽게 환자를 성장 · 발전할 수 있도록 할 수 있습니다.

에릭슨식 최면치료에서는 환자의 현재 일상생활을 중요하게 생각합니다. 과거에 집착하고, 현재를 무시하고, 불필요한 미래에 대한 욕구들은 치료과정을 지연시키고 복잡하게 만듭니다. 에릭슨식 최면치료의 특징은 현재의 인간관계를 강조하고, 발달에 있어서 인간관계의 영향과 인간관계로 생기는 문제들의 해결에 중점을 두는 것입니다. 비록 먼 과거에서 한 개인의 증상 행동이 생겼을 수도 있지만 에릭슨의 관점은 어떻게 해서 그 문제가 현재에도 유지되고 있는 것인가에 초점을 맞추게 됩니다. 그래서 에릭슨식 최면치료에서는 환자의 일상생활에서의 독특한 상호작용이 엄격한 이론이나 기법을 적용하는 것보다 더욱 중요하게 여겨집니다. 과거의 충격적인 사건들의 해결이 정신치료의 기본일 수 있지만 그것들이 지나치게 강조될 필요는 없습니다. 에릭슨식 최면치료는 환자의 힘을 찾아내고, 만약 그 힘이 부족하면 환자의 현재 일상생활에서 주어진 문제를 해결하는 데 사용할 수 있는 새로운 배움과 경험의 기회를 가지도록 합니다. 이러한 작업은 현재의 주어진 문제를 미래의 발달로 가는 계기가 되도록 합니다.

에릭슨식 최면치료의 일화입니다. 광장공포증을 가진 환자가 집 밖을 나오는 데 두려움을 느껴서 일을 못하고 있었습니다. 그래서 차를 집으로 꾸며서 푸드 트럭처럼 차를 몰고 나와 핫도그를 팔면서 생활하도록 하였습니다. 그는 환자에게 집을 나올 힘은 없지만 생활을 위한 일을 가질 수 있는 기회를 마련해 준 것입니다.

그리고 에릭슨식 최면치료는 진로 정렬course alignment을 위주로 합니다. 에릭슨식 최면치료에서 과거는 이제까지 경험한 모든 것을 의미하며, 그것이 때로는 부정적인 것이라고 해도 소중한 자료로 받아들입니다. 현재는 새로운 것을 배우고 자기 인식self-appreciation의 가능성을 제공하고, 미래는 자기성장self-development을 위한 많은 가능성을 가지고 있습니다. 말하자면, 치료의 목표는 과거를 이해하고 현재 상황을 이용하여 미래에 발전적인 성장을 할 수 있도록 진로를 정렬하는 데 있습니다. 증상이나 오류는 이러한 개인의 진화 과정에서 일종의 탈선으로 여기며, 오류 수정error-correction에 주력하기보다는 개인의 발전을 위한 한 계기가 되도록 합니다.

자전거를 타기 위해서는 넘어지는 과정이 필요하듯이, 넘어져서 생긴 상처를 고통으로만 여기지 않고 결국 자전거를 탈 수 있게 하는 발전을 위한 계기로 받아들이도록 하자는 것입니다. 또한 신체적인 증상도 몸에서 건강을 조심하라는 충고로 받아들이도록 하여 증상 자체의 괴로움이나 불편함을 자신을 위한 것으로 받아들이도록 하는 것이 좋습니다.

에릭슨식 최면치료의 기본적인 원칙

에릭슨식 최면치료가 각각의 환자에게 독특한 방식으로 진행되기 때문에 특별한 규칙이나 원리가 없어 보입니다. 하지만 에릭슨의 제자인 로시Erickson & Rossi, 1980는 에릭슨의 최면치료에 관해 네 개의 기본적인 원칙을 정리하였습니다. 그는 이러한 원칙들이 기존의 최면치료와는 전혀 다른 방식으로 실용적인 면을 보여 준다고 말했습니다. 그 원칙들은 다음과 같습니다.

☑ 무의식이 의식화될 필요는 없습니다

무의식적 과정들은 의식 밖에 존재하면서 문제 해결에 도움이 될 수 있습니다. 에릭슨의 경우, 무의식을 인간 경험의 광범위한 영역에 걸쳐 있는 연상들의 복합적인 틀set이라고 생각하였습니다. 무의식은 순간순간 인간의 행동을 조절하고, 조종하고, 안내하는 인간 행동의 양식들patterns입니다. 이러한 양식들은 그 사람이 또 다른 지각, 경험, 행동을 만들어 낼 수 있도록 하는 최면치료에서 유용한 자원들입니다. 에릭슨은 무의식을 긍정적인 치료적 변화를 위해 사용할 수 있는 자원들과 기법들의 저장소로 생각했습니다.

☑ 행동이나 태도를 치료 목표를 위하여 사용할 수 있습니다

에릭슨식 최면치료의 중요한 공헌들 중 하나는 환자의 치료적 변화를 위해 그들의 행동, 지각, 태도를 이용하는 개념입니다. 환자에게 치료자와의 상호작용의 방식에 순응하도록 요청하지 않습니다. 오히려 환자들의 행동이 받아들여지고 치료과정에서 이용되는 것입니다.

헤일리는 에릭슨의 사무실에서 보행을 멈추지 않는 환자의 행동을 이용한 에릭슨의 임상 예Haley, 1973: 23를 언급했습니다. 에릭슨은 최면치료를 시작하기 위해 앉기를 거부하는 환자를 의자에 앉히려고 하거나 이완시키려고 하지 않았습니다. 아마도 그렇게 하면 에릭슨과 환자 사이에서 각자의 의지가 부딪혀 치료 자체가 깨질 수도 있었을 것입니다. 에릭슨은 그 환자에게 계속 걷도록 하면서 치료자에게 협조할 수 있는지를 물어보았습니다. 그 환자는 자신이 치료를 위해 사무실에 있으려면 걸어야만 한다고 말했습니다. 에릭슨은 그 사람의 행동을 받아들이고 환자의 보행에 일치시켜 아주 간단하고 직접적인 암시를 해 나갔습니다. 먼저 걸음에 맞춰서 숫자를 세도록 하고, 그 숫자에 맞춰 호흡을 하도록 하였습니다. 일정 시간이 지난 후 이완의 암시와 결국은 특정한 의자에 앉고 싶어지는 욕구에 대한 암시가 에릭슨의 다른 암시들 사이에 끼워 넣어졌습니다. 얼마 후에 환자는 앉을 수 있었고, 치료적인 몰입 상태가 되었습니다. 말하자면, 성공적인 치료에 정반대로 여겨질 수도 있는 행동들이 치료과정의 한 부분으로 받아들여졌습니다. 치료자와 환자 모두 이러한 행동들을 긍정적인 치료결과를 위해 활용하였습니다.

☑ 암시는 직접적일 필요가 없습니다

은유나 이야기 같은 비지시적 암시는 환자의 개성, 과거 경험, 고유한 잠재력이 발현될 수 있도록 허용해 줍니다. 그리고 비지시적 암시를 하게 되면 연상, 연속성, 유사성, 대조 같은 학습 과정들이 무의식적 수준에서 관여할 수 있게 됩니다. 또한 비지시적 암시는 환자의 의식적인 한계나 비평들을 비켜가서 결국 치료적인 효과를 증대시킵니다.

직접적 암시는 최면치료자들이 환자에게 어떤 반응을 명확하고 직접적으로 요청할 때 사용합니다. 반면에, 비지시적 암시는 치료자의 요청과 환자의 반응이 덜 명확합니다. 예를 들면, 최면유도에서 직접적 암시를 사용하는 경우에는 치료자가 환자에게 "눈을 감으십시오. 그리고 점점 더 긴장을 이완하십시오."라고 말할 수 있습니다. 보다 비지시적 암시에서는 같은 암시를 "당신 자신의 학습에 필요할 정도로 당신이 편안하게 됨에 따라서 아마도 당신은 당신의 눈이 감기거나 일부 감기거나 아니면 눈이 떠져 있는 것을 알게 될 것이고, 그만큼 더욱 깊은 최면상태에 들어가게 됩니다."라고 할 수도 있습니다. 비지시적 암시에서 환자는 그 자신만의 고유한 최면상태를 취할 수 있게 넓은 선택의 범위를 가지게 됩니다.

에릭슨의 작업 초기에는 직접적 지시와 반복에 많이 의존했습니다. 그러나 후기에는 비지시적 방법을 더욱 비중 있게 사용했습니다. 비지시적 암시는 어떤 이유에서든 의식적인 마음이 하지 않으려고 하는 것을 하도록 직접적인 시도를 하지 않음으로써 치료자가 환자를 존중하고 있다는 것을 보여 줍니다. 또한 환자가 자신에게 적절한 의미를 찾게 하고 새로운 반응을 할 수 있도록 자신이 가진 잠재력을 탐색할 수 있게 합니다. 그래서 비지시적 암시는 은유와 이야기, 역설, 이중구속 등의 치료적 사용을 위한 기본 토대가 됩니다.

☑ 최면암시는 환자가 새로운 행동을 하게 하는 새로운 의미, 태도, 신념을 창조하는 것입니다

최면 자체는 치료적인 힘이 없습니다. 어떤 치료자도 최면이 어떤 사람의 정상적인 능력을 초월하고 극적인 변화를 가져온다고 믿지 않습니다. 에릭슨은 그의 임상 경험을 통해 최면이 기적적인 치유를 한다는 주장을 뒷받침할 어떤 근거도 발견하지 못했다고 분명히 지적했습니다. 그는 단지 사람이란 그들이 인지하는 것보다 훨씬 많은 잠재력과 자원을 가지고 있다는 것을 주장했습니다. 에릭슨 학파 치료자들은 최면의 가치가 환자의 감춰진 잠재력의 거대한 보물창고에서 필요한 것을 찾아서 이용하는 능력에 있다고 보았습니다. 환자의 잠재력의 발현과 사용은 개인의 독특한 과정이어서 단지 치료자가 엄격하게 계획한 예정에 따른 직접적인 접근법으로는 쉽지 않습니다. 그래서 최면암시를 통해 자연스럽게 환자의 잠재력이 발현되어 나름대로의 의미, 태도, 신념을 만들어 내도록 하는 것이 중요합니다.

에릭슨식 최면치료의 순환 개념

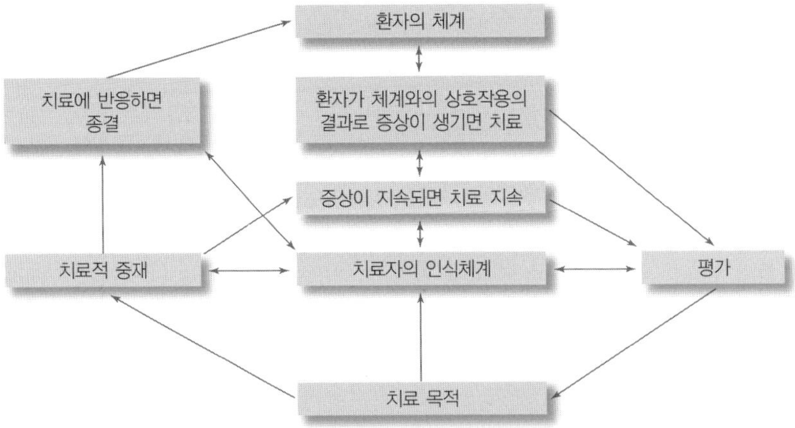

[그림 2-2] 에릭슨식 최면치료의 순환모델(Matthews, 1985)

이번에는 에릭슨의 최면치료 과정을 순환 개념으로 설명하겠습니다. 에릭슨식 최면치료는 환자의 사회체계 안에서 환자의 기능을 이해하지 않고서는 사용할 수 없습니다. 각각의 환자는 자신의 신념과 관련된 자신의 인식의 틀을 가지고 사람을 그리고 세상을 바라봅니다. 그것은 비록 주관적이기는 하지만 그 사람 고유의 현실 인식이고 세계관입니다. 결국 환자는 자신이 인식하고 있는 사회체계와 상호작용할 수밖에 없습니다. 이런 상호작용의 결과로 증상이 생길 수 있습니다. 치료자도 마찬가지로 자신만의 인식체계가 있습니다. 중요한 것은 치료자는 환자와 동떨어져 있는 것이 아니고 환자가 관찰하고 있는 사회체계의 한 부분이라는 것입니다. 그래서 치료자와 환자 사이의 상호작용이 큰 의미가 있습니다. 치료자는 환자의 사회체계 내에서 증상의 의미를 이해하여 받아들이고 환자와의 상호작용을 거쳐 적절한 중재를 하게 됩니다. 이는 치료자가 수동적인 환자에게 일방적으로 치료하는 것과는 대조적입니다. 에릭슨식 최면치료의 순환 개념은 평가는 중재와 관계되고, 중재는 다시 평가와 연결된다는 것입니다.

먼저 환자의 사회체계 ecosystem 를 알아보겠습니다.

환자는 가정, 종족, 문화의 영향으로 구성된 보다 큰 사회체계의 한 부분으로서 치료에 참여하게 됩니다. 비록 환자 개인만을 볼지라도 치료자는 환자의 증상, 즉 문제행동이 보다 큰 사회체계 내에서 어떤 의미가 있는지, 또 어떻게 쓸모가 있는지를 고려할 필요가 있습니다.

치료자는 이러한 문제행동을 환자의 사회체계 안에서 인식하고 치료를 시작해야 합니다.

치료자는 환자의 기능의 수준을 평가하기 위해 여러 가지 질문을 하게 됩니다. 환자의 사회관계망 social network 구조가 어떠한지, 환자 가정의 발달단계는 어느 정도인지, 발달관점에서 볼 때 환자는 어디까지 발달되어 있는지, 환자가 가진 자원들 중 이용 가능한 것이 무엇인지, 환자가 가진 융통성은 어떤지, 사회체계 내에서 증상의 의미와 기능은 무엇인지 등을 물어보고 환자를 평가하게 됩니다. 비록 환자 혼자 치료를 받으려 하는 경우에도 평가는 항상 보다 큰 사회체계 속에서 이루어져야 하고, 그래야 그 체계 속에 존재하는 개인을 이해할 수 있게 됩니다.

치료 목표는 치료자와 환자 사이에 상호 논의를 통해 정해지는 것이 바람직합니다. 치료 목표는 환자의 감정이나 행동, 태도, 신념, 자기평가, 그리고 사회관계망에서의 바람직한 변화입니다. 뿐만 아니라, 자율성을 더 많이 가지면서 일상생활에서 즐거움이 증가되는 것이 중요한 목표입니다. 이것이 특징적인 에릭슨식 최면치료 목표인데, 그는 인생은 즐거워야 한다는 관점을 가지고 있었으며 즐거움은 일상생활의 자율성과 관련이 되어 있다고 생각했습니다.

치료자와 환자는 공동의 치료 목표를 함께 달성할 수 있도록 어떤 치료적 중재를 사용할지를 결정해야 합니다. 치료적 중재들은 최면, 증상 처방, 역설, 은유, 이야기 들려주기 등 여러 가지일 수 있습니다. 치료적 중재는 치료 결과에 대한 판단과 지속적인 평가의 과정과 연결됩니다. 비록 초점이 최면치료에 있지만 앞에 열거된 중재들은 형식적인 최면과 함께할 수도 있고 그렇지 않을 수도 있습니다.

순환 개념에 따라 [그림 2-2]처럼 만약 환자의 증상이 지속되면 치료자는 진단적 판단, 치료 목표, 치료 중재를 재평가하기 위해 다시 돌아갈 필요가 있습니다. 그러나 만약 환자가 현재의 문제와 관련된 바람직한 새로운 행동양식을 개발하게 되면 치료는 종결됩니다.

에릭슨식 최면적 의사소통

에릭슨식 최면치료의 특징적인 의사소통방법은 밴들러와 그라인더가 에릭슨을 찾아가 학습하여 신경언어학 프로그래밍 Neuro Linguistic Programing: NLP을 완성하는 데 초석이 되었습니다. 이런 독특한 의사소통방법은 헤아릴 수 없을 정도로 많겠지만 그 방법 몇 가지를 알아보기로 하겠습니다. 그래서 앞으로 우리가 환자의 치료에 이러한 방법들을 잘 활용해 나가는 것이 바람직하겠습니다. 그런데 사실은 우리가 이미 알게 모르게 배워서 실제로 사용하고 있는 경우도 많이 있습니다.

☑ 허용적 방식

전통적인 최면치료에서는 환자가 어떤 상태에 속해 있다고 암시"당신은 지금 깊은 최면상태에 있습니다."를 하거나 앞으로 어떤 일이 일어날 것"당신의 왼팔이 점점 올라가게 될 것입니다."이라고 권위적인 암시를 하게 됩니다. 이런 암시는 최면감수성이 높은 경우에 사용할 수 있습니다. 반면에, 에릭슨식 최면치료에서는 허용적 방식permissive style의 암시를 하게 됩니다. 환자의 모든 반응을 허용하고 인정하는 암시"당신은 지금 당신의 눈을 감고 싶을 수도 있고, 잠시 후에 눈을 감고 싶을 수도 있고, 지금처럼 그대로 있고 싶을 지도 모릅니다."를 하거나 가능성의 단어를 사용하는 암시"당신은 편안하게 이완될 수 있습니다."를 하게 됩니다. 이런 허용적 방식의 암시를 할 때에는 굳이 최면감수성이 높을 필요는 없습니다. 물론 최면치료를 하면서 반드시 한 가지 방식으로 하는 것이 아니라 필요에 따라 허용적인 암시와 권위적인 암시를 혼합해서 사용할 수 있습니다. 그리고 암시는 모든 환자에게 동일하게 적용하는 것이 아니라 환자에 따라 개별화된 방법을 사용하는 것이 바람직합니다.

☑ 간접적 암시

전통적인 최면치료에서 시행하는 직접적 암시"눈을 감으십시오."는 최면감수성이 높은 환자에게서 강력한 영향을 미칠 수 있지만 자칫하면 저항을 불러올 수 있습니다. 어느 누구도 다른 사람에게 명령이나 지시를 받기를 원하지 않기 때문에 무의식적으로 암시에 저항을 할 수 있습니다. 그래서 저항을 우회하는 방식의 간접적 암시indirect suggestion, "당신은 눈이 감고 싶을 수도 있습니다."를 부드럽게 하게 되면 반발이 줄어들면서 자연스럽게 암시의 효과를 발휘할 수 있습니다. 그래서 문장 속에 명령어를 포함시켜 암시를 하는 잠입명령어의 형태로 간접적 암시를 할 수 있겠습니다. 예를 들면, "깊은 이완에 들어가십시오."라는 직접적 암시를 "당신은 **천천히 숨을 내쉬고 마시기를 반복**하다가 **온몸의 근육이 이완**되고 **깊은 이완상태**가 되는 것을 알게 될지 모릅니다."라고 잠입명령어의 형태로 간접적으로 암시할 수 있습니다. 여기서 중요한 것은 굵은 글씨체의 부분을 큰 목소리로 이야기하는 것처럼 표현을 다르게 하는 것입니다. 그리고 환자가 지금 경험하고 있는 사실을 암시"당신은 지금 눈을 감고 있고 더욱 집중할 수 있습니다."함으로써 자연스럽게 '그렇다'라는 반응을 이끌어 내어 다음 암시도 저항 없이 편안하게 받아들이도록 할 수 있습니다. 또한 모르거나 하지 않도록 암시"당신은 당신의 손이 올라갈 때까지 손이 올라갈지를 모릅니다. 당신은 굳이 눈을 뜨고 있을 필요는 없습니다."함으로써 강요하거나 지시하는 느낌 없이 암시를 자연스럽게 받아들이게 할 수 있습니다.

☑ 모호성

막연하고 추상적으로 표현하여 모호성ambiquity을 증가시킴으로써 혼란을 주어 트랜스trance 상태로 들어가기 쉽게 해서 암시에 반응을 잘하도록 합니다. 첫 번째, "배를 보면 배 소리가 들리고 그러면 배가 편안해집니다."처럼 동음이의어를 사용하여 발음상의 모호성phonological ambiguity을 증가시킬 수 있습니다. 두 번째, "그는 편안한 연구자입니다."라고 이야기할 때 '편안한'에 강세를 두고 발음을 하느냐 '연구자'에 강세를 두고 발음하느냐에 따라 의미가 달라질 수 있습니다. 이것이 구문상의 모호함 syntactic ambiguity 입니다. 세 번째, "소박한 마을과 골목의 사람들"이라고 이야기할 때 소박하다는 형용사가 마을을 꾸미는 것은 분명한데, 골목도 포함이 되는지 아니면 사람까지 해당되는지 그 범위 scope 의 모호성이 증가할 수 있습니다. 이런 여러 가지 모호성을 한 문장에서 중복해서 사용함으로써 혼란을 증가시킬 수 있습니다. 예를 들면, "오늘 텔레비전에서 본 오……늘 본 드라마에서 소박한 마을과 골목의 사람들 삶에서는 드라마가 없어도 좋다는 것을 깨달아 드라마틱한 삶을 추구하지 말며……"라는 식으로 표현함으로써 모호성을 증가시킬 수 있습니다 설기문, 2009.

☑ 기본 가정

치료자가 환자로부터 특정한 대답을 유도하게 되는데, 환자는 대답을 함으로써 어떤 기본 가정 presupposition 을 암묵적으로 받아들일 수밖에 없게 됩니다. 예를 들면, 치료에 소극적인 환자에게 "다음 치료약속은 며칠로 잡을까요?"라고 이야기합니다. 이 질문은 치료를 위해 다시 만난다는 것을 기본적으로 가정하고 환자가 약속을 잡는 것을 암묵적으로 받아들이도록 합니다. 이렇게 환자의 저항을 우회하고 간접적이면서 비지시적으로 환자를 보다 효과적으로 치료에 참여하도록 할 수 있습니다.

마찬가지로 "지금 너무 빨리 이완상태로 들어가지는 마십시오."라고 이야기를 하면, 지금 이미 이완이 되어 있거나 곧 이완상태로 들어간다는 것을 환자가 암묵적으로 받아들이도록 합니다. 단지 속도를 환자가 조절하도록 합니다.

기본 가정의 또 다른 예로는 선택의 착각illusion of alternatives이 있습니다. "당신은 당신이 원하는 만큼 가볍게 이완이 될 수도 있고, 깊게 이완이 될 수도 있습니다."라고 암시를 하게 되면, 환자에게 자유롭게 선택을 하도록 하는 것처럼 보이지만 착각이고, 실제로는 이완이 된다는 암시를 환자가 암묵적으로 받아들이는 것입니다.

☑ 최면적 질문

최면적 질문hypnotic question은 치료자가 환자에게 갑자기 질문을 하여 환자의 의식과 관심을 한곳으로 집중을 하게 하는 것입니다. 예를 들면, 늘 부정적이고 분노가 많은 환자에게 갑자기 과거의 행복했던 경험에 대한 질문을 합니다. 이런 질문을 갑자기 하게 되면 환자는 당황하게 되고 마음에 멍한 공백상태가 생기게 되어 그 순간에 제시된 암시에 자신도 모르게 반응을 하게 됩니다. 그래서 환자는 행복했던 경험을 기억해 내기 위해 과거의 내적 경험에 집중을 하게 합니다. 말하자면, 계속되는 부정적인 패턴을 멈추게 하기 위해 혼란을 주는 전략입니다.

☑ 마음읽기

마음읽기mind reading는 치료자가 마치 환자의 감정과 생각을 잘 알고 있는 것처럼 환자에게 이야기하거나 자기가 생각하는 환자의 감정이나 생각을 사실인 것처럼 이야기하는 것입니다. 예를 들면, "저는 당신이 망설이고 있는 것을 압니다."라고 말하면서 마치 치료자가 환자의 마음을 아는 것으로 사실처럼 이야기합니다. 그리고 "당신이 잘 알고 있듯이 우리의 마음에는 무한한 잠재력이 있습니다."라고 말하면서 마치 자신의 생각을 환자가 가진 생각인 것으로 사실처럼 이야기합니다. 이런 마음읽기는 환자의 마음을 사실인 것처럼 말함으로써 치료자가 바라는 대로 환자에게 영향을 미칠 수 있습니다.

☑ 서법기능어

미래의 가능성이나 능력을 말할 때, 필수적인 생활의 규범을 규정할 때 서법기능어modal operator를 사용합니다. 예를 들면, 가능성의 서법기능어는 "당신은 앞으로 보다 안정된 느낌을 가질 수 있습니다."라고 말할 수 있고, 필수성의 서법기능어는 "당신은 자신의 무의식의 힘을 신뢰해야만 합니다."라고 암시할 수 있습니다.

☑ 분할

의식과 무의식의 마음을 분할splitting하는 데 언어적으로뿐만 아니라 목소리, 몸동작, 표정같이 비언어적으로도 분할할 수 있습니다. 의식과 무의식의 마음의 어조를 달리하여 무의식을 다룰 때의 목소리로 암시를 하다가 최면상태에서 각성상태로 돌아오면 의식의 어조로 말하는 방식입니다. 예를 들면, 지금 여기-그때 거기서, 문제를 안고 있는 지금-문제가 없는 지금, 현재-과거 또는 미래, 내적-외적, 언어-비언어 등으로 나누어져 있지 않은 것을 구분하는 것이 분할입니다. 마찬가지로, 우울한 사람에게 우울하지 않은 부분을 이야기하고, 절망하고 있는 사람에게 희망의 부분이 있다는 것을 암시할 수 있습니다.

☑ 연결

분할을 보완하는 것이 연결linking입니다. 분할하기와는 반대로 서로 섞이지 않았던 것들을 서로 연결하는 것입니다. 예를 들면, "당신의 눈은 감깁니다. 그리고 당신은 최면상태에 들어갑니다."라고 서로 연결하는 것입니다.

분할과 마찬가지로 연결은 언어적으로, 비언어적으로 연결할 수 있습니다. 먼저 언어적인 연결입니다. '그리고' 같은 접속사를 통해 언어적으로 연결할 수 있습니다. 연결을 더 강하게 하고 싶을 경우에는 '…… 땐' '……면' '…… 있는 동안에' 같은 언어를 사용하여 수반성의 연결contingent linkage을 할 수 있습니다. 가장 강한 연결은 '…… 때문에'를 사용하는 인과적 연결입니다. 하지만 강제하는 느낌 때문에 가능하면 사용하지 않는 것이 좋겠습니다. 또 다른 연결도 있습니다. 환자의 의견을 수용하는 통합하기incorporating입니다. 즉, 활용 접근방법입니다. 못 앉고 걸어 다니는 환자에게 작은 돌다리를 놓아 줌으로써 가교를 만들어 앉게 하는 것을 다리 놓기bridging라고 합니다. 마지막 연결로는 고속도로 운전이나 영화 보기 같은 일상적으로 나타나는 트랜스와 같은 체험을 재환기시키거나 이전의 최면경험을 환기시키는 방법입니다(우재현 역, 2002).

☑ 살포

문장 중간중간에 특정한 암시적 단어나 표현들을 살포interspersion하거나 산재해 놓고 목소리나 표정, 몸동작 같은 비언어적 방식으로 강조함으로써 간접적으로 암시를 줄 수 있습니다. 어떻게 보면 분할하기와 연결하기를 종합한 것이라고 볼 수 있습니다. 다음의 문장을 예로 들겠습니다.

"당신은 굳이 의식적으로 내 말을 들을 필요는 없습니다. 그리고 기억하지 않아도 좋습니다. 하지만 당신의 무의식은 내 말을 **편안하게** 들으면서도 **자연스럽게 이완할 수** 있습니다. 그러나 당신은 이러한 사실을 알 수도 있고, 알지 못할 수도 있습니다. 당신이 이전에 얼마나 편안하게 이완했는지 기억하지 못한다 해도 당신이 과거에 **깊이 이완**했을 수도 있습니다. 그리고 당신은 앞으로 **아주 편안하게 더 깊은 최면상태에 들어갈 수** 있다는 것을 알 수도 있습니다. 당신이 내 말을 들으면서 얼마나 **편안하게 이완**하고 있고, **깊이 이완하게 될지**는 나 또한 알지 못합니다."

의식과 무의식으로 분할하고 이완과 최면을 연결시키면서 문장에 암시적 단어들을 살포해 놓고 있습니다. **굵은 글씨체**로 된 부분은 언어적 혹은 비언어적인 방식으로 강조하는 것이 필요합니다.

에릭슨의 최면적 의사소통은 한 문장에서도 여러 가지 종류의 기법을 중복해서 사용할 수 있습니다. 예를 들면, "당신은 지금처럼 잘할 수 있다는 것을 압니다."라고 말했을 때 기본 가정 지금처럼, 가능성의 서법기능어 할 수 있다, 마음읽기 압니다 등의 기법들이 한꺼번에 사용되었다는 것을 알 수 있습니다. 결국 에릭슨식 최면치료의 핵심은 필요한 시점에서 적절한 말을 하는 것입니다.

에릭슨식 최면치료의 세 가지 단계

에릭슨식 최면치료는 전통적인 최면치료와 달리 정형화된 치료단계가 있는 것은 아니지만 한 회기에서 행해지는 에릭슨의 접근방식을 크게 세 가지 단계로 나눠 볼 수 있겠습니다.

☑ 준비

첫 번째 단계로 에릭슨식 최면치료를 위해서는 준비preparation가 필요합니다. 에릭슨은 먼저 환자의 인생 경험과 배움에 대한 자료들을 수집하였습니다. 그다음 환자의 행동이나 반응, 표정, 언어 등을 잘 관찰하였습니다. 그리고 그는 환자의 행동과 반응을 반영mirroring함으로써 마치 그 사람의 마음을 알고 있는 것처럼 이야기하여mind reading 이해 받는 느낌을 환자에게 주었습니다. 그래서 에릭슨은 환자와 매우 친밀한 관계rapport를 형성하고, 이런 강한 치료적 동맹관계를 통해 환자에게 이해 받는 느낌과 안전한 느낌을 주었습니다. 그리고 자연스럽게 의사소통을 하면서 최면상태에 들어가도록 유도하였습니다. 예를 들면, 그는 환자로부터 긍정적인 반응을 이끌어 내어 '예' 반응틀'yes' set을 만들면서 자연스럽게 최면상태에 들어가게 하였습니다.

☑ 치료적 최면 몰입상태

두 번째 단계는 치료적 최면 몰입상태therapeutic trance입니다. 최면 몰입상태에서는 환자의 의식적인 제한이 최소한 부분적으로라도 연기됩니다. 그 사이에 환자는 또 다른 연상들을 허용하여 문제 해결을 돕는 정신기능의 방식들을 활용하게 됩니다.

로시Erickson & Rossi, 1979는 최면 몰입상태의 역동을 5단계의 과정으로 개념화했습니다.

첫 번째 단계는 주의집중fixation of attention입니다. 이는 환자의 신념과 행동을 내면 현실에 초점을 맞추도록 하는 것입니다. 즉, 내적 경험에 주의를 집중하는 것입니다. 두 번째 단계에서는 주의 분산distraction, 놀라움surprise, 충격

shock, 은유metaphor, 의심doubt 등이 환자의 전형적인 준거체계와 가치체계 같은 신념체계와 의식적 기능을 혼란시키고, 세 번째 단계에서는 무의식이 문제 해결을 이끌어 나갈 수 있는 새로운 의미와 경험을 탐색할 수 있도록 합니다. 이런 무의식의 탐색은 네 번째 단계인 개인의 연상과 사고 과정이 활성화되는 무의식의 과정들을 이끌어 냅니다. 이러한 과정을 통해 그 사람의 경험에서 재조직화가 일어날 수 있게 되고 문제 해결을 돕는 새로운 행동양식이 만들어집니다. 마지막 다섯 번째 단계는 최면 행동인데, 때때로 그 사람의 의식적 조절과 무관한 것처럼 보이는 행동을 보고하거나 나타내기도 합니다. '바로 그거야'라는 소위 '유레카eureka' 경험은 형식적인 최면유도 없이도 가끔 일어날 수 있는 무의식의 탐색이나 무의식적 과정의 자연스러운 결과입니다. 환자를 어떻게 도와줘야 할지 고심하다 보면 쉬고 있다가 불현듯 해결방법이 떠오르는 경우에도 '바로 그거야'라는 경험을 하게 됩니다.

☑ 치료적 변화의 확인

세 번째 단계는 치료적인 변화가 일어났다는 것을 확인ratification of therapeutic change시켜 주는 것입니다. 어떤 환자들은 최면상태가 평상시와 다른 의식의 변화된 상태라는 것을 확인시켜 주지 않으면, 치료자로부터 영향을 받은 것을 부정하려고 하고 최면암시의 가치를 받아들이지 못하는 경우가 있습니다. 그래서 이를 확인시켜 줌으로써 무의식적 과정을 통해 치료반응이 유지되도록 할 수 있습니다. 예를 들면, 손이 저절로 올라가는 것을 경험시켜 줌으로써 손이 저절로 올라간다는 생각이 실제로 신체적인 변화를 가져온다는 것을 확인하도록 합니다. 마찬가지로, 자신이 의식하지 못하는 사이에 가치관의 변화가 일어나서 자신의 행동과 태도에 긍정적인 변화를 가져오는 것을 자연스럽게 받아들이도록 합니다. 이러한 치료반응은 의식적으로 노력해서 이루어지는 것이 아니라 무의식적 과정을 통해 저절로 이루어지고 지속되도록 하는 것입니다.

에릭슨식 최면치료기법

이번에는 에릭슨이 최면치료 과정에서 시행한 최면치료기법에 대해 구체적으로 알아보겠습니다.

☑ 은유와 상징

에릭슨은 의식적인 마음과 무의식적 마음 모두와 동시에 대화를 하기 위해 두 가지 수준의 의사소통을 강조했습니다Erickson & Rossi, 1976. 의식적인 마음과 무의식적 마음에 동시에 대화할 수 있는 도구로서 의식과 무의식을 연결하는 다리 역할을 하는 상징symbol을 통해 이야기하는 것이 은유metaphor입니다. 은유란 하나의 개념을 설명하거나 전달하려 할 때 뭔가 다른 것에 비유하여 설명하는 것을 말합니다. 어떤 문제가 무의식적인 것이라면 문제의 해결도 무의식에서 찾을 수 있습니다. 무의식의 자원을 활용하는 방법으로 상징을 통한 은유를 사용할 수 있습니다. 상징과 은유가 많이 사용되는 성경 속에서 한 예를 들겠습니다. 예수가 어부였던 베드로를 제자로 삼기 위해 갈릴리 호숫가에 가서 사람을 낚는 어부가 되라고 은유적으로 이야기함으로써 베드로가 자신이 앞으로 해야 할 일을 깨닫도록 하였습니다마태복음 4:19; 이윤주, 양정국, 2007: 103-104.

직접적인 암시에 저항을 하는 환자에게 언어적이거나 비언어적인 은유나 상징을 이용하여 치료자가 하고자 하는 이야기를 간접적으로 제시할 수 있습니다.

예를 들면, 팔이 저절로 올라갈 것이라는 팔상승 암시를 하면서 치료자는 목소리 톤을 점점 올리고 고개를 서서히 올립니다. 치료자가 환자에게 팔상승 암시와 더불어 상징적으로 비언어적인 암시를 함께 제시함으로써 환자가 자신의 팔이 어떻게 올라가야 하는지를 은연중에 알게 합니다.

그리고 환자에게 최면상태에서 계절의 변화를 상상하도록 한 후 그 계절의 변화에 사로잡히도록 함으로써 시간의 흐름에 따라 자신의 증상도 변화할 수 있다는 치료에 대한 동기를 증진시킬 수도 있습니다.

에릭슨은 이러한 은유나 상징의 의미를 환자에게 의식적인 차원에서 설명해 주지 않았으며, 단지 무의식에서 의미를 받아들여 저절로 변화가 일어나기를 기대했습니다.

☑ 이야기 들려주기

학창 시절에 학교 선생님에게서 들은 이야기가 간혹 무의식적으로 그 사람의 인생관에 영향을 주는 일이 있습니다. 예를 들면, 인내심이 없어 훈련이 부족한 학생에게 "훈련이라는 말을 하니까 생각나는 것이 있는데……."라고 하면서 차범근 선수가 길을 걸어가면서도 훈련했던 이야기나 가수 조용필이 틈만 나면 노래 연습을 했다는 이야기를 들려주면 "인내심을 가지라."라고 직접적으로 이야기했을 때보다 더 많은 긍정적인 영향을 줄 수 있습니다. 하지만 어른이 되면 의식적인 비판이나 저항 때문에 이야기가 그 사람에게 크게 영향을 미치기가 어렵습니다. 최면상태에서는 의식적인 비판이 유보되어 피암시성이 높아지기 때문에 최면상태에서 들려준 이야기는 무의식에서의 변화를 기대할 수 있습니다. 그 내용이 그 사람이 가진 가치관과 합치되고 변화하기를 기대하고 있는 부분이라면 더욱 긍정적인 반응이 일어나게 될 것입니다. 이야기는 전체적으로 혹은 그 이야기 중의 어느 한 구절이 무의식에 깊은 영향을 줄 수 있습니다. 이야기를 들려줄 때에는 그 환자에게 잘 적용이 될 수 있는 이야기를 미리 구성해서 계획을 세워서 하는 것이 바람직합니다. 이런 이야기 들려주기story telling를 통해 환자는 기존의 사고의 틀을 개조reframing할 수도 있습니다.

에릭슨은 그의 치료과정에서 자신의 이야기나 자신이 치료한 환자의 사례를 말하는 경우가 자주 있었는데, 이러한 방식은 그의 치료에서 아주 중요한 부분입니다. 흔히 환자들은 자신과 같은 경우의 환자를 치료해 본 적이 있느냐고 물어보는데, 그런 경우에 유사한 사례의 환자를 성공적으로 치료한 이야기를 해 주게 됩니다. 그러면 환자는 치료자를 신뢰하게 되고, 자신도 변할 수 있다는 긍정적인 기대를 가지게 됩니다.

제가 치료했던 환자 중에 다른 사람들 앞에서 실수하는 것이 두려워 20년간 발표를 하지 못했던 고위 공무원이 있었습니다. 저는 그분에게 석사학위 발표 시간에 너무나 긴장해 몸이 얼어붙어 버려서 한마디도 하지 못했던 한 분의 이야기를 해 주었습니다. 이분은 완벽주의자여서 자신이 말을 더듬고 실수를 하는 것에 대해 얼굴이 붉어질 정도로 과민하게 반응을 했던 분입니다. 저는 아나운서도 말을 더듬고, 그럴 때 오히려 인간적으로 느껴지게 된다고 말해 주었습니다. 그리고 일부러 말을 더듬도록 과제를 준 후 그분은 마음이 편해졌고, 실수로 말을 더듬는 것에 대해 점점 둔감해지게 되었습니다. 그는 최면치료를 받은 후에 성공적으로 박사학위 발표를 하고 교수가 되었습니다. 교수분의 치료 사례를 듣고 난 후 공직자는 마음의 변화가 생겨 한번 해 보자고 발표를 시도하기로 했습니다. 발표 시간에 일단 말을 시작하니까 의외로

쉽게 긴장이 풀려 이야기할 수가 있었고, 성공적으로 발표를 마쳤습니다. 그 분은 이런 긍정적인 경험을 한 이후로는 더 이상 피하지 않고 편안하게 발표 시간을 기다릴 수 있었습니다.

☑ 관점바꾸기

관점바꾸기 reframing 란 특정한 상황에 대해 가지고 있는 기존의 관점에 다른 의미를 부여해 새로운 관점으로 바꾸는 것을 말합니다. 관점바꾸기를 할 때에는 겉으로 드러난 문제행동에 대해 긍정적인 의도를 찾아 부각시킴으로써 관점을 변화시킬 수 있습니다. 예를 들면, "아내가 너무 간섭이 심해요."라고 불평을 하면 "아직 당신에게 관심이 많아서 그런가 봅니다."라고 아내의 긍정적인 의도를 부각시킴으로써 아내의 행동에 대해 새로운 관점을 가지도록 합니다. 그리고 말이 없고 조용한 성격에 대해 불만인 사람에게는 "당신은 신중한 사람이어서 실수가 없군요."라고 긍정적인 부분을 부각시켜 관점을 변화시킬 수가 있습니다. 또는 사업에 실패를 해서 의기소침한 사람에게는 "실패를 교훈 삼아서 이제 새로운 도전을 할 기회를 가지게 되었군요."라고 이야기하여 관점을 변화시킬 수 있습니다. 또한 분노의 감정이 올라오는 것도 '분노에는 에너지가 있고 새로운 변화를 위해 그 에너지를 동원하라는 내적욕구'라고 관점바꾸기를 할 수 있습니다. 결국 부정적인 관점을 긍정적인 관점으로 바꾸는 것입니다.

☑ 혼란 기법으로서의 패턴 방해

환자가 늘 하는 행동패턴이나 지속적으로 가진 관점에 여러 가지 방법으로

의식의 혼란을 주게 되면 기존의 행동패턴이 계속되는 것이 방해를 받게 됩니다. 이렇게 행동패턴이 방해를 받게 되면 새로운 변화의 계기를 마련할 수 있습니다.

☑ 혼란을 가중하기

외부에 위기가 있으면 내부의 갈등이 봉합되듯이, 가족 내에 더 큰 문제가 발생하면 환자가 가진 문제가 해결될 수 있는 계기가 마련될 수 있습니다. 예를 들면, 엄마에 반항하는 사춘기 딸이 크고 작은 문제를 일으키는 경우입니다. 그런데 어머니가 우울증을 앓게 되면 가족 내의 혼란은 증가되지만 반항할 대상이 사라지게 되어 사춘기 딸의 문제는 줄어들게 됩니다. 인위적으로 혼란을 가중하면 환자는 새로운 균형을 이루기 위해 여기에 반응하여 자연적으로 변화를 하게 됩니다.

☑ 치료자의 감정이나 관점을 환자에게 투사하기

치료자가 자신의 감정이나 관점을 환자에게 투사하여 혼란을 야기함으로써 문제 해결의 계기를 마련할 수 있습니다. 예를 들면, 자신의 미래를 부정적으로 보는 환자에게 치료자가 긍정적인 미래에 대해 반복적으로 이야기하면 처음에는 혼란스러워 하며 받아들이기 힘들어 하지만 자신의 생각에 의문을 가지게 되고, 결국 치료자의 관점에 호응하는 반응을 보이게 됩니다. 그리고 자신에게 매력이 없다고 생각하는 여자분에게 치료자가 매력적인 사람에게 하는 행동을 간접적으로 보이면서 앞으로 더욱 매력적으로 변화될 수 있을 것이라는 이야기를 합니다. 그러면 환자는 처음에는 혼란스러워 하며 받아들이지 못하지만 치료자의 행동이 자신이 매력적일 수 있다는 근거가 될 수 있기 때문에 변화를 시작하게 됩니다Haley, 1985. 또한 치료자가 지금은 환자가 심리적으로 미성숙 상태이기 때문에 변화가 쉽지 않을 것이라고 말하면서 '실패는 성공의 어머니'라는 말이 있듯이 결국에는 정상적인 삶을 살게 될 것이라고 이야기합니다. 그러면 환자는 처음에는 자신이 미성숙하다는 치료자에 대해 반발하지만 반복적으로 이런 이야기를 듣게 되면 자신이 성숙하다는 것을 보여주기 위해 결국 정상적인 삶을 살기 위한 노력을 시작하게 됩니다이윤주, 양정국, 2007: 224-226.

☑ 역경

일반적으로 증상을 가지고 있는 것이 증상을 포기하는 것보다 힘들게 만들면 좀 더 쉬운 방법인 증상을 포기하는 쪽을 택하게 됩니다. 역경ordeals은 치료자가 환자에게 문제행동에 대해 더 힘든 역경의 상황을 제시하여 환자가 역경을 피하기 위해서 문제행동을 중지하도록 하는 기법입니다.

☑ 암시에 좌절하게 함으로써 반응 유발하기

일종의 치료적 시련therapeutic ordeals으로, 암시에 좌절을 하게 함으로써 반응을 유발할 수 있습니다. 예를 들면, 치료에 저항을 하는 환자에게 하나의 암시를 제시하고 갑자기 다른 암시를 함으로써 치료자가 일부러 환자가 반응할 시간을 빼앗습니다. 이렇게 치료자가 강제로 암시에 반응하지 못하게 하여 환자가 좌절을 경험하게 합니다. 그러면 치료자가 다시 그 암시를 했을 때 치료자에게 저항하기 위해 오히려 환자가 반응을 빨리하게 됩니다. 또 다른 예를 들어 보겠습니다. 부부치료를 할 때 일반적으로 남편이 치료에 협조적이지 않습니다. 그래서 먼저 부인과 치료를 시작하게 되는데, 치료시간마다 부인에게 "남편은 이렇게 생각할 것입니다." 혹은 "남편은 어떻게 생각할지 모르겠습니다."라고 일부러 남편의 생각과 다른 방향의 말을 부인에게 합니다. 이 말을 부인에게서 전해 들은 남편은 치료자가 자신에 대해 잘못 생각하고 있다고 느껴서 오해를 풀기 위해 스스로 치료자를 찾게 됩니다. 이렇게 남편을 좌절시킴으로써 남편이 치료자를 찾아오도록 하는 것입니다. 일단 남편이 내원하면 남편의 이야기를 들어주면서 치료가 남편에게도 도움이 된다는 것을 알려 줄 수 있습니다. 즉, 남편이 치료에 참여할 수 있도록 하는 반응을 유발하는 것입니다.

☑ 역설

역설paradox은 겉보기에는 모순되거나 효과가 없을 것 같은데 실제로는 역으로 이치에 닿거나 효과를 보이는 것을 말합니다. 즉, 논리적으로는 말이 안 되지만 문제 해결을 할 수 있게 하는 말이나 행동입니다.

역설의 한 방법은 증상을 과장하도록 하여 어쩔 수 없는 불수의적인 것이라고 생각했던 것을 조절가능한 수의적인 것으로 만들어 바람직한 변화를 이끌어 내는 것입니다. 예를 들면, 최면상태에서 상상을 통해 부정적인 상황을 경험하여 불안 증상을 증가시키도록 합니다. 그리고 상상을 통해 증가시켰으니 감소시킬 수도 있다는 암시를 통해 해결책을 스스로 경험하도록 합니다. 마찬가지로 문제행동이나 증상을 오히려 계속 지속하도록 지시하는 것도 한 방법입니다. 불면증 환자에게 잠을 자지 않도록 한다든지, 오염에 대한 강박증 환자에게 오히려 오염원을 접촉하도록 지시할 수도 있습니다.

☑ 증상 처방

환자에게 증상 자체나 증상에 포함되어 있는 어떤 요소를 처방 symptom prescription 하는 것입니다. 그래서 지속적으로 반복되어 온 증상을 노력해서 해야 할 과제로 만드는 것입니다. 말하자면, 증상이 불편한 것이 되어 포기하도록 계기를 마련하는 것입니다. 에릭슨은 왼쪽 엄지손가락을 빠는 아이에게 오른쪽 엄지손가락도 빨게 하고, 그다음에는 다른 손가락도 빨도록 제안하였습니다 O'Hanlon, 1987 .

☑ 재발 유발

때로는 너무나 빨리 증상이 좋아지는 경우가 있습니다. 이런 경우, 최면에 걸리지 않으려고 하는 저항과 유사하게 너무 최면에 잘 걸리고 증상이 빨리 좋아지는 양상을 보이면서 치료에 저항을 하는 것일 수도 있습니다. 이와 같은 상황에서 재발을 유도할 수 있는데, 일종의 증상 처방이라고 할 수 있습니다. 에릭슨은 "당신이 문제를 가지고 여기에 처음 왔을 당시로 돌아가서 당신이 경험했던 증상을 그대로 느껴 보기를 바랍니다. 나는 당신이 회복하기를 원하고 도움을 받기를 원하던 바로 그 시점, 그 상황에 어떤 중요한 것이 있는지 보고 경험하기를 바랍니다."라고 암시를 했습니다. 치료자는 환자가 호전되었다는 것을 받아들이면서 치료를 받으러 왔을 때의 증상이 재발하도록 유도함으로써 환자가 치료에 대한 당시의 동기를 상기하도록 합니다. 그리고 어떤 환자도 다시 증상이 재발하기를 원하지 않기 때문에 재발의 암시에 저항을 하도록 하여 궁극적으로는 증상이 호전되도록 합니다.

☑ 저항을 격려하기

환자의 저항을 거부하거나 무시하는 것보다는 그것을 받아들이고 활용하여 격려하게 되면 환자는 저항행동뿐만 아니라 자신이 원하는 어떤 반응이나 행동도 허용된다고 느끼게 되고 편안해지게 됩니다. 그러면서 환자는 저항을 할 명분을 찾지 못하게 되고 저항을 포기하여 저항하고자 하는 마음의 문제가 저절로 해결될 수 있습니다.

환자가 저항하는 행동을 하는 경우에는 그 저항하는 행동을 일단 받아들이고 이 환자의 행동을 협조하는 행동으로 바꾸게 합니다. 그런 다음, 이 협조하는 행동을 다시 새로운 행동으로 변화를 시킵니다. 예를 들면, 자석법을 통해 최면을 유도할 때 서로 다른 N극과 S극의 자석이 양 손바닥에 있다고 상상하도록 하고 자석의 힘에 따라 두 손이 서로 가까워질 것이라고 암시를 합니다. 그런데 어떤 환자들은 양손이 오히려 멀어지는 저항을 보이는 경우가 종종 있습니다. 그런 경우에는 양손이 멀어질 것이라고 암시를 바꾸어 줌으로써 환자의 저항을 받아들이고 협조하는 행동으로 바꿀 수 있습니다. 협조하는 행동이 생기면 다음에는 손이 무거워질 것이라는 암시를 하면서 새로운 행동으로 변화시켜 나갈 수 있습니다. 또 다른 예로 부부싸움 때문에 내원한 환자들의 경우에 치료를 받는 중에도 계속되는 갈등으로 싸움이 지속되어 치료에 저항을 하게 됩니다. 그런 경우 오히려 계속 싸움을 하도록 지시함으로써 저항을 받아 주고 부부싸움을 협조하는 행동으로 바꿉니다. 그다음 부부가 싸우는 시간과 장소를 스스로 정하도록 합니다. 시간과 장소를 정해서 싸우는 것은 쉽지 않기 때문에 자연스럽게 부부싸움은 줄게 되고, 이전과는 다른 새로운 행동패턴으로 변화시킬 수 있습니다.

☑ 변화의 씨앗심기

봄에 씨앗을 뿌려야 가을에 수확을 할 수 있듯이, 최면치료 초기에 긍정적인 변화를 위한 개념을 강조하면서 살포나 산재 등의 방법을 통해 변화의 씨앗심기 seeding ideas 같은 기초 작업을 해 둡니다. 나중에 환자에게서 필요한 긍정적인 반응을 이끌어 내기 위해 기초 작업을 했던 그 개념에 덧붙여 암시를 함으로써 변화를 유도하는 최면치료 기법입니다.

제 환자 중에 지나치게 일욕심이 많아 일을 너무 많이 하고, 사람들과 어울리면서 과도한 정신적 · 육체적 피로 때문에 불안발작을 경험했던 분이 있었습니다. 그 이후로 증상이 재발할까 봐 불안발작에 대한 두려움을 가지고 있었습니다. 치료 초기에 생리적인 균형이 건강에 중요하다는 개념을 강조해 놓았습니다. 환자가 자신의 행동양상을 충분히 인식하고 변화에 대한 동기를 가지게 되었을 때 비로소 구체적으로 일과 휴식, 욕망과 버림 등의 정신적인 에너지의 균형에 대해 이야기하였습니다. 그다음 최면상태에서 균형을 이루기 위해 필요한 행동의 변화를 암시함으로써 긍정적인 결과를 이끌어 낼 수 있었습니다.

☑ 작은 변화를 유도하여 큰 변화로 확장시키기

작은 불꽃이 큰 불을 일으키듯이, 댐에 생긴 작은 구멍이 결국 거대한 댐을 무너지게 하듯이, 작은 변화를 먼저 만들어 놓으면 시간이 지나면서 무의식의 긍정적인 변화에 의해 저절로 삶 전체에 변화를 일으키게 됩니다. 예를 들면, 자신이 받아들여지지 않을까 봐 친구에게 전화하는 것을 회피하던 환자의 경우입니다. 전화를 하도록 유도했더니 단지 전화만 성공적으로 하는 것이 아니라 전화통화를 통해 그 친구를 따로 만나게 되었습니다. 친구와의 만남에서 자신이 받아들여지는 긍정적인 경험을 한 후 동창회나 다른 친목모임에도 자발적으로 참여하게 되었습니다. 결국 환자는 전반적으로 대인관계가 좋아지는 큰 변화를 겪게 되었습니다. 전화를 거는 작은 변화가 마치 호수의 파문이 퍼져 나가는 것 같은 파급효과ripple effect에 의해 대인관계의 개선을 가져오게 되었습니다.

☑ 장소와 위치를 이용하기

치료에 저항을 하는 경우에 장소나 위치를 이용하여 저항을 감소시킬 수 있습니다. 예를 들면, "이 의자에 앉으면 치료에 저항을 하고 있는 자신을 경험하게 될 것입니다."라고 이야기합니다. 그다음, 저항을 이 의자에 남겨 두고 다른 의자로 옮겨 앉도록 함으로써 저항을 두고 오게 하여 새로운 의자에서는 치료에 잘 협조하도록 합니다. 비행 공포증을 가진 여자 환자에게 최면상태에서 비행기 의자에 앉아 있는 자신의 모습을 보게 하고 공포를 경험하도록 하였습니다. 그다음에는 착륙을 하자 안도를 하면서 가지고 있던 공포심이 몸 안에서 빠져나와 사라지는 장면을 경험하도록 하였습니다. 그리고 그 공포심을 빈 의자에 남겨 두고 비행기를 빠져나오도록 암시를 하였습니다. 각성상태로 막 돌아온 환자는 옆에 있는 빈 의자에 다른 사람이 앉으려고 하자 비행 공포증이 거기에 있다며 앉지 못하게 막아서는 행동을 보였습니다. 그 후 그녀는 두려움 없이 비행기를 탈 수 있게 되었습니다Zeig & Munion, 1999.

☑ 긍정적인 부분을 강조하기

환자의 긍정적인 부분을 반복해서 강조함으로써 환자가 성장하고 발전해 나갈 수 있는 무의식의 자원들을 활성화합니다. 실제로 임상에서 환자에게 자신의 문제점을 물어보면 잘 이야기하는데, 긍정적인 면을 이야기하도록 하면 없다면서 말을 못하는 경우가 많이 있습니다. 하지만 최면상태에서 의식하지 못했던 과거의 경험들을 찾아보면 긍정적인 부분들이 드러나게 됩니다. 결국 이런 무의식에 있던 긍정적인 부분들이 가지고 있는 힘이 저절로 환자에게 변화를 야기하게 됩니다. 특히, 우울증을 가진 환자에게 마음속의 긍정적인 경험들을 반복해서 일깨워 줌으로써 부정적인 사고를 줄여 나갈 수 있습니다.

어머니의 과잉보호로 심인성 천식을 앓고 있는 청년이 있었습니다. 에릭슨은 그에게 취업할 것을 권했습니다. 그 후 에릭슨은 청년과 일에 대해 상담을 하였는데, 청년이 자신이 실수를 한 것에 대해 이야기를 하면 실수를 한 내용은 무시하고 어떻게 바로잡았는지, 누가 도와주었는지 긍정적인 부분에만 관심을 보였습니다. 상담 후에 그는 열심히 일하면서 대학교에 진학할 계획을 세우게 되었습니다. 그는 천식을 병이 아닌 성가신 것으로 여기게 되었고, 그의 초점은 대학 진학에 맞춰지게 되었습니다. 에릭슨은 천식에 대한 언급이나 해석 없이 긍정적인 부분을 강조함으로써 청년의 관점을 변화시켰습니다 Haley, 1993: 66–67.

☑ 이중구속

이중구속double bind은 모순적인 메시지에 반응하는 결과로 왜곡된 의사소통이 발생한다는 것입니다. 예를 들면, 언어적 · 비언어적 의사소통이 서로 다른 상황, 즉 말과 행동이 서로 다른 경우입니다. 부모가 다른 사람에게 친절하게 하라고 하면서 자식에게 냉정하게 대하는 경우입니다. 이렇게 되면 자식은 부모의 말을 따라야 할지, 행동을 따라야 할지 몰라서 결국 이러지도 못하고 저러지도 못하는 어정쩡한 행동을 할 수밖에 없습니다. 비슷하게 환자의 문제를 해결하고자 하면서도 환자의 문제를 어쩔 수 없는 것으로 간주하고 문제행동에 따르는 불이익 역시 받아들여야 하는 상황을 만듭니다. 그러면 문제행동을 그만두든지, 문제행동에 뒤따르는 불이익을 감수하든지 해야 합니다.

에릭슨의 사례 Erickson & Rossi, 1975 를 들겠습니다. 에릭슨의 아버지가 송아지를 밖으로 데리고 나와 물을 먹이고 난 뒤 다시 송아지를 헛간에 넣으려고 애를 쓰고 있었습니다. 송아지가 들어가려 하지 않고 아버지는 억지로 넣으려고 하는 모습에 에릭슨은 그만 웃고 말았습니다. 그러자 아버지가 "함께 송아지를 헛간에 넣어 보자."라고 하셨습니다. 에릭슨은 잠깐 생각한 다음 송아지의 꼬리를 헛간의 반대편에서 당겼습니다. 아버지는 앞으로 송아지를 헛간에 넣으려고 하고, 아들은 반대로 꼬리를 끌어당긴 것입니다. 송아지는 앞으로 갈 것인지, 뒤로 갈 것인지 어떤 힘에 저항해야 하는지에 대한 이중구속의 상황이 되었습니다. 결국 송아지는 아버지보다 약한 에릭슨의 꼬리를 잡아 다니는 힘에 저항하며 에릭슨을 질질 끌고 헛간 안으로 들어가게 되었습니다. 반대의 비지시적 메시지를 보내면서 원하는 행동을 하게 한 것입니다.

☑ 더 나쁜 대안을 제시하기

농담에서 "맞고 할래, 그냥 할래."라는 말이 있듯이, 더 나쁜 것을 제공함으로써 목적하는 일을 수행하도록 하는 기법입니다. 예를 들면, 최면에 지금 걸릴 것인지 나중에 걸릴 것인지를 물어보게 되면 최면에 유도되는 것을 저항하는 사람의 입장에서는 나중에 걸리겠다고 이야기하지만 결국 최면에 걸리는 것에 동의하고 최면에 걸리게 됩니다. 이는 최면에 걸릴 것인지, 걸리지 않을 것인지에 대한 문제를 지금 걸릴 것인지, 나중에 걸릴 것인지의 문제로 바꾸는 것입니다. 결국 환자는 지금 최면에 걸리지 않는 것이 되고, 치료자는 최면을 유도하게 되는 것이므로 양자 모두 자신의 소기의 목적을 달성하게 되는 것입니다.

그 외에도 숙제를 내 준다든가 home assignment, 전혀 관련이 없어 보이는 일을 하도록 한다든지 irrelevant task, 말장난 puns, 농담 jokes 등 변화를 유도하는 여러 가지 기법이 있습니다.

한 예로, 엄마와 텔레비전을 보면서 함께 잠을 자기를 원하는 아이의 경우입니다. 자신의 방에 가서 자라고 해도 말을 듣지 않았습니다. 그래서 텔레비전을 보는 동안 자꾸 자질구레한 심부름을 시켰습니다. 나중에는 아이가 심부름하는 것이 귀찮아서 스스로 자기 방에 가서 자게 되었습니다.

이러한 여러 가지 기법은 치료과정에서 중복되고 서로 관련을 가지게 될 수 있습니다.

에릭슨식 최면치료를 다시 한 번 정리해 보도록 하겠습니다.

에릭슨의 가장 큰 공헌은 은유와 역설 같은 그의 독특한 치료기법이 아니라 사람을 병적으로 보지 않는 관점입니다. 그는 환자의 문제행동을 내재된 성격의 결함으로 보는 대신에 그 사람 나름대로의 긍정적인 무의식적 의미가 있다고 보았습니다. 그는 문제행동을 사람들이 자신의 인생을 풀어 나가는 데 나름대로 할 수 있는 최선의 선택을 한 것으로 보았습니다. 즉, 그는 사람을 유일한 존재로 보는 인간 중심의 관점을 가지고 있었습니다.

또 다른 에릭슨식 최면치료의 중요성은 의식적인 저항을 피해서 무의식의 자원과 연상에 접근하도록 하는 비지시적 암시의 사용에 있습니다. 의식적인 자기 탐구를 회피하여 무의식적 욕구에 대한 통찰을 피합니다. 그러면서 지시나 은유, 그리고 이야기를 통해 환자의 행동 변화에 미치는 영향이 환자가 인식하지 못하면서 간접적으로 이루어지는 것을 중요하게 생각합니다.

에릭슨식 최면치료는 문제 해결 중심입니다. 치료의 방향은 환자가 염려하는 것이 무엇이고, 지금까지 어떤 문제 해결 방법을 사용해 왔으며, 환자가 원하는 결과가 무엇인지 답을 얻고 해결하는 것입니다. 이러한 질문들이 환자의 체계인 발달론적 틀 안에서 고려되어야 합니다. 이러한 접근방법의 핵심은 환자가 해결할 수 있다는 힘을 느끼도록 필요한 상황에서 긍정적인 자원들을 다시 환기하는 것입니다. 이런 과정들은 항상 대인관계 상황 속에서 고려되어야 합니다. 치료의 궁극적인 목표는 좀 더 적응적이고 만족스러운 대인관계를 증진시키는 것입니다. 에릭슨식 최면치료는 문제 해결이 중요하기 때문에 현재와 미래의 실질적인 기능에 초점을 맞추고 있어 비교적 치료기간이 짧은 경향이 있습니다.

에릭슨은 원하는 치료적인 변화를 만들어 내기 위해 여러 가지 기법을 개발하였습니다. 최면상태이든지 아니든지 역설, 증상 처방, 은유, 이야기 들려주기 등의 기법들을 사용했습니다. 이러한 중재기법들을 통해 변화를 증진시키기 위해서는 환자의 자원을 활용하는 것이 중요합니다.

에릭슨식 최면치료는 환자가 주어진 문제를 해결하는 데 필요한 자원들에 접근할 수 있도록 해 줍니다. 만약 필요한 자원이 충분하지 않으면 에릭슨은 환자의 발달과 문제 해결에 필요한 자원들을 사용할 수 있도록 최면치료시간 안에서나 밖에서 기회를 제공하도록 합니다.

예를 들면, 자신이 대인관계를 잘 맺지 못한다고 잘못 생각하고 있는 환자에게 친구를 만날 수 있는 상황을 일부러 만들어 주는 접근방식이 에릭슨식 최면치료입니다. 그리고 자신이 예수라고 주장하는 환자에게는 치료자가 그에게 책꽂이를 만들도록 요청하여 결국 목수 일을 하도록 하는 상황을 만들었던 경우도 있습니다. 또한 광장공포증을 가지고 있어 집 밖을 나갈 수 없었던 환자에게는 자동차를 푸드 트럭으로 개조하여 밖으로 나오지 않고도 안전하다고 여기는 자동차 안에서 음식을 파는 일을 할 수 있는 상황을 만들기도 하였습니다. 즉, 치료자가 접근방법을 달리함으로써 기회를 만들어 그 환자들이 변화의 과정을 시작할 수 있게 하는 것입니다.

마지막으로, 이미 이야기한 것처럼 하나의 정형화된 에릭슨식 최면치료는 없습니다. 실제로 에릭슨의 이론이라는 것은 에릭슨의 상담이나 치료방법, 성과, 치료 사례 등을 통해 추론하고 해석한 결과입니다. 에릭슨 작업의 핵심은 환자가 창조적인 방식을 개발하도록 돕는 것입니다. 환자가 이러한 창조성을 가지도록 돕는 데 사용하는 치료자의 행동 범위가 제한되지 않아야 합니다. 이론이 도그마가 되거나 경직된 틀이 되어 치료자와 환자를 속박할 수 있어, 치료자의 융통성이나 비지시성, 그리고 허용성 등을 제약할 수 있고, 환자의 개인차를 허용하지 않을 수 있기 때문입니다. 치료자는 각각의 환자가 변화할 수 있도록 긍정적 환경을 만들 수 있는 고유한 기회를 제공해야 합니다. 밀턴 에릭슨의 위대한 점은 현명한 기법을 쓰는 것이 아니라 치료자가 각각의 환자를 위해 가능한 한 창조적으로 작업할 수 있도록 계기를 마련한 것입니다.

기타 최면치료 방식

이미 이야기했듯이, 최면상태에서 어떤 방식의 치료를 하느냐에 따라 최면치료방법은 다양할 수 있습니다. 그래서 공포증을 예로 들어 언급하지 않았던 다른 최면치료방법에 대해서 간략하게 이야기하겠습니다.

직접적 최면암시 direct hypnotic suggestion

최면감수성이 아주 높은 환자에게 가끔 직접적인 암시를 사용할 수 있습니다. 그리고 후최면암시와 함께 사용하면 더욱 효과를 볼 수 있습니다.

교통사고 후에 운전에 대해 공포증 driving phobia 을 가진 환자에게는 "이제는 낡아 빠져 더 이상 필요 없는 외투를 벗어 던져 버리듯이 이제 당신은 운전에 대한 두려움이 사라지게 될 것입니다."라고 암시할 수 있습니다. 한번은 어떤 남자분이 자신의 여자 친구와 있었던 좋지 않은 사건을 잊어버리고 싶다면서 저를 찾아온 적이 있습니다. 최면감수성이 높은 분이어서 후최면암시와 함께 직접적인 암시를 하였습니다. "이제는 더 이상 본인에게 도움이 되지 않는 그 사건은 지금 이 순간부터 각성상태로 돌아가도 기억할 필요가 없을 것입니다."라고 암시를 했습니다. 각성상태에서 그 남자분은 아무리 생각을 하려고 해도 생각이 나지 않는다며 신기하다고 말한 적이 있습니다.

자아상태 최면치료 Ego-state reframing

사람의 마음에는 여러 개의 자아상태가 있는데, 각각 나름대로의 욕망과 동기를 가지고 있어서 서로 다른 방향으로 그 사람을 행동하게 한다는 이론을 토대로 하는 최면치료방법입니다. 스탠턴 Harry Stanton 이라는 최면치료자가 자아상태 최면치료 ego–state reframing; Stanton, 1986 라고 명명했습니다. 공포증에 책임이 있는 자아상태와 접촉하여 잘못된 행동의 목적이 무엇인지 알아내고 문제행동을 대신할 또 다른 적응 행동을 찾아내어 실행하도록 합니다.

한 미혼 남자가 고소공포증이 있었습니다. 최면상태에서 환자 자신이 공포증에 책임이 있는 자아상태와 접촉하도록 했습니다. "이제부터 높은 곳을 가지 않는 나의 회피행동을 조절하고 있는 내 자아의 한 부분과 대화를 시작합니다."라고 암시하였습니다. 그래서 부분으로 하여금 어린 시절에 나무에서 떨어져 죽을 뻔했던 기억을 드러내도록 했습니다. "왜 계속 회피행동을 하게 되는 것입니까?"라고 부분에게 물어보면 부분은 "너의 안전을 위해서"라고 대답했습니다. 환자는 "행글라이더 같은 놀이를 즐기면서도 나의 안전을 유지할 수 있는 다른 방법을 가르쳐 주십시오."라고 부분에게 요청하였습니다. 부분은 행글라이더를 타기에 안전한 날씨를 가르쳐 준다거나 행글라이더가 가진 안전장치에 대해 일러 주는 등의 여러 가지 대안을 내놓았습니다. 대안이 만들어지면 부분에게 회피행동에 책임이 있듯이 대안을 수행하는 데 책임이 있음을 확인시켰습니다. 그리고 나의 또 다른 부분이 대안에 반대하지는 않는지 확인한 후 만약 반대가 있으면 첫 번째 부분에게 이유를 묻고 대안을 요청했듯이 똑같은 방법으로 반복해서 대안을 찾도록 하였습니다. 그런 다음 실제로 대안을 행동에 옮기도록 하였습니다.

스탠턴은 한 사람에게 여러 개의 자아상태가 정말로 있는지 사실 여부보다는 자신의 경험상 이러한 치료법이 효과적이었다는 것을 강조하였습니다.

합리적 정서 최면치료 Rational Emotive Hypnotherapy

최면치료를 부가적으로 사용한 합리적 정서치료 Rational Emotive Therapy: RET의 방법도 있는데, 간편하게 ABCDE로 요약할 수 있습니다.

불행히도 어떤 사건 As Activating events가 생기면 그 사람의 믿음 체계 Bs Belief systems에 영향을 주고, 그로 인해 비적응적인 감정, 신체 변화, 행동상의 결과 Cs disturbed emotional and behavioral Consequences가 생기고, 결국 신경증적인 증상을 야기한다고 했는데, 사건 자체를 변화시키기는 어렵기 때문에 결국 토의, 설득, 암시, 긍정적 사고 등을 통해 비합리적인 신념체계를 변화시킴으로써 D Disturbing 새로운 효과적인 철학을 E Effective philosophy 가지게 됩니다. 이것은 기존의 반드시, 꼭 이러이러해야만 한다는 등의 경직된 태도에서 또 다른 것도 선택할 수 있는 좀 더 융통성 있는 태도로 변화시킨다는 것입니다.

공포증 phobia 환자에게 최면을 엘리스 Albert Ellis의 합리적 정서치료 효과를 증가시키기 위해 부가적으로 사용할 수 있습니다.

환자를 최면상태에서 평화로운 장면을 통해 충분히 이완시킵니다. 그리고 텔레비전 화면 기법을 통해 안전한 감정적인 거리를 두고 공황발작을 유발하는 불쾌한 경험을 하도록 합니다. 그 후 RET의 이론에 따라 자신의 사고나 행동에서의 비합리적인 요소들을 찾아내어 이해시키도록 합니다. 다시 평화로운 장면으로 가서 이완시킨 후 다시 한 번 스트레스를 유발하는 장면으로 가게 합니다. 이번에는 보다 합리적인 사고를 통해 자신에게 무익한 요소들을 제거하도록 암시합니다. 말하자면 공포를 느끼는 상황에서 죽을지도 모른다든가, 미칠지도 모른다든가 하는 자신의 생각이 현실적으로 일어날 가능성에 대해 평가하도록 유도합니다. 그래서 그 상황을 덜 힘들게 직면할 수 있도록 하고, 자신의 비합리적 사고나 자기패배적인 경향을 바꾸도록 시도하게 하여 궁극적으로 증상을 감소시키는 방법입니다.

CHAPTER

3.

최면치료 사례

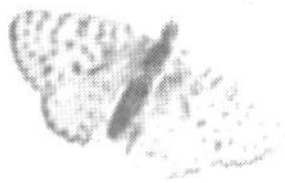

불면증의 최면치료

잠을 방해하는 것은 잡념에 의한 긴장과 불안입니다. 긴장과 불안은 자연스럽게 잠이 드는 데 반드시 필요한 이완을 하지 못하게 합니다. 그래서 불면증의 최면치료는 잡념을 없애고 이완을 하도록 하는 것이 중요합니다.

잡념을 없애는 최면치료방법은 다양합니다. 먼저 최면상태에서 영상을 통해 자신의 잡념들이 모두 스크린screen 위에 있다고 상상하도록 하고 그 스크린이 줄어드는 암시를 통해 잡념을 줄일 수 있습니다. 그리고 연극무대의 막 같은 커튼curtain이 있다고 상상하고, 커튼이 빛을 차단하듯이 잡념들이 차단된다고 암시할 수 있습니다. 또한 블랙홀black hole을 상상하도록 하여 잡념이 생기는 대로 블랙홀에 흡수된다고 암시할 수도 있습니다.

긴장을 이완시키는 방법도 여러 가지입니다. 점진적 근육이완법을 통해 최면을 유도함으로써 근육이 이완되게 하고 자연스럽게 자율신경계의 긴장이 이완되도록 합니다. 그리고 고요한 들판에 누워 있는 장면이나 공원의 벤치에 앉아 있는 장면 등 평화로운 장면을 상상하도록 하여 영상을 통해 이완시킬 수 있습니다. 또한 자율신경계의 긴장을 상징적으로 숫자로 표시하여 복식호흡과 함께 숫자를 줄여 나가는 방법으로 이완하도록 할 수 있습니다.

불필요한 걱정을 줄이는 인지 재구성cognitive restructuring을 할 수도 있습니다. 최면상태에서 "잠을 자지 않고 누워만 있어도 피로가 풀리고 내일 일을 하는

데 지장이 없을 것입니다."라고 암시함으로써 "잠을 자지 못해서 내일 일을 못하면 어떡하나?" 하는 불필요한 걱정을 줄여 자연스럽게 잠을 유도할 수 있습니다.

악몽 때문에 시달려서 잠을 자도 개운하지 않은 경우가 있습니다. 이런 경우 "지금 당장 당신이 눈을 뜰 수 있듯이, 잠을 자고 있는 동안 악몽에 시달리게 되면 지금과 마찬가지로 눈이 바로 떠지게 될 것입니다."라고 암시할 수 있습니다. 그래서 악몽과 싸우면서 잠을 설치지 않도록 함으로써 수면의 질을 향상시킬 수 있습니다.

불면증의 양상은 각 개인마다 다를 수 있습니다. 따라서 불면증의 최면치료도 그 사람에 맞게 시행되어야 합니다. 우선, 최면상태에서 각 개인이 가진 불면증을 극복했던 성공적인 경험들을 떠올리도록 합니다. 그다음 치료자는 그 사람의 경험들에서 가장 효과적인 방법을 강조하여 암시를 하게 됩니다. 마지막으로, 최면상태에서 "당신은 잠을 자고 있는 의식이 없는 상태에서도 과거의 성공적인 수면 경험을 잘 활용할 수 있는 힘을 마음속에 이미 가지고 있습니다."라고 암시하여 수면을 잘 유지할 수 있게 할 수 있습니다.

불면증은 단순한 형태에서 복잡한 형태까지 다양합니다. 단순한 불면증은 간단한 암시로도 쉽게 치료가 되지만 복잡한 경우에는 근원적인 마음의 문제까지 다루어야만 치료가 됩니다. 어떤 방식으로 치료를 할 것인지를 정하기 위해서는 우선 정확한 평가를 통해 마음의 문제를 파악하는 것이 중요합니다.

사례

42세의 남자분이 쓸데없는 생각과 잡념 때문에 잠을 자지 못해 머리가 멍하고 집중을 할 수 없다고 내원하였습니다. 최면유도 후에 모든 생각과 잡념을 빨아들이는 블랙홀을 상상하도록 했는데, 이 남자분은 최면치료를 하는 중에 편안하게 이완이 되면서 실제로 잠이 들어 버렸습니다. 남자분이 너무 곤하게 자서 잠을 자도록 그냥 두었는데, 잠시 후에 남자분이 깨어나서 굉장히 편했다고 이야기했습니다. 그래서 남자분에게 스스로 최면을 유도할 수 있도록 자기 최면self-hypnosis을 교육했습니다. 남자분은 저녁에 잠자리에 편하게 누운 자세에서 자기 스스로 최면을 유도하여 블랙홀을 상상하였고, 편하게 잘 수 있었습니다.

생각이 많아서 못 자는 아주 단순한 불면증인 경우에는 단 1회 최면치료도 도움이 될 수 있습니다. 그런데 이렇게 간단한 불면증만 있는 것이 아니라 불면증은 단지 겉으로 보이는 하나의 증상일 뿐, 원인이 복잡한 마음의 갈등인 복합적인 불면증도 있습니다.

40대의 미모의 여자분이 수년 전에 자궁경부암이 발견되어 수술하고 난 후 예민해져서 잠을 자는 것이 불편해지기 시작했다고 말했습니다. 최근에는 남편과의 갈등이 심해지면서 더욱 자는 것이 힘들어져서 내원하게 되었다고 하였습니다. 여자분은 어려서 부모가 자주 싸우는 것을 보고 자랐고, 부모로부터 정서적 · 경제적 지원을 받지 못했다고 서운해 하였습니다. 두 차례 결혼을 했는데 남편들이 무능해서 실패를 했고, 이번에는 나이는 많지만 남편이 능력이 있고 잘해 주어서 다시 결혼을 하게 되었다고 했습니다. 그녀는 남들에게는 잘하는 편이고 좋게 보이려고 애쓰는데 남편에게는 지기 싫어하여 자신의 주장을 고집하게 된다고 했습니다. 이혼을 생각할 정도로 남편과의 갈등이 심했는데, 남편은 최면치료로도 좋아지지 않으면 더 이상 함께 지낼 수가 없을 것 같아 걱정이 된다고 말했습니다. 여자분의 불면증이 남편과의 갈등과 관련이 있는 것으로 생각되었습니다.

우선 최면상태에서 자연스럽게 이완이 되는 것을 경험하도록 하고 자기 전에 자기 최면을 해서 몸과 마음의 긴장을 이완하여 자도록 교육하였습니다. 다음으로 최면상태에서 과거에 겪었던 즐거운 일을 경험해 보도록 하였습니다. 그런데 자신은 즐거움을 느끼는 것이 어색하다며 무슨 일이 생길 것 같은 불안과 두려움에 시달린다고 말했습니다. 아마도 어린 시절에 언제 부모의 다툼이 일어날지 모르는 상황을 겪으면서, 또 성년이 된 다음에도 반복되는 헤어짐을 겪으면서 이런 감정을 느끼는 것으로 추측되었습니다. 그래서 최면상태에서 자신의 헤어짐의 과정들을 객관적으로 볼 수 있도록 하였습니다. 그녀는 그때는 그래도 젊어서 주위에 남자들이 많이 있었는데 지금은 나이가 들어 미모가 사라져서 자신감도 없어져 걱정이라고 말했습니다. 최면암시를 통해 그녀가 자신의 현실에 대해 객관적으로 인식하는 부분들에 대해 긍정적으로 강화를 해 주면서, 한편으로는 이런 현실감이 불안을 유발하고 있다는 것을 깨달을 수 있도록 했습니다.

그녀는 자기 최면으로 이완이 되어 잠을 자기는 하는데 중간에 자꾸 깨게 된다고 말했습니다. 그녀는 잠을 푹 자면 얼굴도 피어나고 의욕도 생긴다고 말하면서 자신이 불안한 것은 잠을 자지 못해서라고 했습니다. 그녀는 잠을 못 자면 면역기능이 떨어지고, 그러면 암이 재발될까 두려운 마음에 스트레스가 심해져서 불안해지는 것이라고 주장했습니다. 그래서 최면상태에서 자신만의 평화스러운 장면을 떠올리도록 하고 몸 안의 면역세포가 활성화되는 것을 경험하도록 하였습니다. 그리고 재발을 걱정하지 않아도 된다고 산부인과 의사가 이야기했던 장면을 최면상태에서 다시 경험하도록 하였습니다.

여자분의 불안이 남편과의 갈등에서 비롯되었을 가능성이 있어 최면상태에서 남편에 대해 떠올려 보도록 하였습니다. 그녀는 남편에 대해서 애증이 있다고 말했습니다. 한편으로는 친정에 잘하는 남편에 대해 고맙기도 하지만 결혼할 때에는 다해 줄 것처럼 하면서 청혼했던 사람이 지금은 자신에게 소리를 질러 대서 자신이 한없이 초라하게 느껴진다고 했습니다. 그녀는 자신이 자궁경부암 수술을 받고 난 후부터 부쩍 걱정이 많아지면서 여자로서 자신이 없어지기 시작했다고 말했습니다. 최면상태에서 남편이 화를 내고 난 후 자신에게 사과를 했던 장면을 경험하도록 하고, 남편이 이전 남자들에 대해 질투를 했던 장면을 다시 경험하도록 한 다음 그녀가 아직 남편보다 우월적인 위치에 있다는 것을 느끼도록 암시하였습니다.

다음 시간에 와서 그녀는 자신이 우월적인 위치에 서서 남편에게 칭찬을 해주었더니 굉장히 좋아하더라고 말했습니다. 부부관계가 약간 좋아져서 그녀는 남편과 대화를 나눌 수 있게 되었습니다. 그녀가 이혼하고 도망가지 않을까 걱정을 했었다고 남편이 말하는 것을 듣고, 그리고 이전에 결혼했던 남자들에 대해 질투를 하는 남편의 모습을 보면서 그녀는 아직도 남편이 자신을 사랑하고 있다는 생각이 들었다고 했습니다. 그러고 나니 남편이 제대로 보이게 되었고, 자신이 아직도 여전히 우월적인 위치에 있다는 것을 알게 되었다고 했습니다. 그러면서 불안이 줄어들고 잠도 잘 자게 되었다고 하였습니다. 최면상태에서 자아강화기법으로 다른 사람을 변화시키는 것보다는 자신을 변화시키는 것이 오히려 쉽고, 그렇게 자신이 변화하면 부부관계는 상대적일 수밖에 없기 때문에 자연스럽게 남편도 변화가 될 것이라고 말했습니다. 그리고 이제는 그녀가 더욱 지혜롭게 되어 자신에게 도움이 되는 방향으로 판단하고 행동하게 될 것이라고 암시했습니다.

일주일 후 내원하여 그녀는 이제 자신의 불안에 대해 알게 되었고 어떻게 해야 할지 명확해졌다고 이야기했습니다. 그녀는 어려서부터 부모의 인정을 받지 못해 지속되어 왔던 자신의 불안 때문에 다른 사람의 인정이나 평가에 집착하였다는 것을 알게 되었다고 했습니다. 그런데 자궁경부암 수술로 여성으로서의 자신감이 저하된 상태에서 최근 부부갈등으로 남편과 소원해지면서 이혼을 하면 어떻게 살아가나 하는 현실적인 불안까지 겹치게 되었다고 말했습니다. 그런데도 남편이 소리를 지르면 자신도 따라서 감정적으로 되어 화를 내게 된다고 했습니다. 남편에게 이겨 먹어야 자존심을 지킬 수 있다고 느끼게 되어 현실은 무시하고 먼저 이혼까지 입에 올리게 되었다고 했습니다. 오히려 그렇게 하면 할수록 남편은 점점 멀어지는 것으로 느껴졌고, 부부갈등은 심해졌으며, 위기는 증폭되었다고 했습니다. 그런데 지혜롭게 생각하니 아직도 남편은 자신의 칭찬에 좋아하고 있다는 것을 알게 되었고, 그래서 남편을 약간만 배려하면 관계가 좋아지더라고 했습니다. 그러니 더 이상 헤어지는 것에 대해 생각할 필요가 없고 현실적인 걱정을 할 필요가 없어지게 되었다고 말했습니다. 이렇게 걱정이 없어지니까 잠도 잘 오게 되었다고 하면서 이런 현실적인 불안이 잠을 못 자게 하고 잠에서 자주 깨어나게 했던 것이라는 것을 알게 되었다고 말했습니다. 남편도 최면치료에도 변화가 없으면 어쩔 수 없이 이혼을 해야 하는 것이 아닌가 생각했는데 그녀가 많이 바뀌었다며 좋아했습니다.

여자분이 자신의 불안과 불면증의 원인을 잘 알게 되었으므로 이제는 혼자서도 잘 해낼 수 있을 것으로 판단되어 여자분과 상의한 후 치료를 종결하게 되었습니다.

우울증의 최면치료

저는 때때로 우울증 환자에게 자신의 장점과 단점에 대해 이야기해 보라고 말합니다. 그러면 대부분 단점은 셀 수도 없이 많이 이야기하면서 장점은 생각해 보지 않았다거나 겨우 한두 개 이야기하고 마는 경우들을 종종 보게 됩니다. 어쩌면 우울상태에 있는 환자들은 반복적으로 부정적인 사고와 감정에 집착하고 있어 부정적인 자기 최면을 하는 것으로 볼 수도 있습니다. 이런 환자들이 이미 가지고 있는 긍정적인 경험들을 최면상태에서 떠올려서 긍정적인 느낌을 갖도록 한다면 바람직한 방향으로의 변화를 모색할 수 있습니다. 그리고 우울증 환자들이 가지고 있는 무의식의 마음을 최면상태에서 인식하도록 한다면 보다 근본적인 치료를 할 수 있을 것입니다. 또한 환자의 긍정적인 자원을 최면상태에서 찾아내어 일상생활에서 활용하도록 도울 수 있다면 그 사람이 성장하고 발전해 나가도록 할 수 있을 것입니다.

사실 최면치료는 그동안의 일정한 행동양식을 중단시키고 어떤 목적을 가진 새로운 행동양식을 확립하기 위해 사용하게 됩니다. 그런데 최면유도를 하게 되면 내적 경험에 주의를 집중하게 되고, 그 자체가 그동안 환자가 가지고 있었던 부정적인 집착을 중단시키는 의미가 있습니다. 그리고 지속적으로 가지고 있던 불안이나 긴장 같은 부정적인 느낌이 최면상태에서 느끼는 편안함과 푸근함으로 대체되어 새로운 긍정적인 경험을 하게 됩니다. 이런 긍정적인 경험들이 반복되면 새로운 행동양식으로 자리 잡게 됩니다.

최면상태에서 과거 자신의 활동적인 모습을 떠올린다든지 미래에 우울증에서 회복되어 밝아진 모습을 그려 보도록 함으로써 긍정적인 경험을 하도록 도울 수 있습니다. 그리고 주위 사람들이 자신을 응원하는 메시지나 모습을 최면상태에서 암시나 영상으로 경험하도록 하면 환자가 의욕을 갖는 데 도움을 줄 수 있습니다. 게다가 최면상태에서 현명한 자아를 불러내어 환자가 가지고 있는 부정적 사고, 역기능적 사고들을 찾아내어 보다 적응적인 사고로 인지 재구성을 하도록 도울 수도 있습니다. 또한 후최면암시를 통해 이런 긍정적인 사고와 감정을 각성상태에서도 반복해서 경험하도록 하는 것이 좋습니다.

그 외에도 환자의 우울 감정과 관련된 상황들을 떠올려서 당시의 감정을 충분히 표현할 수 있도록 함으로써 정화catharsis가 일어나도록 할 수도 있습니다. 때로는 텔레비전 화면을 통해 당시의 우울한 장면에서 채널을 바꾸어 좀 덜 우울한 장면으로 전환할 수도 있는데, 결국 마지막에는 밝은 장면을 경험하도록 합니다. 간혹 우울증 환자의 경우에는 자살사고를 가지는 경우도 있습니다. 자살 충동을 느끼면 최면상태에서 안전한 장면을 마음속에 그리도록 하고 자신이 좋아하는 것을 생각하도록 합니다. 그리고 죽지 말아야 하는 이유, 살아가야 하는 이유에 초점을 맞추도록 후최면암시를 할 수도 있습니다. 환자에게 자기 최면을 하도록 하여 스스로 자신에게 긍정적인 암시를 하도록 해서 치료자에게 의존하지 않고 치료자가 없이도 독립적으로 잘 지낼 수 있도록 하는 것이 바람직합니다.

특히, 사랑하는 사람과의 사별로 우울증이 생긴 경우에는 최면상태에서 이별을 받아들이는 과정을 훈습하도록 합니다. 먼저 최면상태에서 평화로운 장면을 상상한 후 그 사람의 물건이나 그 사람과 관련된 상황들을 떠올리게 합니다. 최면상태에서 반복해서 헤어짐을 경험하도록 하여 슬픔이 잦아들도록 한 후 사랑하는 사람이 저세상에서 평온한 휴식상태에 있는 것을 상상을 통해 경험하도록 합니다. 그리고 그 사람도 당신이 즐겁게 생활해 나가기를 원할 것이라는 암시를 반복해서 하는 것이 좋습니다.

이런 여러 가지 기법을 통해 최면치료는 우울증 환자에게 힘과 의욕을 주고 불안이나 두려움을 감소시키며 인지 재구성을 하는 데 도움을 줄 수 있습니다. 또한 최면치료는 심각하지 않은 자살사고를 가진 사람이나 사별로 고통을 겪고 있는 사람들에게도 유용하게 사용할 수 있습니다.

사례

20세의 여자분은 항상 우울하여 최근에 어떤 즐거운 느낌을 가져 보지 못했다고 하소연하였습니다. 그녀는 자신을 과소평가하였고 자신감이 없었으며 매사에 의욕이 없어 사람들과의 접촉을 피하고 주로 집안에서 지냈습니다. 최면상태에서 과거의 즐거운 기억을 상상해 보도록 하였는데, 그녀는 초등학교 때 우등상을 타는 장면을 경험하면서 즐거운 느낌을 생생하게 느낄 수 있었습니다. 치료자는 이런 경험들을 통해 환자에게 자신의 마음속에는 즐거워할 수 있는 능력이 있다는 것을 상기시켜 주었습니다.

그리고 이 여자분은 자신에 대해 지나치게 인색하여 과소평가를 하였습니다. 그래서 최면상태에서 이야기 기법story telling을 사용하였습니다. 즉, 최면상태를 유도한 후 "세상에서 가장 중요한 역사적 사건이 무엇이라고 생각하니?"라고 친구한테 물어보았는데 그 친구가 "내가 이 세상에 태어난 것이 가장 중요한 역사적 사건이지."라고 대답했다는 이야기를 들려주었습니다. 그리고 그녀 자신의 유일성, 중요성에 대해 간접적인 암시를 함으로써 자존감을 높이도록 하였습니다.

또한 그녀의 기대치가 항상 자신이 할 수 있는 것보다 높아서 반복되는 좌절과 실패를 경험하면서 자신감이 없어진 것으로 보여 자기 자신에 대한 현실적인 기대를 가지도록 하여 성공하고 성취하는 경험을 하면서 즐거움을 느낄 수 있다는 암시를 하였습니다.

뿐만 아니라 당면한 문제를 너무 크고 어렵다고 과대평가함으로써 자신이 적절한 대처를 할 수 없다고 생각하고 있었습니다. 그래서 최면상태에서 자신의 몸과 마음은 성장하고 문제는 상대적으로 작아지는 암시를 하여 문제를 손쉽게 다루는 긍정적인 경험을 하게 하였습니다. 그리고 가족과 친구들이 잘 대해 주었던 경험들을 떠올리면서 자신의 주위에 자신을 지지해 주는 사람들이 많다는 것을 인식하도록 하였습니다. 마지막으로 최면상태에서 푸른blue 안경을 쓰고 세상을 보도록 한 후 안경을 벗어던지고 다시 세상을 보게 함으로써 우울한 안경을 벗으면 세상이 다시 밝게 보일 것이라고 암시를 하였습니다.

최면상태에서 이러한 인지치료적 접근을 한 후 그녀는 많이 편해져서 친구들도 만나고, 종교 활동도 하면서 대학입시를 준비할 수 있게 되었습니다.

불안증의 최면치료

불안증은 일반적인 불안장애뿐만 아니라 공황장애나 공포증 등 많은 정신건강의학과 질환에서 동반되는 흔한 증상입니다. 불안증상은 주관적인 불편함을 느끼게 하여 치료를 받게 하는 역할을 합니다. 또한 불안증상이 해소되는 것을 경험하면서 자신이 회복되었다는 것을 알게 합니다. 그래서 불안증상을 성공적으로 다루는 것이 중요합니다. 최면치료는 불안증상을 완화시키는 데 탁월한 효과를 가지고 있습니다.

최면을 유도하면 최면상태 자체가 이완상태를 유발하면서 불안증상이 완화되고 긴장이 줄어드는 것을 환자 스스로 느끼게 됨으로써 긍정적인 경험을 하게 됩니다. 그리고 최면상태에서 평화로운 장면과 불안유발 장면 같은 영상을 통해 직접 경험하도록 암시함으로써 불안증상은 자신의 상상에 따라 변화하는 것임을 경험하도록 합니다. 또한 최면상태에서 스스로의 암시에 의해 불안증상이 변화할 수 있다는 것을 경험하도록 합니다. 이렇게 하면 증상에 대한 자기 효능감을 가지게 됩니다. 그다음 치료자의 도움 없이 자기 최면을 할 수 있도록 교육을 합니다. 자기 최면을 시행할 때를 위해 '앞으로 더 빨리, 더 깊이 이완이 될 것'이라는 후최면암시를 덧붙이는 것이 도움이 됩니다.

불안증이 생기려고 하는 초기에 나타나는 증상들이 있습니다. 이러한 증상들은 발한이나 가슴 두근거림같이 일반적으로 자율신경계가 흥분할 때 나타나는 생리적인 현상들과 관련이 있습니다. 이런 현상들을 '단서cue'로 이용하는 것이 중요합니다. 환자가 이런 현상을 경험하게 되면 충분한 시간과 공간을 확보한 후 자기 최면을 하는 것이 바람직합니다. 최면에 유도되면 이완이 되면서 자율신경계가 안정되어 불안증상이 악화되는 것을 막을 수 있습니다.

불안이 특별한 자극과 관련이 있는지 확인하는 것이 필요합니다. 불안을 야기하는 스트레스가 있는지, 유발요인이 있는지, 혹시 근원적인 무의식적 갈등이 있는지를 평가합니다. 만약 특별한 자극요인이 있으면 이 자극과 불안 사이에 조건화되어 있는 것을 해소해야만 합니다탈조건화, deconditioning. 최면상태에서 자극과 관련하여 불안을 야기하는 장면을 떠올리도록 한 후 이완반응을 통해 더 이상 불안을 경험하지 않도록 하는 것입니다. 필요한 경우 불안의 위계를 정하여 낮은 단계부터 같은 과정을 반복해서 시행합니다체계적 탈감작법, systemic desensitization.

환자를 평가하는 중에 혹시 불안은 전혀 없어야 하고 부정적인 것이라는 등의 비합리적인 생각이 있다면 인지 재구성cognitive restructuring의 최면치료를 하는 것이 바람직합니다. 최면상태에서 "불안은 누구나 가지고 있으며, 불안을 극복함으로써 성장 · 발전할 수 있기 때문에 오히려 필요한 것입니다."라는 암시를 함으로써 환자의 불안에 대한 가치관과 태도를 변화시킬 수 있습니다.

만약 무의식적 갈등이 불안을 유발하는 것으로 추측이 되면 최면상태에서 최면투사기법을 이용하여 최면분석치료를 시행하는 것이 바람직합니다. 환자의 불안이 과거의 충격적인 경험에서 비롯된 경우일 수 있습니다. 치료자는 억압되어 있는 충격적인 경험을 최면상태에서 연령퇴행 등의 방법을 통해 떠올리도록 합니다. 환자는 자신의 무의식에서 일어난 일련의 과정들을 이해하게 되면서 불안이 완화되고 증상이 해소될 수 있습니다.

사례

20년 동안 자신은 다른 사람들 앞에서 발표를 할 수 없다고 믿어 온 40대 중반의 공무원이 있었습니다. 발표불안은 과거 중학교 때 책을 읽다가 얼굴이 붉어지면서 목소리가 떨려 다른 아이들 앞에서 창피를 당하고 난 다음부터 시작되었습니다. 자신은 발표를 하지 못한다고 스스로 생각하고 발표할 기회가 있으면 계속 피하고, 심지어는 발표를 하지 않기 위해 직장을 결근하기도 했습니다.

어려서 아버지가 보수적이고 엄해서 아버지로부터 자신을 인정하고 칭찬하는 말을 못 듣고 자랐다는 이분은 항상 자신이 뭔가 부족하고 잘못되지 않았나 하는 마음이 있었다고 했습니다. 또한 아버지에 대한 기대가 충족되지 않아 이런 좌절이 분노로 바뀌어서 마음속에 화가 있었다고 했습니다. 하지만 아버지에 대한 분노는 스스로가 용납할 수 없었기에 항상 그 화를 억압하고 겉으로는 예의를 차리고 지냈다고 했습니다. 그러나 가끔씩 그 화가 치밀어 오르면 자신이 자신의 행동을 조절할 수 없을 것 같은 불안감을 때때로 겪기도 했다고 했습니다. 그래서 말을 할 때 혹시 감정조절이 되지 않으면 어떻게 하나 하는 걱정을 하게 된다고 말했습니다.

아버지와의 불편한 느낌은 그가 평상시에도 자신의 상사 같은 권위적인 인물들과의 관계에서 자주 경험하게 된다고 말했습니다. 특히, 자신에게 명령이나 일방적인 지시를 하는 경우에는 더욱 과거의 경험에서 비롯된 분노의 느낌이 들어서 당황했다고 이야기했습니다. 그래서 윗사람 앞에서 발표를 할 때 자신의 조절 능력이 상실되어 분노의 감정이 드러나거나, 실수를 하게 되어 윗사람들에게 인정은커녕 창피를 당하지 않을까 걱정을 하게 된다고 했습니다. 결국 상사들 앞에서 해야만 하는 발표는 어떻게든 피해야 했습니다.

최면치료 과정을 통해 이러한 자신의 마음을 스스로 이해하고 깨닫게 되었습니다. 그는 저에게 자기 같은 사람을 치료했던 적이 있는지 물어보았습니다. 저는 그에게 석사학위 발표 때 긴장해서 한마디도 못했던 분이 최면치료를 받은 후에 성공적으로 박사학위 발표를 하고 교수가 되었던 이야기를 해 주었습니다. 교수분의 치료 사례를 듣고 난 후 그는 생각의 변화가 생겨 발표를 해 보자고 말했습니다. 최면상태에서 사람들 앞에서 발표를 하는 장면을 마치 리허설rehearsal을 하듯이 실제처럼 해 보았습니다. 처음에는 일시적으로 긴장을 완화시키는 약물propranolol을 먹고 난 후 용기를 내어 발표를 할 수 있었습니다. 실제 발표를 해 보니 시작할 때만 잠깐 힘들었다가 일단 말을 시작하니 생각보다 훨씬 편안하게 할 수 있었습니다. 직장생활에서 발표를 성공적으로 해내는 긍정적인 경험을 하고 난 후 20년 만에 한 발표에 대해 상사나 아버지가 아닌 자신이 스스로에게 칭찬과 선물을 해 주도록 하였습니다. 그 이후에 여러 번의 발표 후 그분은 더 이상 약을 먹지 않아도 발표를 잘 해낼 수 있었다고 이야기하였습니다. 반복적인 성공경험은 다시 자신감을 북돋우는 선순환을 하게 되었습니다. 그분은 이제 여유까지 생겨서 앞으로는 발표를 좀 더 멋있게 하겠다고 말할 정도가 되었습니다.

공황장애의 최면치료

공황장애는 최근에 유명 연예인들이 이 병을 앓고 있다고 방송에서 이야기해서 널리 알려진 질환입니다. 공황장애는 뚜렷한 이유 없이 대개 한 시간 이내의 비교적 짧은 기간 동안에 극심한 불안을 겪게 됩니다. 가슴이 두근거리고 심장이 빨리 뛰고 때로는 호흡곤란이 오면서 숨이 멎는 것 같은 신체증상을 느끼게 되어 곧 죽을 것 같다는 생각이 들게 됩니다. 그래서 흔히 심장병으로 잘못 생각하여 응급실을 찾거나 내과를 찾게 되는 질환입니다. 하지만 신체검사에서는 이상을 발견하지 못하는 정신건강의학과적 질환입니다. 이런 현상을 하루에도 몇 번씩 경험하기도 하고, 일 년 동안 수차례만 경험할 수도 있습니다. 이렇게 되면 또다시 극심한 불안발작을 겪지 않을까 미리 불안해지는 예기불안을 겪게 되고, 밖에 나가서 혹시 이런 경험을 하게 되지 않을까 걱정이 되어 일상생활을 하거나 직장생활을 하는 것이 힘들어지게 됩니다.

공황장애가 불안장애 중의 한 질환이기 때문에 공황장애의 최면치료는 불안증의 최면치료와 비슷합니다.

우선 공황증상은 자율신경계가 극도로 흥분한 상태이기 때문에 이완을 경험하게 해 주는 것이 중요합니다. 최면을 유도하면 그 자체가 이완반응을 일으키게 됩니다. 이런 최면상태의 이완반응을 이용하여 공황발작이 일어난 상황으로 가서도 이완을 경험할 수 있도록 합니다. 그런데 공황발작이 일어나는 상황이 너무 힘들기 때문에 텔레비전 기법을 통해 안전한 감정적인 거리를 두고 공황발작 상황을 관찰하면서 이완을 경험하게 하는 것이 중요합니다. 그리고 체계적 탈감작법으로 공황발작 증상의 정도에 따라 낮은 단계에서 높은 단계에 걸쳐 이완반응을 경험하도록 할 수 있습니다. 또한 최면상태에서 공황증상에 대해 증상을 만들 수도 있고 해소할 수도 있다는 자기 효능감을 가지게 합니다. 최면상태에서 성공적으로 증상을 조절할 수 있게 되면 실제 상황에서도 적용할 수 있도록 자기 최면을 연습합니다. 그래서 실제로 공황발작이 일어났을 때 깊고 느린 호흡을 하면서 최면을 유도해서 이완반응이 일어날 수 있도록 해야 진정한 성공이라고 할 수 있습니다.

그런데 공황장애 환자의 경우에는 병에 대해서 불필요한 걱정을 하면서 병에 대해 비합리적인 생각을 가지고 있습니다. 자신이 곧 죽게 된다든지, 미쳐 버릴 것이라는 왜곡된 인지를 가지고 있는 경우가 많이 있습니다. 그래서 최면상태에서 합리적 정서치료 같은 방법을 사용하여 인지 재구성cognitive restructuring을 시행하는 것이 필요합니다. 최면상태에서 "공황장애는 마음의 병이고 이 병으로는 사람이 절대 죽지 않고 시간이 지나면 불안발작이 사라지게 될 것입니다."라는 암시를 반복해서 시행합니다. 환자가 합리적인 사고를 할 수 있게 되면 공황발작을 더 이상 두려워하지 않게 됩니다.

인지행동 최면치료로 증상해소가 쉽지 않으면 다른 최면치료방법을 사용할 수 있습니다. 공황발작의 심리적 원인을 최면분석치료를 시행하여 알아볼 수 있습니다. 연령퇴행을 통해 억압된 기억 속에 있는 과거의 중요한 사건을 경험하도록 합니다. 그리고 사건 속에 있는 불안의 의미를 최면상태에서 드러내는 것이 필요합니다. 최면상태에서나 각성상태에서 훈습하는 과정을 통해 환자가 자신의 마음을 이해할 수 있도록 합니다.

그런데 현실적으로 신체적으로나 정신적으로 지나치게 피로해지면 공황발작 증상이 나타나는 경우가 많이 있습니다. 어떤 분은 밤새 술을 마시고 새벽에 골프를 치고는 장거리 운전을 하고 오다 공황발작을 경험했고, 어떤 분은 밤낮으로 잠도 제대로 자지 않고 여러 가지 일을 동시에 하다가 공황발작을 경험하였습니다. 공황발작으로부터 벗어나려면 먼저 자신의 몸과 마음을 돌봐야 하겠습니다.

사례

30대 중반의 여자분은 가슴이 두근거리고 머리가 풍선처럼 부풀어 오르는 느낌 등 마치 곧 죽을 것 같은 극심한 불안으로 응급실을 달려갔습니다. 하지만 대학병원 응급실에서의 뇌 컴퓨터 단층촬영 및 심전도 검사 등 모든 검사에서 전혀 이상이 없었습니다. 환자는 정신건강의학과로 전과되었고, 항우울제 등 약을 처방 받았으나 자신은 정신적인 문제가 아니라 신체적인 문제라며 약을 먹지 않았습니다. 첫 번째 공황발작이 있은 후 1주일도 되지 않아 다시 극심한 불안발작으로 종합병원 응급실로 달려갔고, 마찬가지로 검사에서는 전혀 이상소견이 발견되지 않았습니다. 환자는 최면치료를 받기 원했습니다. 친지의 소개를 받아 저에게 내원했습니다. 환자는 심한 두통과 손과 안면의 마비, 불안초조와 죽음에 대한 공포감, 얼굴이 달아오르는 증상, 머리가 풍선처럼 점점 커져서 터져 버릴지도 모른다는 증상들을 호소하였습니다. 여자분은 아주 계획적이며 철두철미한 성격으로, 모든 것이 뜻대로 되어야 직성이 풀리는 성향이 있었습니다.

우선 그분에게 불편한 상황에서의 자신의 느낌에 대해 묘사해 보도록 권유했습니다. 그리고 여자분이 곧 죽을 것 같은 공포를 느끼는 것을 공감하고 인정하면서, 한편으로는 이 병으로 절대 죽지 않는다는 사실을 알려 주었고 안심을 시켜 주었습니다. 또한 모든 일을 계획대로 실행하려고 하면서 생기는 과도한 긴장에 대해 여자분에게 설명하고, 이 때문에 생기는 자율신경계의 과도한 흥분과 자율신경계의 오작동에 따른 증상에 대해 설명해 주었습니다. 그러면서 호흡을 통해서 간접적으로 자율신경계를 조절하는 기전을 설명하였습니다. 물론 약물의 유용성에 대해서도 설득하였습니다.

그리고 난 후 실제로 최면작업에 들어갔습니다. 우선 스스로 한곳을 마음대로 정해 집중하게 함으로써 스스로 자신을 조절한다는 마음이 들도록 했습니다. 그리고 복식호흡법을 통해 흡기와 배기 시 배의 고무풍선이 커지고 작아지는 경험을 하도록 하였습니다. 그다음에는 점진적 근육이완법으로 긴장의 이완을 경험하도록 하였습니다. 이러한 이완의 경험은 그분이 평상시에는 경험하기 어려운 아주 편안한 느낌을 가질 수 있게 하였습니다. 그러고는 자석법을 통해 본인이 노력하지 않고 단지 상상하기만 해도 저절로 손이 붙고 떨어지는 자동감automatism을 경험하게 하였습니다. 여자분은 이러한 현상들에 대해 재미있어 하면서 신기해 했습니다. 그분이 두통을 호소하였기 때문에 얼음주머니를 이마에 올려놓는 상상을 하게 하여 머리가 시원해지도록 지각의 변화를 유도하여 두통을 완화시켜 주었습니다. 그다음 호흡에 따라 머리에 있는 상상의 풍선이 적절하게 커지고 작아지는 것을 느끼도록 하여 적절한 뇌호흡을 경험하도록 하였습니다. 이렇게 하여 불안발작이 일어날 때 머리가 부풀어 올라 터질 것 같은 두려움에서 벗어날 수 있는 대처방법을 깨닫게 함으로써 자기 효능감을 갖도록 하였습니다. 또한 여자분에게 평상시에 느낄 수 있었던 가장 편안한 상황에 대해 상상하도록 하였고, 그때의 상황을 실제처럼 경험하도록 하였습니다. 이런 편안한 느낌을 잘 기억하도록 하고 본인이 불안상태가 올 때 지금의 편안한 상태로 갈 수 있도록 닻anchoring을 만들어 주었습니다. 거기에 덧붙여 자아강화기법을 이용하여 자신을 좀 더 인정하고 허용할 수 있도록 암시를 하였습니다. 마지막으로 자신 스스로 최면상태에 들어갈 수 있도록 자기 최면을 가르쳐 주었고, 실제로 제가 보는 앞에서 자기 최면 연습을 하도록 하였습니다. 여자분은 최면치료 후에 표정이 밝아졌으며, 두통이 전혀 없고 머리가 맑고 깨끗하다고 하였으며, 불안이 없어져 아주 편하다고 이야기하였습니다.

그 후 그분은 불안할 때마다 자기 최면을 통해 자주 긴장을 이완하였고, 약물에 대한 순응도도 높아져 불안발작을 경험하지 않으면서 재발방지를 위해 약 1년간 처방약을 복용하였습니다. 최근에 친지를 통해서 이야기를 들었는데 지금까지 재발은 없었다고 하였습니다.

공포증의 최면치료

공포증 환자들은 일반적으로 최면감수성이 높아서 최면치료에 반응이 좋은 편입니다. 대개 사람들은 공포대상에 직면했을 때 몸이 얼어붙어서 꼼짝 못하게 되는데, 이러한 얼어붙은 상태freezing state가 주의가 집중된 평상시와 다른 상태, 즉 일종의 최면상태인 것입니다.

최면감수성이 높으므로 직접적인 최면암시에도 공포 증상이 해소되는 경우가 있을 수 있습니다. 공포증도 불안증상을 보이기 때문에 불안증상의 일반적인 최면치료 기법, 즉 체계적 탈감작법systemic desensitization, 인지 재구성cognitive restructuring, 최면분석치료 등을 사용할 수 있습니다.

최면 자체가 가지는 이완작용으로 불안을 해소할 수 있고, 행동치료에서 시행하는 체계적 탈감작법을 최면상태에서 함께 시행하여 긴장이 이완된 상태에서 점진적으로 공포 상황에 노출시킬 수 있겠습니다.

공포증 환자에게서 보이는 부적응적 인지과정은 자신의 느낌이나 사고 같은 주관적인 경험에 집중되어 객관적인 사고가 힘든 것입니다. 사회공포증social phobia의 경우, 발표를 할 때 자신의 얼굴이 붉어지고 말을 더듬거리게 되면 자신의 불편한 감각에 지나치게 집중하여 청중이 자신을 바보처럼 생각하지 않을까 걱정하게 됩니다. 그리고 다음 발표 때에도 같은 상황이 다시 반복되어 실패하지 않을까 미리 염려하게 됩니다. 최면상태에서 인지치료는 이런 비합리적인 인지과정을 노출시켜 환자 스스로 인식하게 함으로써 보다 적응성 있고 합리적인 인지과정을 갖도록 하는 것입니다. 그래서 최면상태에서 공포증이 생기는 과정을 경험하면서 문제로부터 벗어나서distancing 자신의 잘못된 인지과정을 파악하고 바람직한 인지과정을 찾아 스스로에게 반복해서 암시하는 방법을 사용할 수 있습니다.

정신분석 이론에 따르면, 공포가 원래의 공포대상이 지닌 상징적 의미symbolization를 가지고 있는 다른 대상으로 전치displacement되어 전치된 대상에 공포 증상이 생기게 된다는 것입니다. 그래서 원래의 공포 반응의 근원이 되었던 것은 억압repression되고, 이런 무의식의 갈등으로부터 비롯되는 불안을 방어하기 위해 공포 증상을 형성하여 새로운 대상에 불안을 느끼고 회피반응avoidance을 보이는 것입니다. 그러므로 최면상태에서 불안의 근원이 되는 것을 찾아 인식하고 그것이 전치되어 다른 것에 옮겨졌다는 역동적 기전을 이해할 수 있도록 해야 합니다. 그래야 통찰력insight이 생겨 불안이 해소됩니다.

그리고 스피겔Spiegel의 개조법restructuring을 공포증에 사용할 수 있습니다. 비행 공포증flying phobia을 한 예Spiegel & Spiegel, 1978: 239-242로 들어 설명하겠습니다.

우선 환자가 자기 최면으로 최면상태로 들어가도록 합니다. 그리고 치료자가 여러 가지 암시를 하게 됩니다. 비행 타는 것을 두려워하는 증상과 싸우지 않도록 이야기합니다. 즉, 비행기 공포증에 압도 당하지 말고 증상으로부터 거리를 두게 합니다. 그리고 최면상태에서 자신이 떠오른다는 느낌을 가짐으로써 비행기는 단순한 도구일 뿐이고, 자신의 몸이 확장되어 비행기가 된 것으로 느끼라고 이야기합니다. 이렇게 함으로써 두려움을 교정할 수 있다고 말하고 여러 가지 비유를 듭니다. 못을 박을 때 주먹으로 할 수도 있지만 망치를 사용하는데, 망치는 단순한 도구이고 손이 확장된 것으로 생각할 수 있습니다. 어디에 갈 때 자전거나 자동차를 탈 수도 있는데, 그것은 단지 도구이고 다리의 확장인 것과 마찬가지입니다. 따라서 비행기도 단순한 도구이고, 몸의 확장이라고 이야기함으로써 비유를 통해 새로운 관점을 가지게 합니다.

그리고 자기 최면을 하루에도 여러 차례, 한두 시간마다 한 번씩 약 20초에 걸쳐 비행기가 몸의 확장이라는 암시를 반복해서 되새기도록 합니다. 또, 공항에 갈 때에도 기회만 되면 자기 최면을 하도록 하고, 기회가 되면 조종석도 둘러보라고 합니다. 그리고 비행기가 이륙하고 착륙할 때에도 자신이 비행기와 함께 떠 있다는 느낌을 계속 가지도록 트랜스상태trance state에 있도록 합니다. 비행기가 이륙하여 공중에 떠 있을 때 최면상태를 벗어나서도 자신도 비행기와 함께 떠 있다는 느낌을 계속 가지도록 자신에게 후최면 신호posthypnotic signal를 주도록 합니다. 이를 위해 필요하면 수시로 최면상태에 들어가도록 합니다. 또, 때때로 자신이 조종석에 앉아서 조종사의 손을 통해 비행기를 조종하고 있다고 상상하여 비행기를 조종하고 있다는 느낌을 가지도록 합니다.

이러한 이야기들을 해 준 후 환자를 최면상태에서 벗어나도록 한 후 가능성possibility과 확률probability에 대해 이야기합니다. 즉, 환자가 정상적인 예기불안과 두려움을 혼동하고 있음을 지적하고 병원을 올 때 교통사고가 날 가능성은 있지만 확률은 극히 적기 때문에 안전하게 여기에 왔고, 지금 앉아 있는 장소도 지하의 보일러가 폭발해 무너질 가능성은 있지만 확률은 적기 때문에 편히 앉아 있고, 집으로 돌아가는 길에도 높은 곳에서 머리 위로 무엇인가 떨어질 가능성이 있지만 확률은 적기 때문에 집으로 돌아가기 위해 길을 나설 것임을 상기시킵니다. 실제로 환자 자신이 이제까지 여러 상황에서 가능성과 확률 사이에서 많은 결정을 내리고 행동을 해 왔다는 것을 상기시킵니다. 그리고 비행기 사고가 절대로 일어나지 않아야 한다는 보증을 요구하는 것이 자신을 괴롭히는 함정임을 이야기하고, 자동차를 타고 길을 나서는 것 같은 다른 행동결정에서 해 왔던 것처럼 같은 원칙을 비행기에도 똑같이 적용시키도록 이야기합니다.

결국, 최면상태에서 자연적으로 느끼는 뜨는 느낌을 이용하여 비행 시에 뜨는 느낌의 경험을 개조 restructuring 시켜 자신을 자신의 몸과 비행기에 통합시킴으로써 조절감 sense of control 을 가지도록 하는 것입니다.

또한 에릭슨식 최면치료를 공포증의 치료에 사용할 수 있습니다. 광장공포증 agoraphobia 환자의 치료 사례 Edgette, 1985 를 살펴보겠습니다.

그 환자가 잘 이용하는 감각기관 sensory modality 을 사용하여 그 사람에게 맞게 최면유도를 합니다. 최면상태를 유도한 후 은유적 이야기 metaphorical story 를 들려주게 됩니다.

세발자전거를 타는 어린아이가 어머니가 있는 상황에서 어머니로부터 멀어지기도 하고 다시 다가오기도 하면서 놀고 있습니다. 세발자전거에 익숙해진 어린아이는 이제 어머니가 보이지 않는 밖으로 나가서 놀기 시작하는데, 밖에서 발견한 흥미 있는 물건들을 어머니에게 가지고 와서 그것에 대해 어머니와 이야기하기도 합니다. 아이가 커 가면서 어머니는 아이에게 보조 바퀴가 달린 두발자전거를 사 주었습니다. 아이가 좀 더 성장하면서 아이는 보조바퀴를 떼고 자전거를 타기를 원합니다. 그래서 어머니가 뒤를 잡아 주면 아이는 두발자전거에 올라앉아 자전거를 타기 시작합니다. 뒤에서 잡고 쫓아가던 어머니는 잡고 있던 손을 놓게 되고 어린아이는 혼자서 자전거를 타다가 문득 뒤를 보니 어머니가 보이지 않습니다. 아이는 겁이 나서 균형을 잃고 쓰러져서 무릎에 상처를 입게 됩니다. 아이는 상처를 입었지만 다시 자전거타기를 연습하고, 이런 과정을 반복하다가 결국 혼자서도 자전거를 잘 타게 됩니다.

이러한 은유적 이야기를 해 준 다음 팔상승 경험 같은 최면암시에 따른 반응을 환자에게 확인시킨 후 각성상태로 돌아오게 합니다.

광장공포증 환자의 경우에는 가정의 안정성으로부터 벗어나서 혼자서도 집 밖에서 잘 견딜 수 있도록 하는 것이 치료의 목적입니다. 그래서 정상발달 과정에서 어머니나 가정으로부터 점진적으로 분리개별화separation-individuation를 성공적으로 해 나가는 내용의 이야기를 들려준 것입니다. 결국 에릭슨이 주장하는 치료 목표인 발전적인 자기성장이 자연스럽게 이루어지도록 진로 정렬을 해 주는 것입니다. 이야기 중에 어머니는 잡고 있던 손을 놓게 되고 아이는 문득 뒤를 돌아보니 어머니가 없어 겁이 난다는 내용, 즉 일부러 야기한 불안은 광장공포증 환자가 느끼는 유기불안abandonment fear과 비슷합니다. 그리고 자전거를 혼자 타고 가다 넘어지는데, 이것은 광장공포증 환자가 불안할 때 느끼는 어지러움dizziness이나 공황발작panic attack 같은 균형을 잃고 조절을 상실하는 느낌을 상징적으로 느끼도록 하는 것입니다. 결국 대부분의 어린아이가 그렇듯이 성공적으로 불안을 극복하고 자전거를 타게 된다는 내용은 환자가 앞으로 자신의 증상을 극복하고 적절히 대처해 나갈 수 있다는 느낌을 갖도록 하는 암시를 내포하고 있습니다. 자전거를 타다 넘어져서 상처가 생긴다는 이야기는 환자로 하여금 발달과정에서의 상처trauma를 궁극적인 성공을 위한 전 단계로 재인식reframing하도록 하는 것입니다. 즉, 자전거를 타다 넘어져 생긴 상처와 고통을 자전거를 타기 위해 어쩔 수 없이 겪어야만 하는 과정으로 여기듯이 성장하면서 생기는 여러 가지 감정적인 상처와 고통을 잊어버릴 수 없다면 개인의 성장과 발달을 위해 쓰지만 필요한 약으로 재인식하도록 하는 것입니다.

사례

30대 초반의 여자분이었습니다. 최면감수성이 최면유도등급HIP상 온전 3등급intact3으로 높은 편이었습니다. 개에 대한 공포증과 대인관계 불안, 특히 윗사람이 자신에게 반응을 보이지 않으면 내가 뭘 잘못한 것은 아닌가 하는 불안으로 내원했습니다. 실제로 치료자와의 만남도 불편해 하고 불안해하는 양상이었습니다. 여자분은 길을 나서기 전에 개가 있나 확인하고 개가 있으면 반대편 길로 돌아갔으며 식당에서 밥을 먹다 개를 보면 밥을 먹다 말고 도망 나오는 증상이 있었는데, 이런 증상은 초등학교 때부터 있었다고 했습니다.

여자분은 어떻게 행동할지 모르는 아버지와 자신을 잘 인정해 주지 않는 먼 느낌이 드는 어머니 사이에서 장녀로 태어났습니다. 어린 시절 부부싸움 하는 것을 보면서 자랐다고 했고, 그럴 때 자신이 할 수 있는 것은 우는 것뿐이었다고 말했습니다.

최면상태에서 여자분에게 연령퇴행age regression을 통해 개에 대한 최초의 충격적인 사건original trauma을 기억하도록 했습니다. 여자분은 학교도 들어가기 전에 어머니가 저기 가서 놀고 있으라고 해서 가 있다가 개한테 물려서 종아리를 다쳤던 일을 기억했습니다. 여자분은 그때 어머니가 자신을 보호해 주지 않아서 서운한 느낌이 들었다고 했습니다. 그래서 감정의 다리affect bridge를 통한 연령퇴행 기법을 사용하여 보호해 주지 않아 서운한 느낌이 든 또 다른 시점으로 가 보도록 하니, 아주 어렸을 때 아버지와 낯선 공원에서 즐겁게 놀고 있다가 잠시 아버지가 사라져서 혼자 남아 있다가 아버지가 다시 나타났던 일을 기억했습니다. 여자분은 그 상황이 굉장히 무섭기도 하고, 아버지가 자신을 두고 간 것이 굉장히 서운하기도 했다고 이야기했습니다.

최면상태에서 여자분에게 어머니에 대해 기억하도록 했습니다. 여자분은 초등학교 때 어머니에게 칭찬을 받고 싶어서 자신이 그린 그림을 어머니께 보여 드렸습니다. 그런데 어머니가 "정말 네가 그렸니?" 하며 인정해 주지 않아 많이 속상했다는 경험을 말했습니다. 아버지에 대해 기억해 보라고 하니 아버지가 밥을 먹다 말고 갑자기 화를 내며 밥상을 엎어서 여자분은 굉장히 놀라고 무서웠다고 이야기했고, 다른 것은 별로 기억이 나지 않는다고 했습니다. 각성상태로 돌아온 후 여자분은 자신이 곧 결혼하기로 되어 있는데 아버지가 자신의 입장은 전혀 생각하지 않고 자신에게는 말도 없이 어머니와 이혼을 해서 굉장히 화가 났다고 이야기하면서 아버지에 대해서는 기억하기도 싫다고 회피반응을 보였습니다. 여자분과 아버지와의 관계를 통해 여자분이 직장 상사 같은 윗사람을 불편해 하는 것을 이해할 수 있었습니다. 그리고 아버지에 대한 기억을 회피하는 행동으로부터 개를 피하는 행동 사이의 관계를 이해할 수 있었습니다. 치료자는 아버지의 예측할 수 없는 행동이 개의 예기치 못하는 행동에 전치되었다는 것을 추측할 수 있었습니다. 하지만 최면상태에서 단순히 개 자체보다는 예측하지 못하는 행동에 두려움을 느낀다고 언급하였습니다.

또한 최면상태에서 꿈을 유도dream induction한 기법을 시행하였습니다. 여자분은 유리로 만들어진 방 속에 있는 자신을 하얀 옷을 입은 할머니가 지켜보고 있다고 했습니다. 여자분은 마치 치료자가 자신의 마음속을 다 이해하고 있는 것처럼 느꼈다고 했습니다. 그래서 최면상태에서 치료자가 자신의 마음을 이해하는 것과 마찬가지로 자신도 자신의 마음을 이해하게 될 것이라고 암시하였습니다. 여자분은 자신의 마음을 이해하게 되면서 더 이상 개를 피할 필요가 없다는 것을 알게 되었습니다. 여자분은 최근에 개를 키우는 친구 집에 가게 되었는데 힘들었지만 개와 함께 있을 수 있었다고 말했습니다. 그리고 며칠 후 다시 그 집에 방문했는데 개가 식탁 밑으로 왔다 갔다 해도 식사를 다 마칠 수 있었다고 이야기하였습니다. 여자분은 개에 대한 공포가 많이 줄어들었다고 했고, 직장상사와의 관계도 나아졌다고 하면서 그만하면 견딜 수 있다고 하였습니다. 실제로 치료자를 만날 때에도 편안해져서 목표 증상들이 좋아진 것을 확인할 수 있었습니다. 저는 여자분과 상의하여 치료를 종결하였습니다.

강박증의 최면치료

원하지도 않는데 어떤 생각이 머릿속에 떠올라 반복적으로 그리고 지속적으로 정신적인 에너지를 쓰게 하며 힘들게 하는 것이 강박사고입니다. 대부분의 사람이 한 번씩은 경험해 보았을 것으로 생각합니다. 그런데 이런 생각들은 하지 않으려고 해도 그럴수록 계속 머리에 떠올라서 우리를 더욱 고통스럽게 합니다. 이런 강박사고는 우리가 그 생각에 몰두하는 에너지를 먹고살기 때문입니다. 생각하지 않으려고 하는 것 자체가 정신적인 에너지를 쓰는 것이기 때문에 강박사고는 이 에너지를 먹고 더 커져서 더더욱 뿌리칠 수 없게 되는 것입니다.

임상에서 강박증 환자들을 보면 자신의 병에 대한 정확한 인식이 없는 경우가 많이 있습니다. 그래서 먼저 병에 대한 설명을 해 주는 것이 필요합니다. 그런데 설명을 해도 환자들이 머리로는 알지만 마음으로 받아들이지 못하는 경우를 많이 볼 수 있습니다. 이런 경우 최면상태에서 영상을 통해 설명을 할 수 있습니다. 예를 들면, 환자에게 뇌의 신경회로를 상상하도록 하여 반복되는 생각들이 신경회로를 활성화하는 장면을 경험하게 합니다. 그다음 과도한 활성화는 병이고, 치료를 위해서는 기존의 신경회로의 활성화를 줄이기 위해 다른 신경회로의 활성화가 필요하다는 것을 영상으로 느끼도록 할 수 있습니다. 마찬가지로 오솔길의 비유를 통해 오솔길에 통행량이 과도하게 많아서 큰길이 되는 장면과 반대로 오솔길을 폐쇄해서 그 길이 사라지는 장면을 영상으로 느끼도록 할 수 있습니다.

많은 강박증 환자가 취미로 복싱이나 태권도 같은 운동을 한다든지, 경찰이나 검사 같은 힘power을 가진 직업을 가지려고 하는 경향이 있습니다. 이런 힘에 대한 지나친 집착은 오히려 강박증 환자들의 자아가 약하고 불안한 것을 반영하는 것으로 보입니다. 실제로 강박증 환자들의 마음에 자기 확신이 부족하고 자기 효능감이 저하되어 치료자에게 물어본 것을 다시 들으려고 또 묻는 양상을 보입니다. 따라서 적절하게 불안을 다룰 수 있는 힘을 상징하는 영상을 통해 자존감을 증진할 수 있겠습니다. 예를 들면, 비행기에서 낙하산을 타고 성공적으로 지상으로 내려오는 장면이라든지, 여행길의 힘든 일들을 잘 극복하고 귀환하는 장면이라든지, 좀 더 개인적으로는 자신의 과거에 힘들었던 상황을 극복하는 장면들을 최면상태에서 경험하도록 할 수 있습니다. 보다 환상적인 장면으로는 〈반지의 제왕〉처럼 많은 어려움을 극복하고 자신을 보호해 주고 힘을 주는 보석이나 부적 같은 상징물을 성공적으로 획득하는 과정을 경험하게 할 수 있습니다. 그리고 직접적인 암시를 통해 자존감을 증진시킬 수도 있겠습니다. "더 이상 어린 시절의 자신이 아니라 이제 성장해서 어른이 된 자신을 경험하게 되고, 세월이 흐르면서 당신이 성장해 감에 따라 점점 힘이 커지게 된 것을 경험할 것입니다."라는 암시를 할 수 있습니다. 그런데 이런 직접적인 암시를 할 때에는 환자가 치료자에게 의존하거나 자신에 대한 부적절감을 느끼지 않도록 주의를 기울이는 것이 필요합니다. 힘에 대한 암시들은 강박증 환자들이 가지는 조종control 당하는 것에 대한 두려움과 위험에 대한 불안을 줄일 수 있습니다.

강박증 환자들을 가장 괴롭히는 것이 원하지 않는데 반복되는 생각입니다.

예를 들면, '사랑하는 가족을 칼로 찌르게 되지 않을까?' 하는 강박적인 사고가 있는 경우입니다. 이런 경우 최면상태에서 환자에게 상상의 화면을 반으로 나누도록 합니다. 한쪽에는 이완을 불러일으키는 평화로운 꽃밭을 상상하도록 하고, 반대편에는 불안을 야기하는 칼을 상상하도록 합니다. 이렇게 칼이 있는 장면에서도 꽃밭에 주의를 기울이도록 함으로써 이완을 할 수 있도록 반복해서 연습을 하도록 합니다. 칼에 대한 영상에 불안이 줄어들게 되면서 강박적인 사고는 점점 약해집니다. 즉, 불안유발자극칼과 이완꽃밭을 짝지어서 제시함으로써 부정적인 사고를 줄이는 것입니다. 이런 방식으로 최면상태에서 영상을 통해 탈조건화를 이용하여 강박적인 사고로 인한 불안을 줄일 수 있습니다.

또한 역설적인paradoxical 방법으로 다른 사고나 행동을 반복해서 하도록 하는 방식입니다. 최면상태에서 강박적인 사고가 인지되면 바로 휴대전화에 있는 좋아하는 연예인의 사진을 보도록 하여 이 사진이 나를 편안하게 해 준다고 생각하면서 그 느낌을 경험하게 하는 것입니다. 다른 것에 집중하도록 함으로써 불안을 유발하는 강박사고로부터 벗어나서 보다 좋은 느낌을 갖게 하는 것입니다. 최면상태에서 반복해서 연습한 후에 일상생활에서 실천하는 것이 중요합니다.

사례

키가 크고 야윈 30세의 여자분은 회사원인데, 퇴근할 때 컴퓨터를 다 껐는지, 형광등은 다 껐는지, 문은 잘 잠그고 왔는지를 확인하는 증상 때문에 내원하였습니다. 확인을 하고 난 후에도 다시 반복해서 확인하고, 심하면 집에 왔다가도 다시 회사에 가서 확인을 해야 할 정도였습니다. 원래 신경이 예민한 편이어서 긴장과 불안이 많은 편인데, 다른 스트레스가 함께 있을 때에는 잘 먹지도 못하고 잠도 못 자면서 증상이 더욱 심해졌습니다.

중학교에 다닐 때에는 시험시간에 답안지를 제대로 썼는지 불안하여 반복해서 확인한 적이 있었다고 했습니다. 결혼 후 회사가 멀어서 차를 여러 번 갈아타고 다니면서 힘이 많이 들어 체력이 소진되는 것을 느낀 이후에 확인하는 증상이 더욱 심해졌다고 했습니다.

최근에는 아기를 가지고 싶은데 이런 상황에서 임신을 하면 배 속의 아이에게 나쁜 영향을 끼쳐 아이도 불안해하지 않을까 하는 걱정을 하였습니다. 주방에서 음식을 굽는 요리를 할 때 발암물질이 나온다는 방송을 보고는 아직 임신을 하지도 않았는데 자신도 집에서 고기나 생선을 구워 먹은 적이 있는데 혹시 앞으로 임신할 아기에게 나쁜 영향이 있지 않을까 걱정할 정도였습니다. 매사에 미리 걱정을 하여 부정적이고 비관적이었습니다. 하지만 취미생활을 할 때나 일을 하고 있는 중에는 이런 부정적 생각들이 줄어들고 휴가기간이 길어서 한동안 회사에 가지 않으면 확인하는 증상은 현저히 줄어들었습니다.

남편은 여자분을 잘 배려해 주고 집안일도 도와주며 모든 일에 감사하는 성품을 가졌습니다. 여자분은 힘이 들어 짜증을 내는데도 남편이 다 받아 주어 고맙게 생각하고 있었습니다.

체력이 저하되어 있는 상태에서는 신체적 · 정신적 에너지가 저하되어 증상을 극복하기 어렵기 때문에 기본적으로 자주 먹고 잘 잘 수 있도록 교육하였습니다. 남편은 여자분이 좋아하는 요리를 직접 해 줄 정도로 치료에 협조적이어서 얼마 안 가서 여자분의 체중이 증가하였습니다.

여자분은 긴장이 되면 몸에서 열이 난다고 하였습니다. 그래서 우선 최면상태에서 운동 후에 샤워를 하면서 열을 식히는 장면을 경험하게 한 후 실제로 몸에서 열이 식는 느낌을 경험하도록 한 다음 긴장이 되어 열이 나는 장면을 다시 경험하도록 하고, 그다음에 샤워하는 장면을 통해 그 열을 다시 식히도록 하였습니다. 즉, 최면상태에서 샤워를 하자 열이 식으면서 긴장이 이완되고 여유를 가지는 자신의 긍정적인 모습을 경험하도록 하였습니다.

또한 여자분이 취미생활을 하거나 일을 열심히 할 때에는 증상이 없는 것을 확인하였습니다. 그런데 취미생활이나 일을 계속 하는 것은 힘들 수 있기 때문에 증상이 나타날 때 증상에 머물러 있지 않고 대신할 긍정적인 장면을 찾도록 하였습니다. 증상이 나타날 때 최면상태에서 남편이 자신에게 식사를 챙겨 주는 장면이나 자신이 웃으면 '착한 기린'이라고 칭찬해 주는 장면을 상기하도록 하여 부정적인 강박적 사고의 악순환을 끊고 긍정적인 경험을 할 수 있도록 하였습니다. 여자분은 집에서 치료시간에 가르쳐 준대로 자기 최면을 열심히 하였습니다.

그녀는 방송이나 인터넷을 통해 어떤 물질이 건강에 나쁘다는 뉴스를 듣거나 다른 사람의 이야기를 들으면 그 말에 영향을 쉽게 받는 성향이 있었습니다. 이는 여자분의 피암시성suggestibility이 높기 때문으로 생각하였습니다. 여자분의 피암시성을 활용하여 최면상태에서 긍정적인 비유와 암시를 통해 가능성과 확률의 차이를 구분하도록 하였습니다. 즉, 음식이 타면서 발암물질이 나올 가능성은 있어도 임신에 영향을 줄 확률은 매우 적다는 것을 상기시켰습니다. 그다음 교통사고의 가능성은 있지만 확률이 낮기 때문에 매일 차를 타고 회사를 다니는 자신의 모습을 확인하였습니다. 따라서 가능성은 있지만 확률이 낮기 때문에 차를 타듯이 그 행동원칙을 탄 음식에도 그대로 적용하라고 암시하여 가능성은 있지만 확률이 낮다는 것을 마음으로 받아들이도록 하였습니다.

또 퇴근할 때 확인하는 것을 미리 걱정하는 경향에 대해서도 "퇴근할 때 걱정을 하면 되니 미리 걱정할 필요가 없고 앞당겨서 걱정하지 않게 될 것입니다."라는 암시를 하였습니다. 주말이나 연휴인 경우에 미리 걱정하는 경향이 더욱 컸는데, 여자분은 나중에 걱정하라는 암시의 영향으로 주말 전날 퇴근할 때까지 확인하는 걱정을 미룰 수 있었고 정작 주말 전날 퇴근할 때가 되었어도 불안이나 걱정이 현저히 줄어들었다고 하였습니다.

열을 식히는 긍정적인 경험을 통해 불안과 긴장에도 적절히 대처할 수 있게 되면서 나쁜 소식과 같은 새로운 스트레스에도 잘 대처할 수 있게 되었습니다. 최면상태에서 부정적인 생각이 떠오르면 일시적으로 뇌의 일부를 전세 내어 주어 잠깐 머물렀다 저절로 나갈 수 있도록 암시하였습니다. 그리고 나머지 뇌의 기능들은 적절히 작동하여 부정적인 생각이 떠오른 것에 크게 영향을 받지 않고 무시하여 다른 것들을 할 수 있게 되도록 하였습니다. 또한 최면상태에서 친구의 아기를 돌보는 장면을 긍정적으로 경험하도록 하였고, 자신이 아기를 낳아 자신의 아기를 돌보는 장면을 다시 경험하게 하여 임신에 대한 동기를 증진시켰습니다.

여자분은 이러한 치료과정을 통해 체중도 증가되고 피부도 좋아지는 것을 느낀다고 하였고 얼굴 표정도 밝아졌습니다. 그동안 임신을 피하고 있었는데 이제 아기를 가지기 위해 노력을 하고 있다는 이야기도 하였습니다. 그녀는 임신에 대한 걱정으로 약을 전혀 사용하지 않고도 최면치료만으로도 이렇게 좋아지게 된 것에 만족하였습니다. 여자분은 치료를 종결한 이후에도 한 달에 한 번씩 정기적으로 최면치료시간을 가지면서 지금과 같은 건강한 상태를 유지하고 싶다고 제게 요청했습니다.

해리성 장애의 최면치료

해리에 대한 정의는 다양합니다. 세부적인 것은 다르지만 결국 모든 정의에서 가장 공통되는 것은 정신적인 내용물들 사이에 일반적으로 기대되는 연결이 끊어지는 것입니다. 즉, 해리경험은 의식의 구획화compartmentalization가 특징입니다. 말하자면 사고, 감정, 운동, 감각, 기억, 자아정체감 등 함께 작동할 것으로 기대되는 정신기능이 어떤 경우에 각각 분리되어서 의식에 접근하지 못하거나 기억을 되살리지 못하는 것입니다.

해리 현상을 경험하고 있는 환자를 대하는 최면치료자의 태도가 무엇보다도 중요합니다. 환자의 현재 상태를 있는 그대로 인정해 주는 것이 필요합니다. 환자가 경험하는 것이 무엇이든지 그 환자의 심리적인 상태에서는 현실psychic reality이기 때문입니다.

해리성 장애 환자들은 일반적으로 최면감수성이 높습니다이정식 외, 2009. 최면상태에서 나타날 수 있는 자연스러운 해리현상은 해리성 장애 환자가 보이는 증상과 공통점을 많이 가지고 있습니다. 그래서 해리성 장애 환자의 증상을 최면상태에서 만들기도 하고, 해소하기도 하면서 자기 효능감을 가질 수 있도록 할 수 있습니다.

최면치료는 단절된 정신상태에 접근access하는 것을 용이하게 합니다. 주된 정신상태와 단절된 정신상태 사이의 경계를 완화a relaxation of boundaries해 단절된 정신상태를 주된 정신상태에 통합integration해 주는 역할을 합니다. 그러기 위해서는 과거의 기억을 떠올리는 과정recall이 필요합니다. 고통스러운 기억을 드러내기 위해서는 여러 가지 기법을 사용할 수 있습니다. 직접적으로 기억을 떠올리는 것보다는 안전하게 감정적인 거리를 두고 텔레비전 기법이나 연극 기법 등을 통해 기억을 다룰 수 있습니다. 그 과정에서 만약 다루어 주어야 할 고통의 감정이 있으면 여러 최면기법을 통해 감정을 해소abreaction하고 조절control할 수 있습니다. 분노나 화와 같은 억압된 감정들을 배출ventilation하고 긍정적인 감정들은 강화할 수도 있습니다. 또한 편안한 장소safe place를 마련하여 감정조절이 힘든 경우에 일시적으로 철수하도록 할 수도 있습니다. 하지만 연령퇴행 같은 기법을 사용하여 기억을 되살려서 관련된 감정을 해소하기 위해서는 지지적이고 공감적인 분위기가 먼저 마련되어야 합니다. 자아가 약한 경우에는 기억과 감정을 다루기 어렵기 때문에 치료 초기부터 자아강화기법을 통해 충분히 자아가 강화된 상태에서 다루도록 합니다. 이러한 훈습의 과정을 거쳐 억압된 기억의 의미를 이해하여 환자의 단절된 정신상태가 전체로 통합되어야 합니다.

그런데 해리성 장애 환자에게서 최면유도를 하는 경우에 또 다른 인격체alter가 드러나는 경우가 많이 있습니다. 물론 환자를 이해하기 위해서는 또 다른 인격체에 대한 평가가 필요합니다. 하지만 해리성 장애 환자가 또 다른 인격체 같은 해리경험을 통해 힘든 현실로부터 도망가려는 자신을 이해하도록 하는 것은 중요합니다. 그래서 스트레스에 더 이상 기억상실이나 또 다른 인격체를 통해 대처하지 않을 수 있도록 자아를 강화하는 것이 중요한 치료 목표입니다. 불필요하게 최면상태에서 해리경험을 하도록 하지 않는 것이 바람직합니다.

▌사례

저는 잘 알고 지내는 대학병원의 한 교수님으로부터 한 분의 치료를 부탁받았습니다. 그분은 20대 후반의 남자로 대학원생이었습니다. 그는 해리성 장애라는 진단명을 가지고 최면치료를 위해 외래를 방문하였습니다. 그는 큰 키에 순진해 보였으며 공손한 태도로 면담에 임했습니다. 그의 주된 증상은 가끔 자신이 한 행동을 기억하지 못한다는 것이었습니다. 이런 일은 아주 어려서부터 있어 왔는데, 어린 시절의 일은 지금은 알지 못한다고 했습니다. 그 이후로도 기억을 못하는 일이 종종 있어 왔다고 했습니다. 최근에 애인과 헤어지고 난 후 친구들과 술을 마시던 중 친한 친구에게 난폭한 행동을 하게 되었습니다. 그런데 그는 그 사건을 전혀 기억할 수 없어 불안하고 초조해서 내원하게 되었다고 말했습니다.

그는 아주 어려서부터 부모가 모두 회사를 다니느라 집에 없어서 할머니가 대신 환자를 돌봐 주었다고 했습니다. 지금도 부모님이 일하느라 집에서 혼자 지내는 날들이 많다고 했습니다. 그는 어린 시절 문득문득 기억이 나지 않았을 때가 있었다고 말했습니다. 중학교 때에는 친구를 사귀기가 힘들었다고 했습니다. 그래서 친구들의 비위를 맞추면서 왕따를 당하지 않으려고 했습니다. 고등학교 때에는 온라인on-line으로 함께하는 컴퓨터 게임을 하면서 겨우 친구들과 어울리게 되었습니다. 하지만 여전히 친구들에게 인정을 받으려고 눈치를 많이 봤다고 했습니다.

그는 약 1년 정도 애인을 사귀었다고 했습니다. 그는 깊게 사귀어서 정이 많이 들었고 자신이 굉장히 잘해 주었는데 최근에 애인으로부터 일방적으로 이별통보를 받았다고 했습니다. 그는 크게 상심했습니다. 그래서 애인을 잊으려고 술을 먹으면서 지내다가 옆 테이블의 손님과 싸우다가 기억을 잃어버린 적도 있다고 했습니다.

그는 친구들과 함께 술을 먹으면서 헤어진 애인에 대해 이야기를 하다가 다시 기억을 잃는 일이 생기게 되었습니다. 친한 친구에게 전해 듣기로는 술을 먹다가 술상을 엎기도 하고 속상해 하면서 울기도 했다고 이야기하였습니다. 그는 자신이 기억을 잃어버리고 친한 친구에게 덤볐다는 사실에 놀라서 자신이 언제 다시 변하게 될지 모른다는 두려움이 생겨 치료를 받기 위해 내원하게 되었습니다.

부모는 어렸을 때 제대로 돌봐 주지 못한 것에 대해 미안함을 많이 가지고 있었습니다. 부모는 환자의 성격을 착하고 차분하다고 이야기했습니다. 하지만 그는 자신의 성격이 변덕스러워 사람 대하는 것이 그때 그때 다르다고 이야기했는데, 좋을 때에는 좋지만 나쁠 때에는 나쁘다고 말했습니다. 자신은 늘 가면을 쓰고 산다고 말했습니다.

다음 시간에 내원하여 그는 기억상실을 호소하였습니다. 그의 말로는 집에서 기억이 없어졌고 깨어나 보니 자신이 있었던 방이 자신의 방에서 안방으로 달라졌다고 하였습니다. 해리 현상이 일어날 만한 특별한 일은 없었으며, 단지 혼자 집에 있으면서 심심했다고 말했습니다. 그 상황을 알아보기 위해 최면을 유도한 후 기억을 잃었던 장면으로 가기 위해 마지막까지 기억나는 장면을 떠올려 보도록 하였습니다. 그랬더니 그는 자신의 방에 혼자 앉아 있는데 외로운 느낌이 들면서 짜증이 난다고 하였습니다. 그래서 휴대전화를 잠깐 보고는 화장실에 가서 거울을 보고 다시 안방으로 갔다고 말했습니다. 안방의 침대에 앉아 있으면서 평상시와 다른 자신의 모습이 보여서 무섭고 두렵다고 이야기했습니다. 그가 많이 힘들어 해서 저는 그를 각성상태로 다시 돌아오도록 하였습니다. 그는 각성상태로 돌아오면서 자신의 휴대전화를 보는 모습을 보였습니다. 각성상태에서 그는 최면상태에서 또 다른 자신의 모습을 보았는데 귀신 같은 느낌이었고, 째려보는 모습이 소름이 끼칠 정도였다고 했습니다. 그는 기억이 나지 않았던 상황을 최면상태에서 볼 수 있었다고 이야기했습니다.

일주일 후에 와서 그는 친한 친구와 덜 친한 친구와 술을 마시다가 기억을 잃고 행패를 부렸던 상황을 떠올려 보고 싶다고 했습니다. 이전 시간에 해리경험을 하면서 환자가 힘들어 했지만 또 다른 자아의 모습에 대해 알아야 하기 때문에 치료시간에 해리를 경험할 수 있게 하겠다고 이야기했습니다. 해리경험이 다시 힘들게 할 수 있으므로 최면상태에서 기억을 떠올릴 때보다 안전하게 텔레비전 화면을 통해 과거의 장면들을 볼 수 있을 것이라고 암시하였습니다.

최면상태에서 덜 친한 친구와 헤어진 애인에 대해 이야기하다가 덜 친한 친구가 애인의 좋지 않은 점을 자꾸 말해서 기분이 좋지 않아 화가 났다고 했습니다. 그래서 그는 술상을 엎고는 덜 친한 친구에게 덤비려고 했습니다. 친한 친구가 그의 행동을 말리려고 하자 전혀 모르는 사람에게 하듯이 친한 친구의 멱살을 잡았는데 평상시와 달리 힘을 전혀 쓸 수가 없었다고 했습니다. 그러고는 속상하다면서 우는 모습을 보였습니다. 시간이 지나면서 다시 원래의 자신으로 돌아와서 친한 친구에게 미안하다고 사과를 하는 모습을 최면상태에서 보였습니다.

각성상태에서 그는 최면 당시의 상황을 떠올리고 난 후 기억이 나지 않은 것들을 알게 되었다고 했습니다. 술상을 엎기 전부터 다른 사람으로 바뀌었다가 울면서 원래 모습으로 돌아왔다고 하였습니다. 그러면서 그는 놀라고 무섭고 미안하고 해서 어찌할 바를 모르겠다고 이야기했습니다. 그는 또 다른 자신의 모습에 대해 그는 늘 화가 나 있다며 못마땅하게 생각했습니다. 그런데 이상한 것은 원래 자신이 친한 친구보다 힘이 센데 다른 모습에서는 힘을 못 쓰고 있었다고 했습니다. 그것은 옆 테이블 손님과 싸울 때에도 마찬가지였는데, 다른 모습으로 변한 상태에서는 힘을 전혀 쓰지 못했다고 말했습니다. 또 다른 모습일 때 공격적인 모습은 보이지만 힘을 쓰지 못해 다른 사람에게 피해는 주지 않는 양상이었습니다.

네 번째 시간에는 그에게 심리적 충격이 될 만한 중요한 사건들이 있었는지 알아보려고 했습니다. 그의 어린 시절의 모습을 이해하기 위해 할머니와 함께 지내던 장면을 떠올리도록 하니 자해하는 장면을 떠올렸습니다. 초등학교 저학년 때 엄마가 일 나가고 없어서 할머니가 돌봐 주고 있었는데, 엄마가 보고 싶다며 머리를 계속 벽에 부딪히는 행동을 해서 결국은 엄마가 일찍 집에 오는 장면을 이야기했습니다. 또한 어려서 어머니가 출근을 할 때 울고불고 매달리면서 떨어지지 않으려고 했던 장면들을 떠올렸습니다. 그러면서 그는 집에 혼자 있으면 외롭고 지루하고 짜증이 난다고 하였습니다. 그러다가 최면상태에서 갑자기 휴대전화를 보고 몇 시인지 확인하다가 약간 거칠고 씩씩한 또 다른 모습으로 자연스럽게 바뀌었습니다. 그래서 저는 최면상태에서 그와 대화를 하면서 또 다른 모습의 존재 이유에 대해서 물어보았습니다. 또 다른 모습은 그에게 하고 싶은 이야기가 있다고 하였습니다. 그는 원래 가식적이어서 절대 아무 말도 하지 않고 감춘다고 또 다른 모습이 말하였습니다. 그가 감추는 이유에 대해 또 다른 모습에게 물어보니까 그것은 그에게 직접 물어보라고 하면서 자신도 이유를 몰라 답답하고 화가 난다고 하였습니다.

최근에 이렇게 또 다른 존재의 모습을 드러내는 경우가 많다고 하니까 자신도 원래는 나오지 않는데 너무 짜증이 나고 열 받아서 나오게 된다고 했습니다. 그러면서 "얘는 모든 사람 앞에서 착한 척해서 역겹다. 가식을 너무 많이 떤다. 자신을 너무 만들어 낸다."라는 등의 이야기를 하면서 그의 단점에 대해 말했습니다. 그러면서 질문하는 저에게 누구냐고 해서 그를 돕는 의사라고 밝히고 함께 도와줄 방법을 찾자고 권유했습니다. 그러자 "자기가 알아서 하겠지."라며 퉁명스러운 반응을 보였습니다. 그러다 갑자기 최면상태에서 깨어나면서 다시 휴대전화를 보고 시간을 보는 행동을 반복하면서 원래의 모습으로 돌아와서 얌전한 모습으로 변하였습니다.

각성상태에서 그는 최면상태에서 자연적으로 변한 자신의 모습을 기억하지 못했습니다. 그래서 대신 제가 또 다른 모습이 그에 대해 이야기했던 것들을 순화해서 이야기를 하면서 통합을 시키려고 노력하였습니다. 환자는 몸이 안 좋거나 스트레스가 심하면 기억이 나지 않을 때가 있다고 하면서 최근에 부모님이 자기에 대한 걱정 때문에 울기도 해서 스트레스가 심하다고 하였습니다.

다섯 번째 시간에는 그가 직접 자신의 또 다른 모습을 보는 것이 자아가 통합을 하는 데 도움이 될 것으로 생각해서 최면상태에서 객석에 앉아서 무대에 있는 자신의 모습을 보도록 하였습니다. 처음에는 자신이 연극을 하고 있는 무대 장면을 떠올렸습니다. 그다음 무대에서 자신의 방에서 컴퓨터를 하는 자신의 모습을 떠올리도록 하였습니다. 그랬더니 무대에서 갑자기 휴대전화를 보고 일어나더니 화장실에 가서는 거울에 비친 자신의 얼굴을 보는 또 다른 모습을 떠올렸습니다. 그래서 최면상태의 객석에 있는 그에게 무대에 있는 또 다른 모습에게 기분이 어떠냐고 물어보도록 하였습니다. 그는 기분이 좋다는 이야기를 듣고 치료자에게 그 이야기를 전해 주었습니다. 그에게 휴대전화로는 무엇을 보느냐고 물어보도록 했더니 날짜와 시간을 본다고 했습니다. 이전에 가식적이라고 그에게 이야기한 적이 있는지 물어보라고 했더니 그렇다고 대답하였습니다. 또 다른 모습의 존재 이유를 물으니 답답해서 나온다고 하면서 그에게 "참고만 살아서 자신감이 없다. 뭐라도 좀 해 보라." 라고 말했다고 전해 주었습니다. 최면상태에서 안방에서 특별한 일이 있는지 물어보았으나 그는 특별한 일은 일어나지 않는다고 하여 각성상태로 돌아오도록 하였습니다.

그는 자신의 또 다른 모습을 본 것에 대해서 얼굴은 자신의 얼굴인데 분위기가 싸하다고 이야기하면서 그 친구는 공격적이고 진취적이고 뭔가를 해 보려고 한다고 말했습니다. 어떤 이유로 나오는지 구체적으로 물어보고 싶었는데 대답을 하지 않는다고 했습니다. 그는 또 다른 자신과 이야기하는 것이 괜찮았고 도움이 되는 느낌이 든다고 하였습니다.

최면치료가 끝나고 그는 인사를 하고 나갔습니다. 그런데 잠시 후에 밖에 나가 보니 집을 가지 않고 복도를 배회하고 있어 진료실로 다시 데리고 왔습니다. 그런데 평상시와 달리 반말조로 이야기를 하고 치료자에게 누구냐고 물어보는 양상을 보이면서 자연발생적으로 또 다른 모습으로 바뀌어 있었습니다. 그래서 또 다른 모습에 대해 좀 더 자세히 알아보기 위해 대화를 나누었습니다. 또 다른 모습은 여러 가지 이야기를 했습니다. 또 다른 모습은 "자신은 그가 생각하는 것처럼 난폭한 사람이 아니다. 자신은 늘 한결같은 사람이다. 오히려 그가 가식덩어리다. 그의 몸에서는 제한적으로 경험한다. 나와서 해 보고 싶은 것 다했으면 좋겠다."라고 말했습니다. 먼저 또 다른 모습의 이야기를 듣고 난 후 치료자는 이전 일들에 대해 물어보았습니다. "친구 멱살을 잡은 것은 모르는 사람이 자신에게 뭐라고 해서 화가 나서 그랬고, 그냥 목에 손을 갖다 댄 정도"라고 말했습니다. 이런 이야기를 하던 중에 또 다른 모습은 눈을 감고는 머리가 아프다고 하면서 원래의 모습으로 돌아왔습니다. 원래 모습으로 돌아온 그는 또 다른 모습에 대해 기억을 하지 못했습니다. 치료자는 또 다른 모습에 대해 어느 정도 파악을 해서 최면치료 과정에서 해리현상이 너무 자주 일어나고 또 다른 모습으로 자주 바뀌는 것이 바람직하지 않은 것으로 판단하여 이제 최면상태에서는 주로 통합을 해 나가는 방향으로 치료전략을 세웠습니다.

여섯 번째 시간에는 그가 내원해서 저에게 자신이 자꾸 변하는 원인을 알고 싶다고 하였습니다. 그는 기억을 잃는 것이 자신의 몸이 아프거나 스트레스가 심할 때 일어난다고 하였습니다.

그래서 저는 과거에 스스로가 싫었던 상황을 최면상태에서 떠올려 보도록 하였습니다. 그는 중학교 1학년 때 모르는 친구와 싸움을 했는데, 다른 친구들이 보고 있는 상황에서 많이 맞아서 심한 수치감을 느꼈던 경험을 떠올렸습니다. 그 후로는 기가 죽어서 친구들에게 하고 싶은 말도 못 하고 친구를 사귀기가 힘들었다고 했습니다. 수치감을 느꼈던 또 다른 상황으로 가 보도록 했더니 중학교에 입학하는 장면을 떠올렸습니다. 자신은 교복을 몸에 맞게 멋있게 입고 싶었는데 아버지가 큰 옷을 사라고 하는 바람에 바보처럼 헐렁한 옷을 입고 입학식에 가게 되었다고 했습니다. 그래서 친구들이 흉을 보면서 무시를 하였고 자신은 왕따가 되었다고 말했습니다.

각성상태로 돌아온 후 그는 당시 경험을 생생하게 느꼈다며 최면에 깊이 들어간 것 같다고 이야기를 했습니다. 그는 큰 옷 때문에 왕따를 당한 데다 잘 모르는 친구와 싸우다 얻어맞기도 해서 심한 수치심을 느꼈다고 했습니다. 때로는 친구들에게 별생각 없이 이야기했다가 그의 이야기가 마음에 들지 않는다며 친구들에게 무시 당하고 왕따 당하는 경우가 많았다고 했습니다. 그래서 친구들과 이야기를 할 때 그 친구가 어떤 말을 좋아할까 하는 것을 생각하면서 말을 하는 버릇이 생겼다고 했습니다. 그래서 상대방의 눈을 보면서 상대방의 성격이나 행동을 파악하여 상대방이 듣기 좋아하는 방식으로 이야기했다고 말했습니다. 또 왕따를 당하지 않으려고, 때로는 환심을 사기 위해 어머니 돈을 훔쳐서 친구들에게 간식을 사 주기도 했다고 말했습니다. 그렇게 노력하면서 친구를 만들었다고 했습니다. 친구가 없으면 위축되기 때문에 다른 친구가 나를 보는 눈을 의식하게 되었고, 친구의 의견을 어쩔 수 없이 따르게 되었다고 했습니다. 그는 친구를 만들기 힘들었기 때문에 친구에 대한 소유욕, 집착이 심한 편이라고 했습니다. 그래서 애인에 대한 집착도 심했고 헤어지게 되니 하늘이 무너지는 것처럼 너무 힘들었다고 말했습니다.

그의 이야기를 들으면서 그에게 친구들이 좀 있었던 고등학교 때에는 기억상실이 적었고, 친구가 적어 주로 혼자 게임을 하던 중학교 때에는 상대적으로 기억상실이 많았던 것으로 보아 주위에 친구가 없어 외로움을 느끼는 상황이 기억상실과 관련이 있는 것으로 판단되었습니다. 그리고 친구에게 집착을 줄이기 위해서는 가능하면 여러 그룹의 많은 친구를 사귀는 것이 도움이 될 수 있겠다는 생각이 들었습니다. 그리고 어린 시절에 부모가 돌봐 주지 못했던 상황이 친구에게 집착하도록 하는 계기가 되었을 수도 있겠다고 생각했습니다. 친구들의 눈치를 보고 지내는 것이 당연해져 버린 현재 자신의 모습이 싫어서 또 다른 모습이 필요했던 것으로 추정할 수 있었습니다.

일곱 번째 시간에 와서 그는 자신의 성격이 가식적이라는 느낌이 드는 것에 대해 이야기했습니다. 보통 친구와 잘 지내기 위해 맞춰 주면서 지내는데 친구가 뭔가 나에게 어긋나는 느낌이 들면 다시 안 만나게 되고 멀어지게 된다고 이야기했습니다. 또 사람에 따라서, 상황에 따라서 남을 대하는 것이 다른 편이라고 이야기했습니다. 자신은 나쁠 때에는 나쁠 수 있는 가식적인 사람이라고 말했습니다. 최면상태에서 그에게 겨울풍경을 상상하게 하고 시간이 지나면서 봄이 오는 것을 느껴 보도록 했습니다. 그다음에 자신의 몸이 어린 시절에서부터 점점 변해서 지금처럼 큰 키에 힘이 센 성인이 된 과정을 경험하도록 했습니다. 그다음에는 어려서는 창피해서 노래를 부르지도 못했는데 지금은 노래방에서 노래를 즐기게 된 것처럼 자신에게 변화가 일어나게 될 것이라고 암시했습니다. 그렇게 몸만 변화하는 것이 아니라 봄에 눈이 녹듯이 마음도 변화해서 포근하게 될 것이라고 암시를 했습니다.

지난 시간에 이어 계속 자신의 부족한 점을 이야기해서 최면상태에서 자아강화기법을 통해 또 다른 관점에서 자신을 볼 수 있도록 암시했습니다. "다른 사람의 마음을 읽을 수 있는 것은 삶을 살아가는 데 필요한 하나의 기술일 수 있습니다. 때로는 이런 기술이 비즈니스를 하는 데 도움이 될 수 있습니다. 혼자만 가식적인 것이 아니라 많은 사람이 가식적인 삶을 어쩔 수 없이 살고 있습니다. 어린 시절에 느꼈던 수치심이 지금 생각해 보면 별일이 아닙니다. 지금 느끼는 친구에 대한 과도한 의식이 나중에는 별것이 아니게 느낄 수 있습니다." 치료자는 이러한 자아강화기법을 통해 그가 좀 더 마음이 편안해지기를 기대했습니다.

여덟 번째 시간에는 서로 다른 관점에서 단점보다는 장점을 찾아보도록 하여 통합을 시도하였습니다. 최면상태에서 그는 또 다른 모습에 대해 스스럼없이 이야기하는 개방적인 모습이 때로는 좋아 보인다고 하였습니다. 또한 또 다른 모습은 그에 대해 다른 사람의 마음에 들도록 말을 잘하는 것이 좋다고 이야기했습니다. 그리고 최면상태에서 상징적으로 검은색 찰흙 인형과 흰색 찰흙 인형을 섞어서 새로운 회색 찰흙 인형을 만드는 장면을 떠올리도록 하였습니다. 자아강화기법을 통해 친구를 의식하면서 이야기를 하면 친구와의 관계에서 즐거움을 느낄 수 없기에 친구도 자기 자신을 위해서 필요하므로 불필요하게 친구를 의식하지 않도록 암시했습니다.

그 후 그는 자신이 또 다른 자신의 모습처럼 성격이 바뀌는 것 같다고 이야기했습니다. 그래서 원래 내성적이어서 클럽에 안 갔는데 친구들과 함께 클럽에도 가는 등 외향적으로 바뀌었다고 말하면서 늘 해 보고 싶었던 일을 실제로 하게 되었다고 말했습니다. 그러면서 요즘에는 과외 아르바이트를 하면서 용돈을 벌어 쓰게 되었다고 이야기했습니다. 이런 변화에 대해 그 자신도 이야기하고 부모도 느끼면서 최근에는 기억상실이 없었고, 혼자서 극복할 수 있겠다고 하여 치료를 종결하게 되었습니다.

외상 후 스트레스 장애의 최면치료

외상 후 스트레스 장애 Post Traumatic Stress Disorder: PTSD는 교통사고, 폭행이나 강간 같은 일상생활의 범위를 벗어나는 아주 극심하고 저항할 수 없는 사건을 경험한 후에 충격 trauma을 받아 발생하는 질환입니다.

외상 후 스트레스 장애 환자는 사건과 관련된 사소한 자극에도 과민한 hyperarousal 반응을 보이게 됩니다. 그리고 당시의 사건이 반복해서 생각나거나 intrusion, 생생하게 재경험 re-experience 되기도 합니다. 또한 사건의 고통이 너무 힘들어 회피 avoidance 하거나 감정마비 emotional numbness가 오는 경우도 있습니다.

외상 후 스트레스 장애의 특징적인 증상들과 최면 사이에는 연관성이 많이 있습니다. PTSD에서 보이는 사소한 자극 cue에 자동적으로 과민반응 상태 hyperarousal state를 보이는 것이 최면에서 암시에 자동적으로 반응하는 피암시성 suggestibility과 비슷하여 PTSD 환자들은 사건을 생각나게 하는 사소한 단서에도 민감하게 스트레스 반응을 보입니다. 그리고 사건을 생생하게 재경험하는 것은 단순히 과거의 기억을 떠올리는 것이 아니라 당시의 극심한 감정 경험을 되풀이하면서 실제처럼 생생하게 겪는 것입니다. 이것은 마치 최면상태에서 사건이 일어난 상황으로 연령퇴행 age regression을 하여 사건에 몰입 absorption 되는 경험을 하는 것과 유사합니다. 또한 환자가 사건을 회피하거나 사건에 대해 감정마비가 오게 되는 것은 최면의 해리상태에서 경험하는 것과 비슷합니다.

그래서 사건 경험으로부터 분리되어 현실에서 벗어나서 감정을 느끼지 못하게 되는 것입니다.

PTSD의 최면치료는 결국 환자들이 가장 힘들어 하는 증상들을 우선적으로 다루게 됩니다. 환자들은 일반적으로 불안을 많이 호소하고 악몽이나 사소한 자극에도 예민해지고 놀라게 되는 것을 불편해 합니다. 먼저 불안에 대한 최면치료를 통해 환자를 안정시키는 것이 바람직합니다.

그런데 PTSD 환자들을 기억상실이나 사회적인 위축 같은 사건에 대해 방어적이고 회피적인 증상을 겪는 경우와 사건을 다시 경험한다든지 악몽을 꾸게 되는 침습적인 intrusive 증상을 겪는 경우로 나누어 볼 수 있습니다. 최면치료도 어떤 증상을 겪고 있느냐에 따라 달라져야 합니다. 회피를 하고 방어적인 환자는 억압되어 있는 감정을 분출하도록 하는 치료기법을 사용하는 것이 바람직합니다. 최면상태에서 연령퇴행을 통해 과거의 사건을 경험하면서 사건과 관련된 자신의 감정을 표현하도록 하는 것입니다. 반대로 보다 침습적인 증상을 겪고 있는 환자는 사건에 대해 가지고 있는 나름대로의 의미를 변화시키는 방식의 치료가 필요합니다. 사건 장면을 재경험하도록 하면서 사건에 대해 가지고 있는 잘못된 의미나 신념이 있는지 확인하고, 있다면 그것들을 보다 합리적인 관점에서 다시 생각할 수 있도록 하여 사건을 새로운 관점에서 볼 수 있도록 합니다. 결국 PTSD의 최면치료의 목표는 외상경험을 자신의 자아에 통합해서 조화를 이루는 것입니다.

사례

20대 여자분은 집으로 돌아오는 길에 근처 공원에서 강간을 당하게 되었습니다. 그 이후로 당시의 기억들이 조각조각 떠오르면서 당시의 극심한 공포를 경험하였고, 악몽을 꾸면서 자주 깨게 되었습니다. 그녀는 잠을 제대로 못 자니 낮에는 일상생활을 제대로 하지 못하고 멍한 상태로 지내게 된다고 하였습니다. 그녀는 공원 근처만 가도 당시의 일이 떠오르면서 두려움을 느끼게 되어 집에 갈 때에도 멀리 돌아가야만 했습니다. 그녀는 일어났던 상황의 일부만 기억할 뿐이었고, 두려움에 휩싸여 더 이상 기억을 할 수 없었습니다. 공포와 두려움을 느끼면서 한편으로 자신이 늦게 집에 가서 그런 일이 일어난 것이 아닌가 생각하고 저항하지 못한 자신을 자책하였습니다.

우선 최면상태에서 감정적인 거리를 두어 두려움에 휩싸이지 않도록 당시의 기억을 텔레비전 화면으로 보도록 하였습니다. 처음에는 쉽지 않아서 공포를 느낄 때마다 안전하고 편안한 장면을 떠올려 감정조절을 할 수 있도록 하였습니다. 반복해서 시행한 후에 비로소 그녀는 전체 사건을 기억할 수 있게 되었습니다. 범인은 흉기를 사용하여 억지로 끌고 가서는 저항을 하지 못하게 한 후 몹쓸 짓을 했던 것이었습니다. 최면상태에서 그녀에게 당신이 현명하게 대처하여 더 큰 불상사를 막을 수 있었다고 이야기해 주었습니다. 이런 상황이었다는 것을 가족이 알게 되니 가족은 살아 돌아온 것만으로도 다행이라고 여자분에게 이야기하였습니다. 주위에서 지혜롭게 대처했다는 이야기를 반복해서 듣게 되면서 여자분도 스스로 자신이 위험한 상황에서 잘 대처했다는 생각을 하게 되었습니다.

그녀는 어렸을 때 길을 가다가 개에게 물린 경험이 있다는 이야기를 하였습니다. 그래서 최면상태에서 당시의 상황을 경험하도록 했습니다. 그녀는 자신의 주위에 사람들이 몰려들어 물린 자신을 걱정해 주면서 위험한 개를 풀어놓으면 어떻게 하느냐며 개의 주인을 혼내자 개 주인이 개를 끌고 가는 장면을 이야기했습니다. 치료자는 위험한 개는 어디에나 있고 개에게 물렸다고 아이에게 잘못이 있는 것은 아니라고 암시하였습니다. 여자분은 자신의 잘못이 아니라는 생각을 하게 되면서 불필요한 자책은 더 이상 하지 않게 되었습니다. 여자분의 자아가 강화되어 새로운 관점에서 객관적으로 사건을 바라볼 수 있게 되었습니다.

또한 최면상태에서 그녀에게 추운 겨울의 풍경을 경험하도록 하고, 시간이 지나면서 봄바람이 불고 얼어 있던 시냇물이 흘러내리는 장면을 느껴 보도록 했습니다. 저는 시간이 지나면 개에 물린 상처가 아물 듯이, 지금의 괴로움도 사라지게 될 것이라고 암시하였습니다. 그 이후 여자분은 악몽에 시달리지 않고 잠을 잘 자게 되면서 멍한 모습을 보이지 않게 되었고, 일상생활에 복귀하고 직장생활도 잘하게 되었습니다.

전환 장애의 최면치료

전환 장애conversion disorder는 특별한 신체적 원인 없이 신체적 기능의 상실이나 감각의 마비를 보이는 마음의 병입니다. 원인을 모르는 심리적 스트레스 때문에 생긴 내적 갈등의 압력을 완화하고자 신체적 증상이 나타나는 것입니다.

전환 장애에서 최면을 진단의 한 방법으로 사용할 수 있습니다. 팔이 마비된 환자에게 최면상태에서 팔을 움직이도록 암시를 하여 움직이면 증상이 신체적인 문제가 아니라 심리적인 문제라는 것을 확인할 수 있습니다. 교통사고의 보상금 같은 이차이득secondary gain이 있는 경우나 범죄를 저지르고 기억이 나지 않는다고 할 때 최면을 통해 신체적인 문제인지, 거짓말인지 확인할 수 있는 것과 마찬가지입니다. 물론 최면암시에 반응하지 않는다고 반드시 신체적인 문제인 것은 아닐 수 있습니다.

전환 장애의 최면치료는 크게 증상을 완화하는 방법과 심리적 갈등의 원인을 밝히는 두 가지 방법이 있습니다. 증상을 없애거나 줄이는 방법은 최면상태에서 직접적인 암시를 하는 것입니다. 전환 장애 환자들도 비교적 최면감수성이 높아서 직접적인 암시에 반응을 잘합니다. 하지만 복잡한 심리적인 갈등이 있는 경우에는 암시에 반응을 하지 않을 수도 있어 최면분석치료를 하는 것이 바람직합니다. 연령퇴행을 통해 심리적 갈등이 처음 야기된 과거의 한 시점으로 가서 그 상황에서의 의미를 환자가 이해할 수 있도록 하는 것입니다. 신체적 증상이 생기는 심리적 과정을 알게 되면 더 이상 신체적인 증상이 갈등의 해소를 위해 필요하지 않게 되어 증상이 사라지게 됩니다.

최면치료에는 융통성이 필요합니다. 간단하게 암시로 증상을 해소할 수 있다면 굳이 최면분석치료를 할 필요가 없습니다. 하지만 직접적인 암시 같은 한 가지 방법으로 증상이 좋아지지 않으면 유연하게 다른 최면치료방법으로 전환하는 것이 바람직합니다.

사례

15세의 여학생은 스트레스가 있을 때 의식을 잃으면서 쓰러지는 증상이 있어 내원하였습니다. 특히 학교에서 시험성적이 좋지 않아 야단을 맞는다든지, 친구들로부터 따돌림을 당한다든지 하는 상황에서 자주 이런 증상이 발생했습니다. 그녀의 말에 따르면, 쓰러지기 전에 손이 마비되는 증상을 먼저 경험한다고 하였습니다. 이 여학생의 경우에는 증상이 학교생활에서 미치는 영향이 커서 증상을 제거하는 것을 일차 목표로 하였습니다.

처음에는 의자에 앉히고 최면상태에서 편안한 장면을 상상하도록 하였습니다. 일반적인 전환 장애 환자들이 최면감수성이 좋은 것처럼, 이 학생도 영상화를 잘했습니다. 먼저 여학생은 무대 위에서 노래를 부르고 춤을 추는 장면을 떠올리면서 관객들의 환호성에 즐거워했습니다. 다음으로 최근에 속상했던 일을 떠올리도록 하였습니다. 여학생은 친구들이 따돌려서 혼자가 되었던 상황을 떠올렸습니다. 그 상황에서 일부러 손이 차가워지면서 마비되는 증상을 경험하도록 암시하였습니다. 여학생은 실제로 손이 차갑다고 하면서 마비되는 증상을 경험할 수 있었습니다. 이번에는 차가운 마비된 손을 따뜻한 물에 넣어 손이 따뜻해지면서 손이 다시 움직이는 것을 경험하도록 암시했습니다. 여학생은 다시 손이 따뜻해지면서 움직일 수 있게 되었습니다. 그러고는 자기 최면을 통해 자신의 손을 스스로 마비시키고 움직일 수 있다는 것을 경험을 통해 느끼도록 하였습니다.

통원치료 중 여학생이 외래 진료실에서 쓰러지면서 의식을 잃는 일이 있었습니다. 저는 그 상황을 치료적으로 활용하였습니다. 쓰러진 상태를 그대로 유지하면서 최면을 유도하였습니다. 그리고 스스로 일어날 수 있다는 암시를 하였습니다. 여학생은 암시에 반응하여 스스로 일어나게 되었습니다. 여학생은 그날 집에서 부모로부터 야단을 맞고 스트레스가 심했다고 말했습니다.

그다음 시간에는 최면상태에서 학교에서 쓰러졌던 스트레스 상황을 상상하도록 암시하였습니다. 여학생은 교실에서 선생님에게 야단을 맞는 장면을 떠올렸습니다. 그러면서 실제로 여학생은 쓰러지는 행동을 보였습니다. 그런 행동에 개의치 않고 이번에는 스스로 일어날 수 있다고 암시하였고, 곧 그녀는 일어났습니다. 최면상태에서 여학생에게 스스로 쓰러지는 행동을 할 수도 있고, 일어날 수도 있었다는 점을 상기시키면서 자신이 증상을 조절할 수 있다는 점을 강조하였습니다. 또한 집에서도 소파에 앉아서 자기 최면을 통해 학교생활에서의 스트레스 상황을 상상하도록 하고 쓰러지게 되면 스스로 일어나는 것을 연습하도록 하였습니다.

여학생은 학교에서 친구가 없어 관계에 대한 욕구가 많았습니다. 정기적인 치료를 통해 여학생은 치료자와의 관계를 유지하면서 스스로 대인관계에 대한 자신감을 가지게 되었습니다. 이런 과정을 통해 친구들과의 관계도 조금씩 나아지게 되었습니다. 그리고 치료자는 여학생이 학교에서 자신의 행동을 조절하려고 노력하는 것에 대해 칭찬하고 격려해 줌으로써 쓰러지는 횟수를 현저히 줄일 수 있었습니다. 또 쓰러져도 스스로 일어날 수 있게 되었습니다.

4년 후 고등학교를 졸업한 후 취직을 했다며 찾아와서는 치료자에게 감사하다고 말했습니다. 그러면서 지금은 직장생활을 잘하고 있고 쓰러지는 행동도 없다는 것을 확인시켜 주었습니다.

동성애의 최면치료

정신건강의학과적 관점에서는 동성애를 자아 동질적 동성애 ego-syntonic homosexuality와 자아 이질적 동성애 ego-dystonic homosexuality로 나누고 있습니다. 전자는 일반적인 진정한 동성애자로서 자신의 성 정체감에 만족하고 있어 다른 사람들과 안정되고 성숙한 관계를 발전시킬 수 있는 집단입니다. 후자는 이성과의 관계에서 두려움을 가지고 있어서 이성과는 친밀한 관계를 맺을 수 없기 때문에 성적인 방향성이 동성에게로 향할 수밖에 없어 동성애를 하게 되는 집단입니다. 이런 경우에는 자신이 동성애자라는 것에 대해 불편을 느끼게 됩니다. 정신의학계에서는 후자의 경우를 병으로 보고 치료의 대상으로 생각합니다.

최면치료로 자아 동질적 동성애를 치료할 수는 없습니다. 즉, 성의 방향성을 변화시킬 수 없습니다. 하지만 자신의 정체성을 있는 그대로 받아들이도록 하고, 대인관계를 개선하고, 동성애자로 살아가면서 겪게 되는 불안이나 우울 같은 불편한 감정들을 해소하는 데 최면치료가 도움을 줄 수 있습니다.

자아 이질적 동성애의 경우에는 다릅니다. 같은 성에 대한 끌림 same sex attraction은 변화될 수 있습니다. 자아 이질적 동성애의 경우에는 어린 시절의 심리적 충격이 원인이 되어 자아 이질적 동성애자가 되는 경우가 많이 있습니다. 최면분석치료를 통해 억압된 기억을 드러내어 동성애가 생기게 된 과정을 이해하는 것이 필요합니다. 그리고 자아 이질적이기 때문에 자기 혐오감이나 죄책감 같은 것을 많이 느끼게 됩니다. 따라서 최면치료를 통해 긍정적인 감정은 확대하고 부정적인 감정들은 조절하는 것이 도움이 될 수 있습니다.

한 연구Roper, 1967에서는 15명의 자아 이질적 동성애자를 대상으로 최면치료를 시행한 결과 8명에서 효과가 있었다고 주장하였습니다. 이 연구에서는 우선 최면상태에서 신체적 변화에 대한 암시를 하였습니다. 팔과 주먹에 힘이 들어가면서 신체적인 힘이 증가되는 경험을 하도록 하였습니다. 그 후 팔을 올리고 내리는 암시에 반응하는 것을 통해 변화에 대한 자기 확신감self-confidence과 자기 효능감self-efficacy을 가지게 하였습니다. 이런 신체적 변화를 통해 같은 성에 대한 끌림의 변화를 유도하였습니다. 그런 다음 동성애 행동의 발생과 관련된 최면암시를 하였습니다. "성장해 나가면서 성적인 방향성이 혼란스러운 것은 정상입니다. 어떤 경우에는 주위 상황의 영향을 받아 동성애적인 방향성이 왜곡되기도 하고 연장되기도 합니다. 그 과정에서 동성애적 행동이 반복되면서 습관을 형성할 수도 있습니다. 하지만 습관도 변화됩니다. 동성애적인 행동도 변화되어 바람직한 방향성을 가지게 되면 동성애적인 행동은 줄고 이성애적인 행동은 늘어나게 됩니다. 이성애적인 행동이 늘어나면 그것이 다시 습관이 되어 원래의 방향성을 찾게 될 것입니다." 이런 최면암시는 자신의 동성애 행동의 형성과정을 이해하게 되면서 변화의 계기를 마련하게 됩니다. 그다음 후최면암시로 "자신이 동성애적 행동을 하게 되면 혐오감과 불편함을 느끼게 될 것이고, 이성애적 행동을 하면 편하고 즐거운 경험을 하게 될 것입니다."라고 암시를 하였습니다. 이런 방식으로 성적 방향성의 변화가 일어나는지 확인하면서 충분한 시간을 두고 여러 번 반복해서 최면치료를 시행하였습니다. 최면감수성이 좋아 깊은 최면상태에 들어갔던 동성애자들이 더 좋은 치료결과를 보였습니다.

많은 동성애자가 자신의 성적 방향성에 당혹해하고 힘들어 하는 것을 저는 임상에서 많이 보았습니다. 그중에는 분명 많은 자아 이질적 동성애자가 있을 것입니다. 때로는 각자가 가진 마음속의 안개가 사물을 정확히 볼 수 없게 할 수도 있습니다. 최소한 자신의 성적 방향성이 선천적인 것인지, 심리적인 것인지 객관적으로 확인하는 과정은 반드시 필요합니다.

사례

변호사 친구가 동생에게 고민이 있는 것 같은데 자신에게는 이야기하지 않는다면서 저에게 상담을 부탁했습니다.

외래를 찾아온 분은 키가 크고 잘생긴 청년이었습니다. 명문대학교를 졸업했고, 영어회화도 잘하는 똑똑한 친구였습니다. 알고 보니 노래를 잘 부르고 춤도 잘 추고 예술적인 재능도 있었습니다. 종교를 가지고 있어서인지 도덕감이 투철하였습니다. 처음에는 주저하였으나 죄책감에 괴롭다며 이야기를 털어 놓았습니다. 문제는 이성에게서는 성적 흥분을 느끼지 못하고 동성애적인 경향이 있다는 것이었습니다.

그는 두 형제 중에 둘째였습니다. 형과는 나이 차이가 많이 나서 집에서 혼자 지내는 시간이 많았다고 했습니다. 아버지는 원칙주의자인 윤리선생님이었고, 어머니는 교통사고로 그가 어렸을 때 돌아가셔서 기억을 하지 못했습니다. 아버지는 재혼을 했고, 그래서 그는 새어머니와 함께 살게 되었습니다. 학창 시절에는 공부를 잘해서 무난히 명문대학교에 입학했습니다. 졸업 후에는 대기업에 입사했는데, 하는 일이 재미가 없고 구속되는 것 같아 그만두었다고 했습니다. 그 후 연극을 하면서 지내다가 지금은 사회복지학과에 다니고 있다고 했습니다. 성격이 감성적이어서 음악이나 춤을 좋아하고, 대인관계에서는 약간 불안정한 양상을 보였습니다.

최면감수성이 높고 여러 가지 최면투사기법에 반응이 좋아서 최면치료가 도움이 될 것으로 판단하였습니다.

최면을 유도하여 편안한 상황을 경험한 후 충분히 이완이 된 상태에서 첫 번째 동성애적 행동을 했던 상황으로 가 보도록 하였습니다. 청년은 대학 시절에 사우나의 휴게실에서 강제로 당했던 장면을 떠올렸습니다. 처음에는 분하고 억울했는데 언제부턴가 그 상황에서의 감각을 느끼기 위해 스스로 동성애자들이 모이는 카페를 찾게 되었습니다. 다녀오면 자신의 행동을 후회하고 죄책감을 느꼈습니다. 한동안 안 가다가도 갈까 말까 갈등하고 참다가 또다시 동성애자들이 모이는 장소에 한두 달에 한 번씩 가게 되는 자신을 혐오하고 있었습니다. 동성애적 행동을 할 때 간혹 엉덩이를 맞기도 하고 모욕을 당하기도 하는데, 때로는 이것이 자극이 되어 성적인 흥분을 느끼기도 했다고 말했습니다. 그는 동성애 행동에 대해 혐오감을 느끼면서도 한편으로는 자발적으로 동성애를 추구하는 행동을 하였습니다.

이 청년은 자신의 성적인 정체성을 혼란스러워했습니다. 그래서 연령퇴행을 통해 성적인 정체성을 확인해 보았습니다. 일반적으로 남자 동성애자들은 어린 시절부터 여성의 옷이나 인형놀이 등에 관심이 많은 것을 확인할 수 있는데, 이 청년의 경우에는 그런 모습이 나타나지 않았습니다. 특이한 것은 어린 시절에 새어머니가 청소나 빨래 등 집안일을 시키기도 했던 상황을 최면상태에서 떠올렸습니다. 그런데 자신은 나름대로 새어머니에게 잘 보이기 위해 열심히 집안일을 시키는 대로 했는데, 칭찬은 못 듣고 억울하게 제대로 안 했다고 야단을 맞은 경험들을 이야기하였습니다. 심지어는 화장실에서 소변을

누다가 변기 옆에 흘리는 실수를 하면 고추가 삐뚤어졌느냐는 욕도 들으면서 심한 수치감을 느꼈다고 최면상태에서 이야기하였습니다. 하지만 아버지는 자신의 억울한 이야기를 들어 주려 하지 않았습니다. 아버지는 어린아이였던 청년에게 윤리적인 훈계를 하면서 잘하라고만 하였습니다. 그래서 잘못한 것이 없는데도 자신이 뭔가 잘못했다는 느낌을 항상 가지고 있었다고 했습니다.

그는 여자들에게 인기가 좋았습니다. 큰 키와 준수한 용모 때문이기도 했지만 여자들에게 친절하게 잘 대해 주었기 때문이었습니다. 그래서 친구로 지내는 여자들이 몇 명 있었습니다. 그도 여자들이 친구처럼 인정해 주고 좋아해 주는 것에 대해서는 만족하였습니다. 그런데 그 여자들 중에서 그에게 이성으로 호감을 가지는 경우도 있었습니다. 그렇게 되면 그는 그 여자가 불편해졌고 그 여자로부터 멀어지게 되었습니다. 이성과는 친구관계로는 잘 사귀는데 여자 친구들이 성적으로 접근해 오면 두려워지고, 그래서 도망치는 상황들이 반복해서 벌어졌습니다. 한 번은 여성 직장 동료와 유럽 출장을 가서 한 방에서 있게 되었습니다. 그 여자가 포옹을 하면서 키스를 하려고 했던 상황에서 그는 두려움을 느꼈다고 했습니다. 무엇보다도 이성이 접근할 때 성적으로 흥분되지도 않고 발기도 되지 않았습니다. 또한 결혼을 해서 책임을 지게 되는 것에 대해서도 지나치게 걱정하였습니다.

그는 최면상태에서 새어머니에 대한 과거 경험들을 떠올렸습니다. 새어머니가 다른 사람이 있을 때에는 자신에게 잘해 주다가도 혼자 있을 때에는 야단도 많이 치고 때로는 벌로 엉덩이를 때리기도 했다고 이야기했습니다. 자신은 새어머니가 변덕이 심해 자신의 기분이 좋지 않으면 화를 내서 억울하고 서운했다고 말했습니다. 그는 여자 직장 상사와 동료들의 변덕스러운 감정 때문에 자신에게 화를 내는 장면들도 떠올렸습니다. 그러면서 자신이 잘못하지도 않았는데 잘못한 느낌이 들었던 경험들도 최면상태에서 드러냈습니다.

이를 통해 여성에 대한 부정적인 그의 관점을 엿볼 수 있었습니다. 새어머니로부터의 감정적 · 신체적 학대 경험과 부모의 원만하지 못한 결혼생활로 야기된 가정의 불안정성, 그리고 결혼생활에 대한 과도한 책임감 등의 영향으로 이성애적인 성향이 억압되어 있다는 것을 알 수 있었습니다.

한 번은 최면상태에서 청년이 자위행위를 방에서 하지 않고 마루에 나와서 했던 일을 떠올렸습니다. 이런 행위는 새어머니나 다른 가족에게 발각될 수 있는 위험한 일이었습니다. 청년은 그 행동의 의미에 대해 "이제 나도 자위행위를 할 수 있을 정도로 성장한 몸을 가졌다는 것을 새어머니에게 보여 주고 싶었습니다."라고 말했습니다. 각성상태에서 청년에게 실제로 마루에서 그런 일이 있었는지 물어보았더니 사실이라고 하였습니다. 하지만 실제로 몸을 보여 주겠다는 생각을 각성상태에서는 해 본 적이 없었다고 하였습니다. 말하자면 억압되어 있던 무의식의 내용이 최면상태에서 자연스럽게 의식화되었던 것이었습니다.

또한 최면상태에서 자기학대적 성향을 생각하게 하는 동성애 장면들을 떠올렸습니다. 청년의 자기학대적 성향은 잠을 자지 않으면서 며칠 밤을 시험공부를 하는 모습에서도 드러났습니다. 또 실제로 춤을 추면 지쳐 쓰러질 때까지 연습하기도 하였습니다. 이렇게 하다 보면 성적인 충동도 사라진다고 이야기했습니다. 또 명문대학교를 졸업하고도 다시 사회복지학과를 나와서 힘들고 어려운 사람들을 위해 살고 싶다며 실제로 다른 대학교에 입학하였습니다. 입학해서도 공부도 하고 일도 하느라 바쁜데도 없는 시간을 내어 봉사활동을 다녔습니다. 동성애적인 성향도 자신을 학대하고 자신을 힘들게 하려는 성향 때문에 나타나는 것으로 추측할 수 있었습니다.

저는 최면상태에서 그에게 비록 기억은 나지 않지만 돌아가신 어머니의 모습을 여러 차례 반복해서 떠올리도록 하였습니다. 어머니가 모유를 주는 장면, 자장가를 불러 주며 재우는 장면, 어머니와 함께 까꿍 놀이를 하는 장면, 그리고 동화책을 읽어 주는 장면 등을 떠올리도록 하였습니다. 저는 그가 새어머니에게서 부족했던 어머니의 인정과 사랑을 상상 속에서라도 경험하기를 기대했습니다. 나중에는 구름들이 바람에 모였다가 흩어지면서 어떤 형상이 나타날 것이라는 암시에 그가 자발적으로 구름의 형상에서 어머니의 모습을 떠올리기도 하였습니다.

그다음 최면작업으로 새어머니가 그에게 잘 대해 주었던 상황이 있는지를 이야기해 보도록 하였습니다. 처음에는 기억이 잘 나지 않는다고 하였으나 아플 때 자신을 치료해 주었고, 걱정하는 표정의 새어머니를 떠올리게 되었습니다. 그래서 나는 아플 때 돌봐 주는 새어머니와 구박하는 새어머니가 겹쳐지는 장면을 경험하도록 하였습니다. 그다음 나는 그에게 자아강화암시를 하였습니다. "당신에게 약을 발라 주는 사람도, 구박하는 사람도 새어머니 한 사람입니다. 사람은 완전하지 못하기 때문에 이성적이고 합리적인 부분도 있고, 감정적이고 비합리적인 부분도 가지고 있습니다. 어떤 사람도 완전히 좋은 사람일 수 없고, 완전히 나쁜 사람일 수 없다는 것을 당신은 이미 잘 알고 있습니다. 당신이 새어머니를 느낄 때 상황에 따라 좋은 면만 보거나 나쁜 면만 볼 수 있습니다. 하지만 당신은 새어머니 역시 긍정적인 면과 부정적인 면이 함께 있는 하나의 존재라는 것을 잘 알고 있습니다. 앞으로는 어떤 사람을 만날 때 전체로서 인식하면서 부분적인 면을 느끼게 될 것입니다." 저는 이런 암시를 통해 그가 새어머니나 다른 사람들을 볼 때 한 부분이 아닌 전체의 모습으로 인식하길 기대했습니다.

또한 아버지에 대한 경험을 최면상태에서 떠올려 보도록 하였습니다. 처음에는 어린 시절에 자신의 말을 들어 주지 않고 훈계만 하던 아버지에 대해 이야기하면서 서운한 감정을 표현했습니다. 하지만 작은아버지에게서 네 아버지가 너희를 키우기 위해 재혼을 결심했다는 이야기를 듣는 장면을 떠올리면서 아버지에 대한 서운함도 많이 줄어들었다고 말했습니다. 나중에는 아버지가 자신에게 "잘 자라 주어서 고맙다."라는 이야기를 하는 장면을 떠올리면서 '아버지도 많이 늙으셨구나.' 하는 생각을 했다고 말했습니다.

저는 그가 감정적이고 자유분방한 면이 많아서 그에게 좀 더 안정적인 사람이 필요할 것으로 생각하였습니다. 저는 최면상태에서 주위의 사람 중에 그런 사람이 있다면 떠올려 보도록 하였습니다. 그는 봉사활동을 함께하는 사람들 중에 한 사람을 떠올렸습니다.

그는 몽골로 봉사활동을 다녀온 후 치료시간에 와서 처음으로 이성에게서 성적인 흥분을 느끼게 되었다고 이야기했습니다. 그런데 그 사람이 바로 최면상태에서 떠올렸던 사람이었다고 제게 이야기했습니다.

그는 집에서 늘 혼자였습니다. 그래서 나름대로는 새어머니에게 잘 보이기 위해 노력했지만 번번이 좌절을 경험하게 되었습니다. 이런 인정욕구의 좌절 경험은 새어머니의 구박이나 부당한 대우에 더욱 분노를 느끼게 되었습니다. 새어머니에 대한 부정적 감정을 종교적인 심성을 가진 그로서는 받아들이기가 어려워 죄책감을 느끼고 억압하게 되었습니다. 새어머니에 대한 감정적인 억압은 단지 감정뿐만 아니라 다른 여자들과의 관계나 성적 충동의 억압으로까지 영향을 미쳤습니다. 그렇게 되니 젊은 남자의 성적 욕구는 대상의 방향이 바뀌어 여자가 아닌 남자에게서 성적 충동을 느끼게 되었던 것입니다. 이런 동성애 행동은 다시 죄책감을 불러일으켰습니다. 그래서 자기학대적인 행동을 통해 한편으로는 지쳐 쓰러질 때까지 춤을 추면서 성적 욕구를 조절하려고 했고, 다른 한편으로는 스스로를 힘들게 하면서 죄책감으로부터 벗어나려고 하였습니다. 최면치료 과정을 통해 그는 이러한 자신의 감정과 행동을 이해하게 되면서 새어머니와 마음속에서 화해할 수 있게 되었습니다. 새어머니에 대한 감정이 해소되니 군이 다른 여성들과의 관계에서 억압할 필요가 없어졌습니다. 그렇게 되니 자연스럽게 이성에 대해서 성적 흥분을 느낄 수 있게 되었습니다. 마침내 함께 봉사활동을 하러 몽골에 갔던 분과 사귀다가 결혼까지 할 수 있게 되었습니다. 이분은 저에게 청첩장을 보내 주었습니다.

통증의 최면치료

최면은 통증을 조절하는 데 있어 최면감수성이 높은 환자에게서 분명히 도움이 됩니다. 하지만 최면상태 자체가 도움을 주는 것이라기보다는 최면상태에서 하는 암시가 도움을 주는 것으로 생각합니다. 그렇다면 어떤 방식의 암시를 통해서 통증이 줄어드는지를 살펴보기로 하겠습니다.

첫 번째로, 최면상태에서 환자가 마취제의 도움을 받아 통증을 조절했던 과거 경험을 되살리도록 합니다. 최면상태에서 국소 마취제를 주사하거나 마취연고를 발랐다고 암시를 하면서 통증이 조절되는 것을 경험하게 됩니다. 그런 다음 통증이 생길 때마다 자기 최면을 통해 스스로 마취연고를 바르도록 하여 통증을 조절할 수 있겠습니다.

성관계를 할 때 절정감 orgasm 을 느끼지 못하는 문제로 찾아온 중년 남자가 있었습니다. 그는 귀두의 감각을 상실해서 즐거움을 느낄 수 없다고 말했습니다. 따라서 감각의 회복을 암시하기 위한 전처치가 필요하였습니다. 그래서 최면상태에서 그의 손등에 마취연고를 발랐다고 암시를 하고 주삿바늘을 찔러서 통증을 느끼지 못하는 경험을 하도록 하였습니다. 그리고 시간이 지나면서 마취연고의 효과가 없어져서 다시 통증을 느낄 수 있다고 암시하고 바늘로 찔러 통증을 경험하도록 하였습니다. 성공적으로 통증이 사라지고 회복되는 경험을 하고 난 후 마찬가지로 귀두의 감각도 회복될 것이라는 암시를 하였고, 마침내 그는 감각을 회복하게 되었습니다. 그래서 부부관계에서 즐거움을 다시 느낄 수 있었습니다.

두 번째로, 영상화를 통해 통증을 조절할 수도 있습니다. 최면상태에서 손에 두꺼운 장갑을 끼고 있다고 상상하거나, 발에 두꺼운 신발을 신고 있다고 상상하거나, 몸의 다른 부위에 갑옷을 두르고 있다고 상상하게 합니다. 그런 다음 외부의 사소한 자극에 통증을 느끼지 못할 것이라고 암시를 함으로써 통증을 조절할 수 있습니다. 또한 환자에게 공원에서 휴식을 취하는 것 같은 평화로운 장면을 상상하도록 하면서 영상을 이용하여 통증을 조절할 수 있습니다.

세 번째로, 통증의 부위를 옮기는 암시를 시행하는 것입니다. 최면상태에서 통증 부위가 명확한 경우에 통증을 경험하는 부위를 몸의 다른 부위로 옮기는 암시를 합니다. 환자에게 통증을 옮기고 싶은 몸의 부위가 어디인지 물어보고 그 부위로 옮기는 것이 바람직합니다. 환자에게 신경을 마치 기차선로인 것처럼 영상화하도록 하여 지금 통증을 느끼는 역에서 또 다른 역으로 통증을 옮기는 것으로 암시할 수도 있습니다. 예를 들면, 심리적 이유로 생긴 피아니스트의 손에 있는 통증을 발로 옮김으로써 손으로 피아노를 치는 기능을 회복시킬 수 있습니다.

네 번째로, 다른 증상으로 대체하는 암시를 하는 것입니다. 칼에 찔리는 것 같은 극심한 통증 대신에 멍한 느낌이라든지, 압박감이라든지 하는 다른 감각을 느끼도록 암시하여 통증을 조절할 수도 있습니다. 불타는 것 같은 느낌의 통증 대신에 가려움으로 대체할 수도 있습니다. 대체하는 감각이 굳이 좋은 느낌일 필요는 없고, 덜 불편한 느낌으로라도 변화하도록 암시할 수 있습니다.

다섯 번째로, 해리를 통해 통증 조절을 할 수 있습니다. 사람에게 배신을 당한 감정적 고통을 잊기 위해 기억상실을 통해 자신의 정체성을 잊어버리고 정신적 고통을 피하듯이, 그 사람이 해리가 되면서 통증에 대처하게 됩니다. 마찬가지로, 환자가 통증을 가진 몸 안에 있지 않고 최면상태에서 그 자신이 다른 상황이나 시간으로 가 있는 것처럼 느끼도록 치료자가 암시를 하여 환자가 평상시와 다른 해리상태가 되면서 통증을 조절할 수 있게 됩니다.

여섯 번째로, 통증을 숫자로 상징하여 조절하는 암시를 사용할 수 있습니다. 통증을 숫자로 상징하도록 하여 편안함을 측정하는 온도계의 숫자를 늘리거나 통증을 나타내는 숫자를 줄이는 암시를 해서 간접적으로 통증을 감소시킬 수 있습니다. 가능하면 통증에 집중하게 하기보다는 편안함을 증가시키는 데 주의를 집중하도록 암시하는 것이 바람직합니다.

마지막으로, 직접암시에 의해서도 통증을 조절할 수 있습니다. 직접적으로 이제 더 이상 통증을 느끼지 못할 것이라고 암시를 하면 환자가 손등에 주삿바늘을 통과시켜도 통증을 느끼지 못하는 경우가 있습니다. 이렇게 직접적인 암시가 효과를 보기 위해서는 환자의 최면감수성이 아주 높아야만 합니다.

그 외에도 환자가 통증에 대해 가지고 있는 의미를 파악하여 잘못된 인지왜곡을 없애고 바람직한 관점을 갖도록 암시하여 통증을 조절합니다. 또한 최면상태에서 시간왜곡암시를 통해 환자가 통증을 견디는 시간을 줄여서 통증을 조절할 수 있습니다.

이런 여러 가지 최면기법을 함께 사용하기도 하고, 각 환자에 맞게 특별한 기법을 사용하기도 합니다. 최면마취기법은 특정한 부위에 통증이 생겼을 때 사용하고, 통증을 숫자로 상징하여 숫자를 줄이면서 통증을 조절하는 기법은 전반적인 통증에 사용을 하게 되고, 광범위한 만성통증을 가진 경우에는 이

두 가지 기법을 함께 사용할 수 있습니다.

결국 통증 조절을 위한 최면치료의 결과는 환자의 최면감수성, 환자의 최면치료에 대한 기대, 그리고 사용하는 최면치료전략 등에 따라 달라집니다. 일반적으로 최면감수성이 높은 경우에는 직접적인 암시를 통해 통증을 조절하고, 중간 정도의 최면감수성을 가진 경우에는 증상대체 등의 방법을 사용하여 통증을 조절하고, 최면감수성이 적은 경우에는 다른 쪽으로 집중하게 하는 인지분산cognitive distraction을 사용하는 경향이 있습니다. 말하자면 환자에 따라 적절하게 최면기법을 사용해야 바람직한 결과를 기대할 수 있습니다.

통증의 최면치료에서 주의해야 할 것이 있습니다. 통증, 고통pain이라는 단어는 부정적인 감정 의미를 가질 수가 있어 압박감pressure, 불편함discomfort, 성가심bothersome 같은 다소 중립적인 단어를 사용하는 것이 바람직합니다. 그리고 환자의 통증을 완전히 제거하는 것은 바람직하지 않습니다. 왜냐하면 통증은 뭔가 잘못된 것을 알려 주는 경고의 의미가 있으므로 몸에 어떤 변화가 일어나는지를 감지할 수 있어야 치료를 받으러 갈 수 있기 때문입니다. 또한 통증을 가진 환자들에게 이차이득secondary gain이 있을 수 있습니다. 통증을 어느 정도 남겨 놓게 되면 이차이득의 제거로 인한 정신적인 불편을 줄이고, 환자의 욕구를 어느 정도 충족할 수 있습니다. 물론 계속되는 정신치료적인 접근을 통해 이차이득마저도 해소해 나가는 것이 바람직합니다.

후최면암시를 통해 통증 제거의 효과를 연장할 수 있습니다. 일상생활에서 통증을 느끼는 경우에는 복식호흡을 하면서 최면상태에 들어가게 되면 이완이 되면서 통증이 조절될 것이라는 암시를 할 수 있습니다. 또는 불편을 느낄 때에는 왼쪽 엄지손가락과 검지손가락을 닿게 하면 통증이 줄어들게 될 것이라는 암시를 할 수도 있습니다.

최면치료를 통한 통증 조절은 일반적인 두통뿐만 아니라 분만 같은 산부인과 영역, 그리고 수술 영역과 치과 영역 등 다양한 영역에서 도움을 줄 수 있습니다.

혈관성 두통인 경우에는 혈관이 확장되면서 통증을 야기하게 됩니다. 최면상태에서 직접 혈관을 영상화하도록 해서 혈관이 수축하면서 줄어드는 것을 암시할 수 있습니다. 또한 최면상태에서 얼음 모자를 상상하도록 하고 손발에는 주머니 난로를 하고 있는 모습을 상상하도록 합니다. 그래서 온도의 변화에 따른 혈류의 변화를 야기하여 말초혈관을 확장시키고 두통을 유발하는 혈관을 수축시킴으로써 통증을 조절할 수 있습니다. 그런데 많은 환자가 얼음 모자를 상상하도록 하면 얼음이 녹아서 흘러내린다며 불편을 호소하는 경우가 있기 때문에 미리 얼음 모자가 비닐로 잘 밀봉되어 있다고 암시를 해 주는 것이 필요합니다.

요즘에는 출산을 할 때 진통제를 쓰지 않고 자연분만하기를 원하는 경우가 많이 있습니다. 그래서 산모들이 라마즈 호흡법 같은 것을 배우기도 합니다. 최면을 통해서도 분만을 도울 수 있습니다. 최면치료를 사용하기 위해서는 미리 최면감수성이 있는지, 어떤 최면암시에 대해 반응이 잘 일어나는지를 알아보고 준비하는 단계가 필요합니다. 그리고 자기 최면을 배워서 분만할 때 스스로 최면상태에 들어갈 수 있도록 합니다. 최면상태에서도 호흡에 집중하도록 하면서 이완을 시키고 장갑 마취glove anesthesia 기법을 통해 통증을 조절합니다. 장갑 마취 기법은 멍멍한 감각을 먼저 환자의 손에서 느끼게 한 후 이 느낌을 배에 전달해서 통증을 조절하는 것입니다.

사람들은 일반적으로 치과에 가는 것을 두려워합니다. 이런 불안이나 두려움을 제거하기 위하여 그리고 통증의 조절을 위해 최면을 자주 사용합니다. 우선 최면상태에서 이완을 시킨 후 불안은 누구에게나 있는 정상적인 것이고 모험을 즐길 때에도 불안은 나타날 수 있다는 것을 상기시킵니다. 그리고 불안에는 도전이나 흥분 같은 여러 가지 측면이 있다는 것을 암시하고, 이런 측면이 없으면 인생이 지루할 것이라는 암시를 통해 불안에 대해 새로운 관점을 가지게 할 수 있습니다reframing. 또한 지금의 불안은 단지 그 양이 좀 많을 뿐이며, 최면상태에서 불안을 줄여서 스스로 조절하는 경험을 하도록 합니다. 치과에 가 보면 아이들이 치료를 받는 동안에 만화 영화를 볼 수 있도록 텔레비전을 설치한 경우들이 있습니다. 이것은 아이들이 만화 영화에 집중을 하게하여 주의를 다른 곳에 가 있게 함으로써 통증을 적게 느끼게 하려는 의도입니다. 마찬가지로, 최면상태에서 각자에게 의미가 있는 평화로운 장면을 떠올리게 함으로써 통증을 완화할 수 있습니다. 마취제를 사용하는 데 어려움이 있는 환자의 경우에는 최면을 통해 통증 조절을 하는 것이 도움이 될 수도 있습니다.

사례

언론계에서 은퇴한 69세의 어르신은 소화가 안 되어 속이 막히고 복통이 있으며 가슴이 뛰면서 동맥이 터질 것 같고 목과 가슴이 따끔거리고 팔다리가 저리다는 증상을 가지고 내원하였습니다. 이런 증상은 대학교에 입학하면서부터 시작했다고 하였으며 50년을 증상 때문에 고통을 겪어 왔다고 하였습니다. 그동안 용하다는 사람들은 모두 찾아다녔고, 여러 대학병원의 많은 통증의학과 교수, 신경과 교수, 정신건강의학과 교수 등을 섭렵했다고 했습니다. 간혹 일시적으로 약물치료에 반응이 좋았던 적도 있었지만 잠시뿐으로 다시 증상이 나타났다고 했습니다. 여러 의사를 만나 본 결과, 자신의 통증이 심리적인 원인이라는 것을 알게 되었다고 했습니다. 실제로 치료자가 보기에도 통증이 여러 부위에 존재하고, 그 증상이 감정 상태에 따라 증감되는 것으로 볼 때 심리적인 통증으로 보였습니다.

어려서 아버지를 여의고 어머니와 두 여동생과 어렵게 살았던 어르신은 작은아버지 댁에 얹혀살 정도로 가난했다고 했습니다. 자신은 작은아버지 댁에서 그나마 밥은 먹었지만 자신이 제대로 돌보지를 못해 두 여동생이 일찍 죽었다고 생각하고 있었으며, 어머니에게도 제대로 효도 한 번 못 하고 저세상으로 보냈다는 죄책감을 많이 가지고 있었습니다. 어르신은 평생을 통증으로 고통 받고 죄책감에 시달린 자신의 인생을 마치 자신의 잘못에 대한 천형처럼 생각하고 있었습니다.

그런데 어르신은 유도대회에서 입상을 하기도 하고 고통스러운 증상 속에서도 회사에서 할 수 있는 모든 승진을 다해 논술위원까지 되었으며, 아들을 명문대학교에 보내는 등 겉으로 보기에는 다른 사람이 부러워할 만한 삶을 살았습니다.

그래서 먼저 최면상태에서 긴장이완법을 통해 근육의 긴장을 이완시키면서 골격근의 수축으로 인한 통증을 완화시켰습니다. 또한 자율신경을 조절하여 심장박동의 빈도와 크기를 조절하고, 식도부터 항문까지 내장운동의 영상화를 통해 규칙적인 장운동으로 복통을 조절하도록 하였습니다. 전반적인 통증에 대해서는 몸 안에서 자연스럽게 통증을 완화시키는 내인성 모르핀 endogenous morphine 이 분비되는 장면을 영상화하거나 마취제를 흡입하는 장면을 영상화함으로써 통증을 조절하였습니다. 최면상태에서는 증상이 사라지는 것을 경험하고 편안하게 이완되는 것을 느꼈습니다.

그런데 외견상 부러운 삶인데도 불구하고 자신의 삶을 천형으로 생각하는 삶에 대한 부정적인 태도가 최면상태에서는 없어졌던 통증이 일상생활에서는 지속되어 나타나게 하는 것으로 보였습니다. 그래서 최면상태에서 유도대회에서 상을 타는 장면을 통해 어머니가 자신을 대견해 하는 모습을 경험하도록 하였고, 자신이 논술위원으로 승진될 때의 장면이나 아들이 명문대학교에 합격하는 장면 등 긍정적인 경험을 느끼게 하였습니다. 그렇게 함으로써 자신의 삶에 대해 긍정적인 부분을 인식하여 객관적으로 자신의 인생을 조망할 수 있도록 하였습니다.

또한 고령에도 불구하고 은퇴 후 생산적인 일을 하지 않고 있는 자신에 대해서 '밥만 축내는 무능력자'로 표현하고 있었습니다. 그래서 은퇴 후 쉬는 자신의 삶을 긍정적으로 볼 수 있도록 하는 것이 필요했습니다. 최면상태에서 인생의 단계에 맞게 사람들의 가치관이 변화되어야 한다는 것을 강조하면서 이제는 더 이상 생산적이지 않아도 된다고 자신을 허용할 수 있도록 암시하였습니다.

최면상태에서는 증상이 완전히 소멸되고 삶에 대해 긍정적인 태도를 보이기 때문에 스스로 최면을 유도할 수 있으면 도움이 될 것으로 생각하였습니다. 최면현상이라는 것은 결국 자신의 동의에 따라 스스로 하는 것이라는 점을 느낄 수 있도록 제 앞에서 최면상태를 스스로 유도하도록 하여 통증이 소실되는 것을 경험하도록 하였습니다. 특히, 어르신의 경우에는 촘촘하게 엮어져 있던 세포가 느슨해지는 장면에서 이완반응에 따른 통증 소실이 잘 일어나는 것을 알 수 있었습니다. 이러한 경험을 바탕으로 집에서도 자기 최면을 하도록 하였고, 스스로 통증을 조절할 수 있었습니다. 또한 자신이 살았던 긍정적인 삶의 장면들을 반복해서 경험하도록 하여 삶에 대한 새로운 태도를 가지도록 하면서 일상생활이나 대인관계에서 긍정적인 변화가 일어나도록 하였습니다. 이분은 고맙다고 자신이 쓴 시집을 제게 선물로 주었습니다.

기타 최면치료 사례

▮ 기억 되살리기

같은 병원에서 근무하는 동료 정신건강의학과 의사에게서 전화가 왔습니다. 최면치료가 도움이 될 것 같은 기억상실 환자를 소개해 주기 위해서였습니다. 젊은 남자분과 그의 어머니가 제 연구실로 들어왔습니다. 어머니는 굉장히 초조해 보였는데, 오히려 기억을 잃은 남자분은 덤덤했습니다. 남자분은 아무것도 기억하지 못했기에 그의 어머니에게 어떻게 된 일인지 물어보았습니다.

어머니는 여자 친구로부터 전화를 받고 여자 친구 집으로 가 보니 아들이 의식을 잃고 있었다고 했습니다. 어머니는 놀라서 아들을 종합병원 응급실로 데리고 갔습니다. 남자분은 응급처치를 받고 의식은 차렸는데, 문제는 의식이 돌아오고도 자기가 누군지를 모른다는 것이었습니다. 여러 가지 검사를 받고 난 후 신체상으로는 아무런 문제가 없다는 것을 확인할 수 있었습니다. 어머니는 시간이 지나면 좋아질 것으로 생각하고 일주일이나 기다렸지만 전혀 나아지지 않아 동료 의사에게 내원하게 된 것입니다. 그는 스스로 치료를 받겠다는 의지도 없었고, 그저 자신이 누군지 모르니까 약간 답답하다고 이야기했으며, 어머니의 권유에 따라 병원에 억지로 오게 되었다고 말했습니다.

그와의 면담에서 혹시 어렴풋하게라도 기억나는 것이 있느냐고 했지만 전혀 기억이 나지 않는다고 하였고, 사실 자신의 이름도 부모님이 그렇다고 하니까 그러려니 하며 사용하고 있었으며 부모님의 얼굴도 알지 못한다고 하였습니다. 어머니에게 물어보니 여자 친구집에서 여자 친구와 싸우다가 사건이 벌어졌다고 했습니다. 남자분과 여자 친구는 학교 합창대에서 처음 만났다고 하였습니다.

일반적으로 해리성 기억장애 환자의 경우에는 최면에 대한 감수성이 높을 가능성이 많기 때문에 최면을 바로 시행하게 되었습니다. 최면유도 후 그에게 어머니에게서 들은 내용을 토대로 학교 합창대에 참석하고 있는 자신의 모습을 떠올리라고 하였습니다. 예측했던 대로 그는 최면상태에서 그 상황을 마치 실제처럼 느낄 수 있었습니다. 최면상태에서 자신에 관한 기억들이 뇌속에 저장되어 있고 이 저장된 내용들을 마치 동영상을 보듯이 볼 수 있게 될 것이라고 암시하였습니다. 그 동영상을 보면서 자신에게 중요한 사건들을 치료자에게 이야기해 달라고 요청하였습니다. 그는 동영상에서 시간의 흐름에 따라 자신의 행동을 추적해 가면서 그의 나이, 직업 등 신상에 관해 알 수 있게 되었습니다. 그는 26살로 합창 대원이었고, 여자 친구는 5살 연상의 피아노 연주자였습니다.

그는 여자 친구를 사귀게 된 상황도 이야기하게 되었습니다. 처음에는 여자 친구가 적극적으로 사귀자고 했지만 나이 차 때문에 망설이다가 결국은 연인 사이가 되었습니다. 몇 년을 그렇게 사귀어 왔는데, 여자 친구가 이제 결혼할 나이가 되었다면서 그만 만나자고 절교선언을 했다고 합니다. 그는 항의를 하기 위해 여자 친구 집에 갔고, 배신감에 소리를 치며 화를 내다가 자신도 모르게 의식을 잃게 되었다고 이야기했습니다.

전반적인 내용이 파악이 되어서 최면상태에서 일어난 자신에 대한 내용들을 각성상태에서 모두 기억할 수 있을 것이라고 암시를 해 주었습니다. 각성상태에서 그는 완전히 자신에 대해 기억을 되살렸고, 자신에게 일어난 일에 대해 기억을 할 수 있게 되었습니다. 그는 "기억이 돌아오니 나 자신에 대해 알게 되어서 답답함은 없어졌지만 여자 친구의 배신을 생각하면 마음이 너무 괴롭습니다."라고 이야기하였습니다. 실제로 이때 일어난 해리성 기억상실은 괴로운 기억으로부터 자신을 보호하려는 무의식적인 의도가 있었던 것으로 생각되었습니다. 이렇게 기억을 억압하는 방어기제를 제거하고 기억을 되살리는 것은 그 사람의 자아가 충분히 감당할 수 있는 상황이 된 후에 하는 것이 바람직하겠습니다.

기억지우기

법학전문대학원생인 30세의 남자분은 여자 친구의 과거 스캔들을 우연히 여자 친구의 메모를 읽고 알게 되었습니다. 그 후로 이 생각이 머리에서 떠나지 않아 너무나 괴로워했습니다. 기억을 잊어버리기 위해 그는 술을 떡이 되도록 마시기도 하였습니다. 그러나 오히려 술을 먹고 실수를 하기도 하고, 결석을 하는 등 학업에 지장을 주는 문제만 생기고 괴로운 생각은 시간이 지나면서 더해졌습니다. 그래서 그는 최면으로 기억을 지우게 해 달라고 찾아왔습니다. 하지만 여자 친구와의 관계가 지속되고 있는 상황에서, 그리고 여자 친구와 헤어질 수 없다는 생각을 가진 그에게는 쉽지 않는 일이었습니다. 여자 친구에 대한 기억을 없앤다는 것은 그의 최근의 삶 전체를 없앤다는 의미라고 할 수 있습니다. 그래서 불필요한 기억들이 떠오르는 것을 조절하고, 분노의 감정에 대한 무의식적 의미를 이해시켜 자신의 문제를 보는 관점을 바꾸는 것을 치료의 목표로 삼았습니다.

그의 아버지는 꼼꼼하고 엄하고 완고하신 분이고, 평상시에는 감정표현이 거의 없으며, 어머니는 괄괄하신 편으로 여장부 스타일이었으며 공부에 대해 그에게 기대가 컸고 그가 항상 모범적으로 지내기를 원했다고 그는 말했습니다. 그는 3남 2녀의 장남으로, 이러한 부모님 아래서 상당히 보수적인 교육을 받고 자랐습니다. 그는 기대에 부응하여 공부도 잘했고 성실했으며 부단히 노력도 많이 했으며 윤리적이고 도덕적이었습니다. 이런 그에게 여자 친구의 스캔들은 자신의 가치관으로는 도저히 받아들일 수 없는 일이었습니다. 동시에 여자 친구와 헤어진다는 것 역시 여자 친구에게 몹쓸 짓을 하는 것이기 때문에 그렇게 할 수 없어서 마음의 갈등이 생겼습니다. 만약 자신이 기억을 잊어버리면 여자 친구를 사랑하는 마음이 유지되고, 따라서 여자 친구와 결혼할 수 있게 될 것이라고 희망하여 내원하게 된 것이었습니다.

첫 시간에는 자신을 힘들게 하는 불필요한 기억들이 떠오르지 않을 것이라는 직접적인 암시를 하였는데, 최면상태에서 벗어난 후 그는 일부러 기억을 떠올리려고 해도 기억이 나지 않는다고 이야기하였습니다. 하지만 그다음 시간에 와서 평상시에는 기억이 나지 않다가 여자 친구를 만나게 되면 기억이 떠오른다고 말했습니다. 그는 안구회전 신호검사에서 최면감수성이 아주 높았고, 그가 기억을 지우기를 원하였기 때문에 직접적인 암시를 시도하였던 것입니다.

두 번째 시간에는 괴로운 사건과 관련된 분노의 감정을 배출하도록 하였습니다. 각성상태로 돌아와서 그는 최면상태에서 시행된 치료과정 중 약 30분 동안의 기억의 상실을 보고하였습니다. 이를 통해 그는 최면감수성이 상당히 높은 것이 확인되었고, 깊은 최면상태에 들어간 것을 알 수 있었습니다. 그는 이제 혼자 있을 때에는 스캔들에 대한 기억 때문에 생기는 괴로움이 없어져서 일상생활이나 학교공부는 잘할 수 있다고 말했습니다. 하지만 여자 친구를 만나면 자주 다투게 되면서 다시 기억이 되살아나는 경험을 반복하게 되고, 이런 문제도 마저 해결이 되기를 기대했습니다. 특히 그는 여자 친구가 헤어지자고 할까 봐 하고 싶은 이야기도 못 하고, 본인이 원하지도 않는 약속을 여자 친구에게 하고, 여자 친구가 시키는 대로 행동하였습니다. 그러면서 그는 잘못은 분명히 여자 친구가 했는데 자신이 왜 이렇게 불안해하고 전전긍긍하는지 모르겠다며 힘들어 했습니다.

그래서 세 번째 시간부터는 그의 분노의 감정의 무의식적 의미를 파악하려는 시도들을 하였습니다. 우선 그의 분노의 감정에 대해 알아보기 위해 연령퇴행을 통해 본인이 분노를 경험했던 중요한 사건을 떠올리도록 하였습니다. 최면상태에서 그는 아버지가 일을 하고 계시는데 옆에서 장난을 치고 있었습니다. 아버지가 방해가 된다며 갑자기 막대 자로 그의 머리를 때렸습니다. 머리에서 피가 나서 어머니가 자신을 업고 치료를 받으러 가는 장면을 그는 떠올렸습니다. 그는 전혀 예상치 못한 아버지의 행동에 대해 분노를 표현하였습니다. 각성상태에서 아버지와의 관계에 대해 그는 진학문제 등 중요한 결정을 할 때마다 아버지와는 의견이 달랐다고 했습니다. 그로 인해 아버지와 자신 사이의 관계가 좋지 않았고, 지금도 아버지와는 왠지 서먹한 감정을 느끼고 있다고 말했습니다. 그리고 그는 무의식을 투사하는 구름 기법에서는 구름에서 말이 달리고 있는 역동적인 모습을 보았습니다. 그는 이 영상이 말이 달려 나가듯이 자신의 생각대로 하려는 의지를 보여 주고 있다고 말했습니다.

네 번째 시간에는 헤어지는 것에 대한 불안에 초점을 맞추어 대인관계의 경험을 유도하였습니다. 그는 최면상태에서 자신이 아버지에게 휘둘리지 않으려고 애를 쓰고, 그래서 아버지와의 관계가 악화될 정도였는데 정작 다른 친구들과의 관계에서는 오히려 자신의 뜻대로 하기보다는 친구들이 원하는 대로 해 주는 양상을 반복하고 있다는 것을 보여 주었습니다. 각성상태에서 그는 자신이 친구들과 헤어지는 것에 대해 두려워하고 있다는 것을 보다 분명하게 느꼈다고 했습니다. 이는 여자 친구와의 관계에서도 헤어지는 것에 대한 두려움을 느끼는 것과 마찬가지라고 말하였습니다.

다섯 번째 시간에서는 초등학교에 입학하기 전에 친척집에서 지내면서 어머니와 떨어져서 지내던 상황을 회상해 내었습니다. 그는 어려서 항상 집이 보이는 곳에서만 놀았고 그래야 마음이 편했다고 했습니다. 이러한 회상은 헤어짐에 대한 불안이 어린아이에게는 신과 같은 존재인 어머니와의 이별에 대한 불안이 무의식에 존재하고 있기 때문이라는 것을 이해하게 해 주었습니다. 이런 헤어짐에 대한 무의식적 불안이 비단 어머니뿐만 아니라 여자 친구, 심지어는 남자 친구들과의 관계에서도 영향을 미쳤던 것입니다.

여섯 번째 시간에 그는 초등학교 시절에 자신의 잘못 때문에 부모님이 다투다 아버지가 어머니를 때리는 장면을 떠올렸습니다. 그러면서 자신을 변호하는 어머니가 자기편이라는 느낌을 받았다고 이야기했습니다. 또한 아버지의 무관심과 엄격함에 대해서는 심한 분노를 표현하였습니다. 이는 그가 아버지와 의견이 항상 갈라지는 반복되는 행동과 관련이 있으며, 마치 아버지와 경쟁을 하는 것처럼 보였습니다. 이러한 태도는 남자 친구들과의 관계에서도 경쟁심으로 나타났는데, 겉으로는 하자는 대로 하지만 자신의 속마음을 절대로 남자 친구들에게 표현을 하지 않는 방식으로 나타났습니다. 그리고 어머니가 가끔씩 집에서 친구들과 어울리곤 하였는데, 그럴 때에는 어머니가 그를 귀찮아하던 경험을 회상하면서 서운함을 표현하였습니다. 그는 학교에 가면 공부를 잘해서 선생님들로부터 칭찬을 많이 받았습니다. 그런데 부모님은 다른 형제들도 공부를 잘해서 당연한 것으로 생각했고, 칭찬에 인색했다고 서운함을 표현하였습니다. 또한 어린 시절에도 집에서 뛰지를 못하게 할 정도로 엄격한 분위기여서 자신이 알아서 스스로 행동을 조심했던 이야기를 하였습니다.

일곱 번째 시간에서는 최면상태에서 아버지가 어떤 아줌마와 함께 있는 장면을 떠올렸는데, 사실 여부는 너무 어려서 기억이 나지 않는다고 하였습니다. 이런 기억은 그것이 사실이든 아니든 아버지에 대한 그의 분노를 잘 설명해 주고 있었습니다. 이런 이야기들을 통해 그는 자신이 엄격한 부모의 기대에 맞추기 위해 나름대로 최선을 다했으나 높은 기대를 충족시키지 못한다는 자책을 하고 있다는 것을 알 수 있었습니다. 그는 어머니의 사랑을 유지하기 위해서는 더욱 어머니의 뜻에 따르려고 했던 것으로 보이고, 아버지와의 관계에서는 분노의 표현방식의 하나로 자신의 의지대로 행동하려고 노력했던 것으로 생각됩니다. 그는 어느 정도 감정조절이 되면서 여자 친구와의 관계를 유지하고 있었습니다. 그런데 그가 여자 친구와의 관계를 유지하는 방식은 아예 백기를 들고 여자 친구가 하자는 대로 해 주면서 자신의 마음이 편해지도록 하는 것이었습니다. 이는 어린 시절에 어머니가 원하는 대로 공부 잘하는 모범생의 역할을 하면서 어머니의 사랑을 유지하려고 했던 바로 그 방식으로 여자 친구의 사랑을 유지하려는 것으로 추측되었습니다. 이러한 부분을 그가 이해할 수 있도록 최면상태에서 간접적인 설명을 해 주었습니다.

여덟 번째 시간에서는 그가 자신의 뜻대로 하려는 의지와 헤어짐에 대한 불안이 심하여 다른 사람의 뜻대로 해 주는 자신의 행동 사이의 갈등에 대하여 언급하면서 자신의 반복되는 행동패턴을 정확히 이해할 수 있도록 하였습니다. 그리고 최면상태에서 겨울에서 봄이 되는 계절의 변화를 통해 마음의 갈등이 해동할 수 있도록 암시하였습니다.

아홉 번째 시간에서는 최면상태에서 미래의 장면을 보게 하며 유능한 변호사가 되어 행복한 생활을 하고 있는 모습을 미리 경험하게 하면서 문제에 적절히 잘 대처해 나가는 자신의 모습을 보고 자신감을 느끼도록 하였습니다.

열 번째 시간에서는 자기 스스로 최면을 유도하는 방법을 알려 주고 실제로 자기 최면을 연습하도록 하였습니다. 그리고 필요할 때마다 불안을 조절하는 자기 최면을 하도록 하였습니다.

이런 최면치료 과정을 통해 그는 괴로운 사건으로부터 좀 더 편안해졌고, 학기말 시험을 잘 쳐서 학점을 딸 수 있게 되었습니다. 그리고 헤어짐에 대한 자신의 반복되는 행동패턴을 이해함으로써 여자 친구와의 관계에서 불안을 더 이상 느끼지 않게 되었습니다. 여자 친구의 스캔들에 대해서도 보다 객관적인 관점에서 바라볼 수 있게 되어 덜 힘들게 느끼게 되었습니다. 마찬가지로, 아버지에 대해서도 과거의 아버지가 아니라 현재 있는 그대로의 아버지로 객관적으로 보게 되었습니다. 친구들과의 대인관계에서도 적절히 자기주장을 하게 되었습니다. 무엇보다도 자기 자신의 마음을 이해하게 되면서 중요한 결정을 할 때 본인에게 도움이 되는 방향으로 선택할 수 있게 되었습니다.

CHAPTER

4.

부 록

우울증 환자 최면치료 사례

부 록

우울증 환자 최면치료 사례 이정식, 2010a*

이정식**

Jung Sik Lee M.D., Ph.D.

* 2010년 대한최면의학회 추계학술대회에서 구연

**용인정신의학연구소

Yong-in Psychiatric Research Institute,

Yong-in city, Gyunggi-do, Korea

서론

모든 사람이 때때로 우울을 느끼기도 하고, 어떤 사람들은 수주에서 수년 동안 우울삽화 depressive episode 를 겪기도 하는 등 우울이라는 증상은 다양한 양상으로 나타난다. 유전이나 신경전달물질 같은 생물학적인 원인이 우울증을 야기하는 중요한 요소이기는 하지만, 사회문화적인 요인도 우울증 발병에 많은 영향을 미치고 있다. 그렇기 때문에 약물치료뿐만 아니라 여전히 정신치료가 많은 환자에게 도움을 주고 있다. 우울증에 대한 정신치료는 우울삽화를 극복하는 것뿐만 아니라 재발의 방지에도 도움을 주고 있다.[1] 다른 질환에서와 마찬가지로 우울에 대한 정신치료적 기법을 최면상태에서 사용한다면 치료의 효과를 높일 수 있겠다.

그런데 우울의 최면치료에 대해서는 부정적인 견해들도 있다.[2] 최면상태에서 감정적인 사건들을 재경험하면 우울 증상이 악화될 수 있고,[3] 우울증 환자가 현실에 적응을 하지 못하고 최면 속의 환상으로 회피를 할 수 있다고 주장한다. 또한 최면상태가 환자가 가진 불충분한 방어기제를 제거하여 환자가 자살을 시도하거나 정신병적 증상을 나타낼 수 있다는 것이다. 이것은 잘못된 편견에서 유래된 것으로, 오히려 우울과 인지와의 관계를 이해하여 최면치료를 환자에게 올바르게 적용하면 환자의 자아기능을 강화해서 많은 도움을 줄 수 있다. 이에 만성적으로 우울을 느끼며 성교할 때에도 즐거움을 느끼지 못하여 행복해지기를 원하는 환자의 최면치료 사례를 보고하면서 우울증의 치료에서도 최면치료를 고려할 수 있는 계기가 될 수 있기를 바란다.

증례

서울에 사는 45세 남자로 직업은 정수기 매매업을 하고 있는 분인데 첫인상은 약간 마르고 체구는 작은 편이며 수줍어하고 감성적인 경향이 있었다. 인터넷 블로그www.최면.or.kr를 통해 자발적으로 2000년대 후반에 나를 찾아왔다.

그는 자신감이 없어 무엇을 해도 잘 해내지 못할까 봐 불안해하고 무력감을 느끼고 있다고 호소했다. 대인관계에서도 주눅이 들어 때로는 자신이 무시당하는 느낌이 들기도 한다고 했다. 늘 우울하고 즐거움을 느끼지 못하고 있어 이제는 행복해지고 싶다고 이야기하였다. 2000년 초에 사업을 하다가 실패를 하여 금전적인 손실을 겪었고, 2000년 중반에는 어머니가 심장질환으로 갑자기 돌아가셨고, 내원 당시에는 경기가 좋지 않아 정수기가 제대로 팔리지 않아 사업에 대해 어려움을 겪고 있다고 했다. 앞에 언급한 불편한 느낌들은 오랫동안 지속적으로 있어 왔는데, 최근에 이러한 여러 가지 일을 겪으면서 증상이 좀 더 심해졌다고 했다.

또한 성교할 때 절정감orgasm을 느끼지 못한다고 했는데, 삽입을 하는 느낌은 있지만 귀두 부분에 아무런 느낌이 없어 부부관계가 전혀 즐겁지 않다고 했다. 그는 이런 느낌을 되찾아 행복해지기를 원했다. 이런 문제는 20대 초반에 처음 시작되었는데, 그는 그때 상황을 생생하게 기억하고 있었다.

화창한 어느 날, 방을 같이 쓰는 그의 동료가 놀러 나가고 혼자 방에 남게 되었다. 그는 다른 사람들은 다들 나가서 즐겁게 노는데 혼자 남아 있게 되어 자신이 쓸쓸하게 느껴지고 외로움이 밀려들었다고 했다. 특별히 할 일도 없고 해서 자위행위를 시작했다고 말했다. 사정은 성공적으로 했지만 그는 지금까지 경험해 왔던 감각을 느낄 수 없었다. 사정 시의 근육 수축감도 느끼지 못했고, 절정감도 느낄 수 없었다. 그는 이런 상황이 벌어진 데 대해 굉장히 놀랐다. 이런 감각의 상실은 그때 이후로 지금까지 지속되었다. 그는 신경과, 비뇨기과 등의 병원을 찾아 치료를 받았지만 속 시원한 대답을 듣지 못했고 별로 효과를 보지 못하여 실망했다. 그렇지만 그는 이런 치료과정을 통하여 신경학적 검사 등 신체검사에서 아무런 이상이 없다는 것을 알게 되었고, 자신의 문제가 신체적인 문제가 아니라 심리적인 문제라는 것을 인식할 수 있었다고 말했다.

병력을 청취하면서 나는 그의 아버지가 가족에게 매우 엄격하다는 것을 알 수 있었다. 그의 아버지는 원칙 없이 화를 많이 내었다. 예를 들면, 그의 아버지는 아이들이 시끄럽게 떠들면 왜 떠드냐고 화를 내었고, 또 조용히 있으면 집안이 너무 조용하다면서 화를 내었다. 이런 아버지의 일방적인 요구를 다 만족시키기는 어려웠다고 했다. 그래서 항상 아버지가 계시면 내가 뭔가 잘못해서 야단을 맞게 되는 것은 아닐까 불안함을 느꼈다고 말했다.

하지만 어머니는 달랐다. 어머니는 항상 그에게 포근하게 대해 주었고 헌신적이었다고 했다. 그래서 그는 어머니를 많이 따르고 좋아했다고 말했다. 그의 어머니는 아버지에게 복종적이었다. 그래서 아버지는 어머니를 마치 종처럼 대했다. 그렇지만 아버지가 어머니에게 함부로 할 때에는 그는 아무것도 할 수 없었고, 그래서 무력감을 느꼈다. 때로는 아버지가 한동안 집에 들어오지 않기도 해서 어머니가 가장 역할을 해야 하기도 했다. 그는 힘들어 하는 어머니를 보면서 자신이 대신 아버지 역할을 해야겠다고 생각하며 이런 무책임한 아버지에게 화가 많이 났다고 말했다.

그는 장남이어서 항상 가족에게 책임감을 가지고 있었는데, 특히 그의 어머니에게 잘해 주어야겠다는 책임감을 느끼고 있었다. 그는 그가 신장질환 때문에 누워 있을 때 어머니가 헌신적으로 간호해 준 것에 대해 항상 고맙게 생각했다. 그는 어머니를 위해 아무것도 해 준 것이 없다는 사실에 대해 죄책감을 느꼈고, 특히 돌아가실 때에도 옆에서 지켜보지 못한 것에 대해 죄책감을 가졌다.

그는 병 때문에 고등학교를 중퇴한 이후 서비스업을 했다고 말했다. 십 수 년간 한 직장에서 일을 했는데도 승진을 시켜 주지 않아 만년과장으로 지내는 것이 화가 났다고 했다. 자신이 부당한 대우를 받고 있고, 무시를 당하고 있다는 생각이 들었다고 했다. 그래서 자신에게 능력이 있다는 것을 보여 주고 싶어서 스스로 회사를 나왔다고 했다. 회사를 나온 후 다른 일도 해 보았지만 만족스럽지 않아 그는 연구를 시작했다. 천신만고 끝에 그는 특허를 받았고, 이 기술을 이용해서 기계부품을 만들어서 파는 사업을 했다. 그런데 이 사업에 실패하면서 20여 년 동안 모았던 돈을 많이 잃어버리게 되었다고 속상해 했다.

그의 성격은 온순하고 조용한 편으로, 꼼꼼하고 걱정이 많은 편이며 소심했다. 대인관계는 소수의 친구를 지속적으로 사귀는 편으로, 그 사람의 마음에 들지 못할까 봐 전전긍긍하는 편이었다.

그가 어떤 암시에 반응을 잘하는지 알아보기 위해서 시선고정법으로 최면을 유도한 다음 자석법과 팔상승법으로 최면상태에서 생각하고 상상하는 것이 행동으로 옮겨지는지를 확인해 보았고, 바닷가 장면을 떠올리도록 하여 그 장면을 통해 시각, 청각, 촉각 등 오감을 통한 암시에 반응이 잘 일어나는지를 확인해 보았다.

그 결과, 그는 관념운동암시 ideomotor suggestion 에는 반응을 잘하였으며 감각의 변화는 잘 느꼈으나 생생한 영상화는 하지 못했다. 그는 이렇게 단순한 최면 경험만으로도 편안함을 느끼고 가슴이 벅차오르는 것을 느꼈다고 말하면서 최면치료에 호의적이었다. 그가 치료를 통해 얻고자 하는 것은 행복감을 느끼기를 원하고 상실된 감각의 회복이었으므로 나는 그가 최면상태에서 보여준 지각 변화 능력을 이용하여 최면치료를 하기로 계획했다.

첫 번째 시간에 나는 그와 그의 생각의 변화에 대해 이야기하였다.

청소년 시기에 자신의 성기가 작고 그 형태가 기형이라고 생각하여 그것 때문에 늘 자신감이 없었다고 했다. 그런데 비뇨기과에서 의사로부터 성기가 지극히 정상이라는 이야기를 듣고 난 후 성기에 대해 자신감을 가지고 자신의 생각이 변했다고 했던 그의 경험을 각성상태에서 상기시켰다. 즉, 비뇨기과에 가기 전과 후의 생각의 변화와 자신의 성기에 대한 태도의 변화에 대해 이야기하였다. 최면상태에서 나는 그에게 계절의 변화를 암시하였고, 계절의 변화에 따른 느낌의 변화를 암시하고 경험하도록 하였다. 그리고 계절의 변화에 따라 시간이 흐르고, 시간의 흐름에 따라 신체도 커지고 변화한다고 암시하였다. 그래서 시간의 흐름에 따라 변하는 자신의 몸의 변화를 최면상태에서 경험하도록 하였다. 그리고 마치 성기에 대한 당신의 생각이 달라지듯이, 시간의 흐름에 따라 그의 몸이 변화하는 것처럼 당신 자신에 대한 관점도 앞으로 변화하게 될 것이라고 이야기하였다.

각성상태로 다시 돌아와서 그는 계절의 변화에 따라 춥고 따뜻함의 감각의 변화를 잘 느낄 수 있었다고 말했다.

두 번째 시간에 나는 그의 불안한 상황과 행복한 상황에 대해 이야기하였다.

그는 불안한 상황으로 그의 아버지가 음식을 먹을 때 소리를 내지 말라는 이야기를 했던 것을 기억해 냈다. 그런데 아버지 역시 음식을 먹을 때 소리를 내더라고 하면서 아버지에 대한 화를 표현했다. 그리고 행복한 상황으로는 어머니가 자신이 신장질환으로 누워 있는데 꼬박 옆에서 지켜 주시면서 자신을 간호해 주던 상황을 이야기하였다. 최면상태에서 나는 불안한 상황에서 불안감을 느끼고, 행복한 상황에서 행복감을 느끼도록 상황을 묘사한 후 경험하도록 암시를 하였다. 이번에는 본인 자신의 의지에 따라 본인이 행복한 상황을 상상하고 행복감을 느끼고, 불안한 상황을 상상하고 불안한 느낌을 느껴 보도록 암시했다. 그리고 그 불안과 행복의 정도의 차이를 경험해 보도록 하였다. 그런 다음 이제 스스로 자신의 상태를 정함으로써 불안의 정도를 조절할 수 있다는 암시를 하였다. 그는 최면경험을 하면서 불안한 상황에서 눈물을 흘렸고, 행복한 상황에서는 환한 미소를 보였다.

그는 최면 후에 기분이 아주 좋아졌다고 말했다.

세 번째 시간에는 그와 그의 발명에 대해 이야기하였다.

그는 발명에 관심이 많았다. 14세 때부터 과학 잡지를 보고 여러 기계제품을 만들기 시작하였다. 많은 실패에도 불구하고 그는 여러 가지를 만들었는데, 마침내 그는 발명특허를 받았다. 특별한 구조의 부속품이었는데, 그는 이것을 이용하여 기계부품을 만들었고 그것들을 내다 팔았다. 하지만 사업은 실패로 돌아갔다. 나는 결과에 관계없이 그의 능력과 그의 노력에 대해 인정해 주고 칭찬해 주고 존경을 표했다. 최면상태에서 발명할 당시의 상황을 느껴 보라고 했는데 그는 상당히 앙양된 느낌이었고, 자신의 능력에 대한 신뢰감을 느꼈다. 나는 그에게 당신은 발명을 하면서 여러 어려운 상황을 잘 극복했기에 대단하고 능력 있는 사람이라고 이야기했다. 그러므로 당신은 행복할 자격이 있다고 암시했다.

그는 다시 각성상태로 돌아와서 최면상태에서 특허를 받는 장면에서 행복감을 경험했다고 말했다.

네 번째 시간에는 그와 그의 가족과의 관계에 대해 이야기하였다.

그는 아버지에 대해 분노를 표현하였지만 또한 자신의 아버지에게 그런 분노를 느끼고 있다는 사실에 대해 죄책감을 가졌다. 그는 또한 어머니에 대해서도 해 준 것이 없다며 죄책감을 가지고 있었다. 그는 자신이 부모의 기대에 부응하지 못했기에 쓸모없는 사람이라고 이야기하였다. 그는 자신이 할 수 있는 것은 아무것도 없다고 말했다. 그는 자신이 무엇인가를 하려고 할 때 상대방이 만족하지 못할까 봐 항상 불안했다고 말했다. 특히 성관계를 할 때에도 부인이 만족하지 못하면 어떡하나 걱정을 하게 된다고 이야기했다. 각성상태에서 그의 분노와 죄책감, 그리고 수행불안에 대해서 충분히 대화를 나누었다.

그리고 최면상태에서 나는 그와 논의한 것들과 관련된 상황을 떠올리도록 하였다.

먼저 아버지가 집이 너무 조용하다며 화를 내는 상황을 떠올리고, 그 상황을 느끼도록 한 후 그에게 아버지의 요구가 부당하다는 자기주장을 이야기하도록 하였다. 그다음 부모의 기대를 모두 충족시키는 것은 그에게 너무 힘든 일이라고 이야기했다. 그리고 이러한 사실은 이미 본인이 알고 있다고 말했다. 또한 당신은 나름대로 주어진 상황에서 부모를 위해 최선을 다했다고 이야기하였다. 이제는 만족해 하는 부모의 인정이 필요한 것이 아니라 할 만큼 했다는 당신 자신의 인정이 필요하다고 이야기했다. 부모님의 인정은 부모에게 달려 있고, 단지 자신의 인정만이 자신에게 달려 있다고 말했다. 당신은 최선을 다했기 때문에 이제 책임으로부터 자유롭다고 암시했다.

그리고 아버지가 충동적으로 집을 나가 버리는 장면을 상상하도록 한 후 그 분노를 경험하도록 하였다. 그리고 충분히 감정표현을 하도록 했다. 그다음 나는 그의 분노는 충분히 이해할 수 있는 것이라고 하였고, 그의 분노는 자연스럽고 합당한 것이라고 말했다. 또한 분노가 아버지에게 직접 행동으로 표현하지만 않으면 마음속의 분노는 있는 그대로 받아들여도 좋다고 이야기했다.

또한 부부관계를 할 때 부인이 만족하지 못할까 봐 걱정하는 장면을 떠올리도록 한 후 결과에 대해서는 신경 쓰지 않아도 된다고 말했다. 오히려 자신의 감각에 집중하면 즐거움을 느낄 수 있을 것이라고 암시하였다. 그리고 인생은 최선을 다하는 과정이지 결과가 아니라고 하면서 다른 사람들의 만족이나 인정 같은 결과를 두려워하지 않도록 암시를 하였다.

그는 각성상태에서 과거의 죄책감으로부터 좀 편해졌다고 이야기했다.

다섯 번째 시간에 그는 최근에 귀두에 약간의 감각을 느낄 수 있었다고 이야기했다. 그래서 나는 그의 상실했던 감각의 회복에 대해 이야기하면서 마음 상태와 감각의 관계에 대해 논의했다. 최면상태에서 나는 그의 손바닥에 주머니 난로가 있다고 생각하게 하면서 따뜻함을 느끼도록 하였고, 얼음주머니를 이마에 올려놓은 상상을 하도록 해서 이마가 차가워지는 것을 느끼도록 하였다. 그의 주 증상이 감각의 상실이기 때문에 그의 손등에 마취제를 바르는 장면을 상상하도록 하고 주삿바늘로 손등을 찌른 후 통증의 소실을 느끼도록 하였다. 또한 그에게 마취제의 약효가 시간이 지나면서 소진되어서 다시 통증에 대한 감각이 돌아오는 것을 경험하라고 하였다.

이런 감각의 변화들을 경험하게 한 후 나는 감각이란 본인의 마음가짐에 따라 조절될 수 있고, 당신이 스스로 본인의 감각을 변화시킬 수 있다고 이야기했다. 그리고 최면상태에서 통증에 대한 감각이 회복되었듯이, 성기의 감각의 변화도 마찬가지로 조만간 회복될 것이라고 암시했다.

각성상태에서 그는 통증이 회복되는 감각의 변화를 분명하게 느낄 수 있었다고 말했다.

며칠 후 그는 나에게 전화를 걸어서는 새벽에 발기가 되었는데 발병 전의 감각이 되돌아왔다고 이야기하였다. 그래서 본인은 상당히 만족스럽고 기쁘다고 이야기하였다. 그는 이제 충분히 즐겁게 살 수 있을 것 같다고 말했다. 나는 좀 더 확실하게 좋아지는 것을 알고 싶어서 그에게 완전히 지속적으로 회복되는 것을 확인해 보고 싶다고 말했다. 약 2주 후에 그로부터 다시 전화가 왔는데, 발기할 때와 성교할 때 감각이 회복되는 것을 느끼고 있다고 이야기하면서 감사를 표했다. 그리고 정수기 매매업 이외에 부수적으로 일자리를 새로 마련했다고 하면서 의욕적으로 열심히 지내고 있다고 말했다.

고찰

스나이더 Snyder는 우울증 치료에 있어서의 치료를 수행하는 것 agency과 경로들 pathways에 대해 언급했다.[4] 그에 따르면, 희망이 심리적 우울증의 결정적인 해독제 antidote라고 하면서 치료를 수행하는 것은 치료 목표를 성취하게 하는 의지나 에너지 같은 힘을 말하고, 경로들은 이러한 치료 목표를 성취하게 하는 기법들이라고 이야기했다. 우울증의 최면치료는 환자에게 동기를 부여하고, 힘을 제공하고, 긍정적인 자원들을 이용 utilization하고, 인지 재구성 cognitive restructuring 등의 방법을 통해 치료 목표를 달성하도록 한다.

이 환자의 경우 치료 목표는 자신에 대한 부정적인 사고를 변화시켜 자존감을 회복하고, 죄책감과 무력감을 극복하도록 하고, 불필요한 수행불안 performance anxiety을 제거하여 자신이 즐거움을 경험할 자격이 있다는 것을 인식하도록 해서 행복감을 느끼도록 하는 것이었다.

비록 그가 생생하게 영상화를 잘하지는 못했지만 감각에 대한 암시에는 반응을 잘하였고, 치료에 대한 동기가 충분했으며, 치료의 목표가 행복감과 감각의 회복으로 분명했다. 그는 최면감수성이 그렇게 높지 않았기 때문에 직접적인 암시보다는 증상 중심의 전략적인 접근이 도움이 될 것으로 판단했다.

우울증 환자의 경우 지금의 부정적인 상황이 변화 없이 지속될 것이라고 믿기 때문에 변화에 대한 인식은 우울증의 회복에 중요한 요인이다.[5] 이 환자의 경우 과거 자신의 성기에 대한 생각이 비뇨기과 의사를 만나고 난 후 변화했던 경험을 통해 과거에 이미 자신에게 긍정적인 변화가 일어났다는 것을 상기시켰다. 또한 최면상태에서 시간의 흐름에 따른 계절의 변화를 통해 감각의 변화를 느끼도록 하였고, 마찬가지로 시간의 흐름에 따라 신체가 변화하는 경험을 하도록 하였다. 이렇게 변화가 일어나는 것을 최면상태에서 직접 경험하게 함으로써 그가 가진 우울과 감각의 상실도 바뀌고 변화할 수 있다는 것을 자연스럽게 인식할 수 있도록 하였다.

나는 이러한 변화의 경험을 나중에 증상 제거를 위한 토대seeding idea로 삼고자 했고, 변화의 경험을 통해 환자의 최면치료에 대한 동기를 증진시키고 성공적인 치료에 대한 희망을 가지도록 했다hope installation.

자기 효능감self-efficacy의 결여는 우울증 환자의 학습된 무기력과 밀접한 관련이 있다.[6] 그래서 그에게 최면상태에서 스스로 불안함과 행복감을 느낄 수 있는 상황들을 떠올려서 원하는 느낌을 느끼도록 함으로써 자신의 감정을 스스로 조절할 수 있다는 것을 경험하도록 했다. 이런 긍정적인 경험은 자기 효능감을 가지게 될 것으로 기대했고, 무력감을 제거하려고 하였다.

과거의 정신치료는 환자의 정신병리에 관심을 두고 환자가 가진 정신역동이나 문제를 해결하는 데 중점을 두었다. 하지만 최근에는 환자가 가진 긍정적인 자원에 초점을 맞추어 이 능력을 확대시켜서 긍정적인 경험을 반복하게 함으로써 새로운 학습을 하여 긍정적인 관점을 가지도록 하는 추세다. 그래서 우울증의 최면치료에서는 환자가 가진 심리적 실체 psychological reality 를 파악하여 그 환자만의 독특한 관점과 행동양상을 이용해서 치료 목표에 맞는 방식으로 재경험하도록 함으로써 새로운 가치관을 가지도록 한다. 즉, 환자의 긍정적인 자원을 이용하여 접근하는 방법 utilization approach 을 사용하는 것이 도움이 된다.[7] 이 환자의 경우에는 환자가 가진 특허를 긍정적인 자원으로 이용하였다. 최면상태에서 발명을 하기 위해 노력했던 장면들과 특허를 받는 상황들을 경험하게 함으로써 실패에도 불구하고 성실하게 지속적으로 노력했던 점이나 특허를 받을 수 있을 정도로 능력이 있다는 것을 다시 인식하도록 하였다. 그렇게 함으로써 그가 이미 가지고 있는 자존감을 회복시키고 더욱 증대시키려 하였다.

우울증의 인지 모델 이론에 따르면, 우울증 환자에게는 자신이나 자신을 둘러싼 환경 그리고 미래에 대해 인지왜곡 cognitive triad[8]이 있으므로 우울증 치료에서 환자의 인지왜곡을 다루어 주는 것은 반드시 필요하다. 그는 부모나 다른 사람들을 만족시켜야만 한다는 생각을 하면서 과도한 책임감을 가지고 있었고, 이를 완벽하게 해내지 못하면 쓸모없는 사람이라며 불필요한 죄책감에 시달리고 있었다. 각성상태에서 환자와 이러한 생각들에 대해 충분히 논의함으로써 기존의 자신의 생각을 유보하고 새로운 합리적인 생각을 이끌어 내었다. 그래서 최면상태에서 죄책감을 느꼈던 상황들을 떠올리고 그 상황에서 이번에는 새로운 자기주장과 분노 표현을 하도록 하였다. 그리고 자아강화기법 ego strengthening technique 을 통해 새로운 합리적인 사고를 강화시켜 인지 재구성 cognitive restructuring 을 하려고 했다.

또한 그가 했던 그동안의 노력들을 스스로 인정하도록 격려함으로써 결과보다 과정을 중요시하도록 하여 수행불안을 줄이도록 하였다. 그렇게 함으로써 성관계에서 아내를 만족시켜야만 한다는 부담을 줄이고, 자신의 감각에 집중할 수 있게 하여 자연스럽게 상실된 감각이 회복되기를 기대했다.

나는 그가 죄책감을 줄여야 자신이 즐거움을 느낄 자격이 있는 사람이 되고, 수행불안을 줄여야 자신의 감각에 집중하여 절정감을 느낄 수 있을 것으로 생각했고, 그렇게 되면 행복감을 맛볼 수 있을 것으로 판단했다.

귀두 감각의 변화가 나타나는 것이 확인되자 나는 이 기회를 활용하는 것이 필요하다고 생각했다. 그래서 최면상태에서 감각이 사라지기도 하고 다시 생기기도 하는 것을 경험하도록 하여 상실된 감각의 회복을 촉진했다. 최면상태에서 경험하도록 한 상실된 통증의 회복을 통해 최면암시에 반응이 일어났음을 확인시키고, 이전에 상실된 귀두 감각을 다시 느낄 수 있다는 암시에 대해서도 반응이 일어날 것이라는 기대를 강화하였다. 이러한 최면상태에서의 암시반응 경험의 확인trance ratification은 일반적으로 환자들에게 긍정적인 기대감positive expectancy을 가지게 하는데, 이는 매우 중요하다.[9]

우울증의 대인관계 모델에 따르면, 우울증은 역기능적인 대인관계의 결과다.[10] 그래서 우울증 치료에서 친밀하면서도 서로 존중하여 경계가 분명하고, 허심탄회한 의사소통을 통해 서로 도울 수 있는 바람직한 대인관계 기술을 향상시키는 것이 치료의 핵심이다. 이 환자의 경우에도 대인관계에서의 어려움을 호소하였다. 치료자는 허용적인 태도와 칭찬과 인정 같은 긍정적인 대인관계 경험을 통해 그가 새로운 바람직한 대인관계를 수립할 수 있기를 기대하였으나 치료과정이 단기간이어서 이러한 치료 목표를 달성하기에는 한계가 있었다.

또 하나의 한계는 귀두 감각 상실에 대한 무의식적 의미를 파악하지 못한 점이다. 이 환자의 경우에는 환자와 어머니와의 관계가 과도하게 밀접한 것으로 파악되었고, 성과 관련해서 혼자 상상하고 생각하는 고립된 양상이었던 것으로 생각되어 죄책감이 증상에 영향을 주었을 것으로 추측하기는 하였지만 이를 환자로부터 확인하지 못한 제한점이 있다.

결론

이 환자의 경우에는 최면경험을 통해 변화의 희망을 심어hope installation 동기를 증진시키고, 자기 효능감self-efficacy을 가지도록 하여 무력감을 제거하였다. 그리고 그가 가진 긍정적인 자원을 이용하는 접근방법utilization approach을 통해 자존감을 높이고, 인지 재구성cognitive restructuring을 통해 불필요한 죄책감과 수행불안을 줄여 즐거움을 느낄 자격이 있다는 것을 인식하도록 하였다. 또한 통증 감각이 회복되는 최면경험의 확인trance ratification을 통해 결국 절정감이 돌아올 수 있었고, 행복감을 맛볼 수 있었다.

Abstract

Hypnotherapy case study of a depression patient

Depression is a wide-spectrum psychological disorder from major depression to dysthymia. Although pharmacotherapy is a first line treatment for depression, psychotherapy is needed, too. Psychotherapy in trance state might be helpful for depression patient if applicable.

In this case, therapist enhanced patient's motivation for treatment and installed hope by changing experience in trance state, removed patient's learned helplessness through self-efficient experiences in trance state, enhanced self-esteem by utilization approach, and reduced guilty feeling and performance anxiety via cognitive restructuring. He understood he was entitled to enjoy his life. His orgasm is also recovered by trance ratification of pain sensation recovery. Finally, he feels happy.

This successful experience leads me to suggest that we should consider trying hypnotherapy in applicable depression patients (high motivation for hypnotherapy, high hypnotizability, and clear target symptoms).

Reference

1) Antonuccio, D. (1995). Psychotherapy for depression: No stronger medicine. *Am Psychol*, 50(6), 450–452.

2) Beck, A. T., Rush. A. J., Shaw, B. F., & Emery, G. (1979). Cognitive therapy for depression. *A treatment manual*. New York: Guilford Press.

3) Burrows, G. (1980). Affective disorders and Hypnosis. In G. Burrows & L. Dennerstein (Eds.), *Handbook of hypnosis and psychosomatic medicine* (pp. 149–170). Amsterdam: Elsevier/North-Holland: Biomedical Press.

4) DeAngelis, T. (1991). When going gets tough, "the hopeful keep going". *APA Monitor*. 22(7), 18–19.

5) Erickson, M., & Rossi, E. (1979). *Hypnotherapy: An exploratory case book*. New York: Irvington.

6) Hammond, D.C.(ed.) (1990). *Handbook of hypnotic suggestions and metaphors: The principle of trance ratification* (p. 19). New York: W. W. Norton & Company.

7) Hodge, J. R. (1990). Hypnotic suggestions to deter suicide. In D.C. Hammond (Ed.), *Handbook of hypnotic suggestions and metaphors: The principle of trance ratification* (pp. 330). New York: W. W. Norton & Company.

8) Klerman, G., Weissman, M., Rounsaville, B., & Chevron, E. (1984). *Interpersonal psychotherapy of depression*. New York: Basic Books.

9) Seligman, M. (1989). Explanatory style: Predicting depression, achievement, and health. In M. Yapko (Ed.), *Brief therapy approaches to treating anxiety and depression* (pp. 5–32). New York: Brunner/Mazel.

10) Seligman, M. E. P. (1975). *Helplessness L: On depression, development, and death*. San Francisco: W. H. Freeman.

참고문헌

박희관(1998). 사마귀의 최면치료 1례. 정신신체의학, 6(2), 188-192.

변영돈(1991). 행복하기엔 결코 늦지 않았습니다. 서울: 청림출판.

배선영(1998). 성별, 외-내향성, 지적효율성 및 종교의 유무에 따른 최면감수성에 관한 연구. 동아대학교 대학원 석사학위논문.

설기문(2009). 에릭슨최면과 심리치료(pp. 277-280). 서울: 학지사.

우재현(역)(2002). 밀턴에릭슨의 최면치료입문(p. 42). 대구: 정암서원.

이정식, 조성민(2003). 텔레겐몰입척도로 측정한 최면 감수성에 따른 기질성격특성의 차이. 정신병리학, 12(1), 68-76.

이정식, 이우경, 이상백, 박상준, 오홍석(2009). 대학생에서의 해리경험, 대처방식, 최면감수성의 관계. 신경정신의학, 48(4), 247-254.

이정식(2010a). 우울증 환자 최면치료 사례. 용인정신의학보, 4(1), 3-9.

이정식(2010b). 정신역동과 최면치료. 신경정신의학, 49(1), S70-S76.

이정태, 한상익, 김광수, 박원명, 유태열, 정신복, 전양환(1995). 의과대학생의 성격유형과 자연최면경험. 정신병리학, 4(1), 38-48.

이준석(역)(2002). 임상최면요법(p. 241, pp. 192-193). 서울: 하나의학사.

이윤주, 양정국(2007). 은유와 최면(밀턴 에릭슨 상담의 핵심) (pp. 103-104, pp. 224-226). 서울: 학지사.

홍영의(1995). 암시의 위력-최면술과 인간관계. 서울: 팬더북.

Blum, G. S. (1979). Hypnotic programming techniques in psychological experiments. In E. Fromm, & R. E. Shor (Eds.). *Hypnosis: Development in research and new perspectives* (pp. 457-481). New York: Aldine.

Bower, G. H. (1981). Mood and memory. *Am Psychol*, *36*(2), 129-148.

Brown, D. P., & Fromm, E. (1986). *Hypnosis and hypnoanalysis* (p. 197, 215-217). New Jersey: LEA.

Brown, D. P., & Fromm, E. (1987). *Hypnosis and behavioral medicine* (pp. 6-8). New

Jersey: LEA.

Burrows, G. D., Stanley, R. O., & Bloom, P. B. (2001). *International handbook of clinical hypnosis* (pp. 155–156). Chichester, UK: John Wiley & Son.

Chertok, L. (1982). The unconscious and hypnosis. *Int J Clin Exp Hypn*, *30*(2), 95–107.

Coe, W. C., St Jean, R. L., Burger, J. M. (1980). Hypnosis and the enhancement of visual imagery. *Int J Clin Exp Hypn*, *28*(3), 225–243.

Deyoub, P. L. (1978). Relation of suggestibility to obesity. *Psychol Rep*, *43*, 175–178.

Edgette, J. H. (1985). The utilization of Ericksonian principles of hypnotherapy with agoraphobics. In J. K. Zeig (Ed.), *Ericksonian Psychotherapy*: Vol. 2. Clinical applications (pp. 286–291). New York: Brunner/Mazel.

Erickson, M. H., & Rossi, E. L. (1975). Varieties of double bind. *Am J Clin Hypn*, *17*(3), 143–157.

Erickson, M. H., & Rossi, E. L. (1976). Two level communication and the microdynamics of trance and suggestion. *Am J Clin Hypn*, *18*(3), 153–171.

Erickson, M. H., & Rossi, E. L. (1979). *Hypnotherapy: An exploratory casebook*. New York: Irvington.

Erickson, M. H., & Rossi, E. L. (Eds.) (1980). The collected papers of Milton H Erickson on hypnosis: Vol. 1. *The nature of hypnosis and suggestion*. New York: Irvington.

Frankel, F. H. (1997). Hypnosis: Trance as a coping mechanism. In S. J. Lynn, J. W. Rhue, & I. Kirsh (Eds.), *Handbook of clinical hypnosis: Psychoanalytic and psychodynamic models of hypnoanalysis* (p. 127). Washington DC: American Psychological Association.

Freud, A. (2008). The ego and the mechanisms of defense. In J. G. Watkins & A. Barabasz (Eds.), *Advanced hypnotherapy-hypnoanalytic technique: Hypnoanalytic insight therapy* (pp. 5–16). New York: Routledge.

Fromm, E., Brown, D. P., Hurt, S. W., Oberlander, J. Z., Boxer, A. M., & Pfiefer, G. (1981). The phenomena and characteristics of self-hypnosis. *Intl J Clin Exp Hypn*, *29*, 189–246.

Fumiko, H., Gabrieli, J. D. E., WhitfieldGabrieli, S., Haas, B. W., Bammer, R., Menom, V., & Spiegel, D. (2012). Fuctional brain basis of hypnotizability. *Arch Gen Psychiatry*, *69*(10), 1064–1072.

Gill, M. M., & Brenman, M. (1997). Hypnosis and related states: Psychoanalytic studies in regression. In S. J. Lynn, J. W. Rhue, & I. Kirsh (Eds.), *Handbook of clinical hypnosis: Psychoanalytic and psychodynamic models of hypnoanalysis* (p. 128). Washington DC: American Psychological Association.

Gokli, M. A., Wood, A. J., Mourino, A. P., Farrington, F. H., & Best, A. M. (1994).

Hypnosis as an adjunct to the administration of local anesthetic in pediatric patients. *ASDC J Dent Child*, *61*(4), 272–275.

Gruenewald, D. (1982). A psychoanalytic view of hypnosis. *Am J Clin Hypn*, *24*, 185–190.

Haley, J. (1967). Advanced techniques of hypnosis and therapy. *Selected papers of Milton H Erikson, M. D.* (p. 2). New York: Grune & Stratton.

Haley, J. (1973). *Uncommon therapy, the psychiatric techniques of Milton H. Erickson, M. D.* (p. 23). New York: W. W. Norton & Company.

Haley, J. (1985). Conversations with Milton H. Erickson, M. D. Vol. 3: Changing children and families (pp. 18–21). New York: Triangle Press.

Haley, J. (1993). *Uncommon therapy: The psychiatric technique of Milton H Erickson* (re-edition, pp. 66–67). New York: Norton.

Hartmann, H. (1984). Ego psychology and the problem of adaptation. In C. S. William & H. S. Alexander (Eds.), *Clinical Hypnosis-a multidisciplinary approach* (pp. 150–151). Philadelphia: Lippincott.

Hartmann, H. (1997). Ego psychology and the problem of adaptation. In S. J. Lynn, J. W. Rhue, & I. Kirsh (Eds.), *Handbook of clinical hypnosis: Psychoanalytic and psychodynamic models of hypnoanalysis* (p. 125). Washington DC: American Psychological Association.

Hilgard, E. R. (1974). Toward a neo-dissociation theory: Multiple cognitive controls in human functioning perspectives. *Perspect Biol Med*, *17*(3), 301–316.

Jacobson, E. (1938). *Progressive relaxation*. Chicago: Univerity of Chicago Press.

Janet, P. (1887). L'anesthésie systématisée et la dissociation des phénomènes psychologiques. *Revue philosophique*, 23, 449–472.

Jiang, H., White, M. P., Greicius, M. D., Waelde, L. C., & Spiegel, D. (2017). Brain activity and functional connectivity associated with hypnosis. *Cereb Cortex*, 1, 27(8), 4083–4093.

Kirsch, I., & Lynn, S. J. (1998). Dissociation theories of hypnosis. *Psychol Bull*, *123*(1), 100–115.

Kris, E. (1997). Psychoanalytic explorations in art. In S. J. Lynn, J. W. Rhue, & I. Kirsh (Eds.), *Handbook of clinical hypnosis: Psychoanalytic and psychodynamic models of hypnoanalysis* (p. 125). Washington DC: American Psychological Association.

Lang, E. V., & Rosen, M. P. (2002). Cost analysis of adjunct hypnosis with sedation during outpatient interventional radiological procedures. *Radiology*, *222*(2), 375–382.

Lee, L. H., & Olness, K. N. (1996). Effects of self-induced mental imagery on autonomic reactivity in children. *J Dev Behav Pediatr*, *17*(5), 323–327.

Matthews, W. J. (1985). A cybernetic model of ericksonian hypnotherapy: One hand draws the other. In S. Lankton (Ed.), *Ericksonian Monographs*, No. 1 (pp. 42–60). New York: Brunner/Mazel.

Nash, M. R. (1987). What, if anything, is regressed about hypnotic age regression?. A review of the empirical literature. *Psychol Bull*, *102*, 42–52.

O'Hanlon, W. H. (1987). *Taproots: Understanding principles of Milton Erickson's therapy and hypnosis*. New York: Norton.

Pavlov, I. P. (1927). *Conditioned reflexes*. London: Oxford University Press.

Rainville, P., Duncan, G., Price, D., Carrier, B., & Bushnell, M. (1997). Pain affect encoded in human anterior cingulate but not somatosensory cortex. *Science*, *277*, 968–971.

Reyher, J., & Smeltzer, W. (1968). Uncovering properties of visual imagery and verbal association. A comparative study. *J Abnor Psychol*, *73*(3), 218–222.

Roper, P. (1967). The effects of hypnotherapy on homosexuality. *Can Med Assoc J*, *11*, *96*(6), 319 – 327.

Rosen, S. (Ed.). (1982). *My voice will go with you: A teaching seminar with Milton H Erickson*. New York: Norton.

Sabourin, M. E., Cutcomb, S. D., Crawford, H. J., & Pribram, K. (1990). EEG correlates of hypnotic susceptibility and hypnotic trance: Spectral analysis and coherence. *Int J Psychophysiol*, *10*, 125–142.

Shor, R. E. (1959). Hypnosis and the concept of the generalized reality–orientation. *Am J Psychother*, *13*, 582–602.

Skinner, B. F. (1953). *Science in human behavior*. New York: Macmillan.

Spiegel, H., & Spiegel, D. (1978). *Trance and treatment: Clinical uses of hypnosis*. New York: Basic Books.

Spiegel, D., Cutcomb, S., Ren, C., & Pribram, K. (1985). Hypnotic hallucination alters evoked potentials. *J Abnorm Psychol*, *94*, 249–255.

Spiegel, D. (1994). Hypnosis. In R. E. Hales, S. C. Yudofsky, & J. A. Talbott (Eds.), *Textbook of psychiatry* (2nd edition) (pp. 1115–1142). Washington DC: American Psychiatric Press.

Spiegel, H., & Spiegel, D. (2004). *Trance and treatment: Clinical uses of hypnosis* (2nd edition). Arlington: American Psychiatric Association Publishing.

Spiegel, H., & Spiegel, D. (2008). Trance and treatment: Clinical uses of hypnosis. In J. G. Watkins, & A. Barabasz (Eds.), *Advanced hypnotherapy-hypnoanalytic technique: Hypnoanalytic insight therapy* (pp. 5–16). New York: Routledge.

Stanton, H. (1986). The removal of phobias through ego-state reframing. *Int J Psychosomatics*, *33*, 15–18.

Turner, D. W., & Williams, A. S. 3rd (1960). Hypnoanalysis: A needed tool in general practice. *J Natl Med Assoc*, *52*, 29–31.

Wolberg, L. R. (1996). Hypnosis and psychoanalytic therapy (hypnoanalysis). *Am J Psychotherapy*, *50*(4), 393–413.

Zeig, J. K., & Munion, W. M. (1999). Milton H Erickson. *Thousand Oaks* (pp. 24–25). CA: Sage Publications.

찾아보기

인명

내용

저자 소개

이정식(Lee Jung Sik)
jsleephd@naver.com
http://www.최면.kr

〈학력〉

한양대학교 의과대학 학사

한양대학교 의과대학원 석사

한양대학교 의과대학원 박사

〈경력〉

국립정신건강센터 정신건강의학과 수련

정신건강의학과 전문의 취득(1991)

미국 듀크대학병원 연수(방문학자 자격, 2004. 2. 25.~2005. 2. 28.)

용인정신병원 수련부장, 진료부장 역임

대한최면의학회 총무이사, 운영이사 역임

미국임상최면학회 임상최면치료사 자격증(Certification of Clinical Hypnosis) 취득(2002)

미국임상최면학회 최면치료 지도자 자격증(Approved Consultant in Clinical Hypnosis) 취득(2005)

현 용인정신병원, 용인정신의학연구소 연구소장

한양대학교 의과대학 정신건강의학과 외래 교수

대한최면의학회 감사

〈주요 논문〉

「알코올의존 남자환자에서 단가아민 산화제 A CA 반복 유전자 다형성이 행동 및 성격특성과 임상양상에 미치는 영향」(이정식 등, 2000년, 생물정신의학)

「영성(영적 경향성)이 대학생에서 우울과 심리적 안녕감에 미치는 영향」(이정식 등, 2018년, 대한불안의학회지)

〈주요 활동〉

국가정보연구원, 교육연수원, 법무연수원, 경기대학교, 한양대학교, 분당 서울대학교 병원, 중앙대학교 병원 외 여러 대학 병원에서 '상담, 인간의 심리, 최면치료' 등을 주제로 한 강의 및 특강 다수 진행

KBS 생활상담실(환자상담), MBC TV특종 놀라운 세상(순간최면 편), MBC 스페셜, MBC 생방송 오늘 아침, SBS 그것이 알고 싶다(소문, 기억, 거짓말 편, 귀신 장사하는 사람들 편), SBS SOS 24, EBS PD 리포트 등 출연

최면치료, 이렇게 한다

The Way to Hyphotherapy

2019년 1월 5일 1판 1쇄 인쇄
2019년 1월 10일 1판 1쇄 발행

지은이 • 이정식
펴낸이 • 김진환
펴낸곳 • (주) 학지사
04031 서울특별시 마포구 양화로 15길 20 마인드월드빌딩
대표전화 • 02)330-5114 팩스 • 02)324-2345
등록번호 • 제313-2006-000265호

홈페이지 • http://www.hakjisa.co.kr
페이스북 • https://www.facebook.com/hakjisabook

ISBN 978-89-997-1681-2 03180

정가 19,000원

이 도서의 국립중앙도서관 출판시도서목록(CIP)은 서지정보유통지원시스템 홈페이지(http://seoji.nl.go.kr)와 국가자료공동목록시스템(http://www.nl.go.kr/kolisnet)에서 이용하실 수 있습니다.
(CIP 제어번호: CIP2018034679)